행당동 고물 할머니
고복자 마리아

버려진 사랑을 줍는
고복자 할머니

한마음문화사

지은이   김춘석 (마르코)

(주요 경력)
정보통신부 / 아남텔레콤 / KAIT / 대신파워텍 / PEC 코리아 / 한마음문화사

(전공) 행정학 / 전자계산학 / 전자공학 / 교육학 / 국어국문학 / 문화교양학

(수상) 대통령 표창 2회, 총리 표창 1회, 장관 표창 9회

(저서)
새 사람(2023.12)
유영란 엘리사, 영혼의 벗(864쪽, 2023. 8)
낚시칼럼(2021.12)
레지오 마리애 우수 활동사례(2017. 9, 하계동성당)
사랑의 여행(2011. 3)
대물을 찾아서(2010. 1)
세상 좀 알고 삽시다(2003. 1, 공저서)

(펴낸 책)
암 투병을 위한 성경 묵상 365일(1,074쪽, 2024. 6, 김웅태 요셉 신부 著)

- 초판 1쇄 인쇄 ▮ 2024년 12월 22일
- 초판 1쇄 발행 ▮ 2024년 12월 22일

- 펴낸이 ▮ 김춘석
- 펴낸곳 ▮ 한마음문화사
    (01776) 서울 노원구 섬밭로 241 (하계동 6단지, 장미상가 B04)
    전화 010-8877-7670, / 팩스 (02) 974-0159
- 등록번호 ▮ 217-90-89166
- 등록일자 ▮ 2009년 12월 9일.

표지(뒤면) 시노 달리타스, 이기용(레오나르도)

책머리에

　나는 아직도 40년 전 어머니가 내게 하신 말씀을 기억하고 있다. 어머니는 나를 부르시더니 "춘석아! 나는 우리 집안을 위해 할 일을 다한 것 같다. 아들 셋을 낳고 키워서 장가까지 보냈으니 내가 할 일이 더 뭐 있겠느냐 이제부터 나를 위한 삶이 아니라 남을 위한 삶을 살고 싶다"라고 하셨다. 나는 어머니 말씀에 얼떨떨하였으나 오랜 세월이 흘러 그 깊은 뜻을 이해하게 되었다.

　1985년 12월 22일, 어머니는 행당동성당에서 세례를 받고, 레지오 활동을 하면서 무엇을 할 것인지를 고민하다가 가진 것이 없어서 길거리를 다니면서 폐지, 공병, 깡통 등을 닥치는 대로 주웠다. 그렇게 폐품을 수집하면서 1990년부터 1996년까지 6년간 3,000만 원을 가난하고 어려운 이웃을 위해 모두 기부하셨다.

　처음에는 길거리에서 병을 줍고 계신 어머니를 뵐 때마다 가슴이 아팠다. 어머니는 협심증이 최악이어서 한 달에 한두 번씩 쓰러졌다. 그때마다 손발이 마비되고, 이를 악물어서 입을 벌려 물 한 방울도 넣거나 삼키지 못하는 상태가 지속되면서 죽음 공포가 엄습하곤 하였다,

그럼에도 어머니는 굴하지 않고 "나의 작은 힘으로 남을 도울 수 있다면 오늘 죽어도 여한이 없다."라면서 하느님께서 우리에게 말씀하신 이웃사랑을 실천하고자 성모님을 의지하면서 새벽 한 시 반에 길거리로 나가서 고물 줍는 일을 계속하셨다.

1990년부터 홀로 하시던 봉사 활동이 성당 레지오 단원들과 이웃들이 참여하면서 점차 규모가 확대되었다. 6년을 봉사하면서 언론에서 '행당동 고물 할머니' 또는 '기부 천사' 등으로 불렸다.

1997년 행당동 재개발 사업이 추진되면서 포천군 송우리로 이사하셨고, 남들이 잘 하지 않는 화초 봉사를 지금까지 27년 동안 의정부 성모병원, 모현의료센터, 포천시 노인지회, 신협, 복지회관 등에서 봉사하시고 있다.

어머님은 화초 봉사와 더불어 고물 줍기와 근검절약을 통해 한 푼 두 푼 모았고, 2010년 모현의료센터에 '생의 마지막 기부(1억 원)'를 해서 언론에 다시 알려졌다. 그리고 13년이 지난 2023년 '90세 고복자 마리아 할머니, 30년 넘게 선행과 기부, 신학생 장학금 1억 원 기부'로 세상에 또다시 알려졌다. 어머니는 40년 전이나 지금이나 진정 이웃사랑을 실천하고 계셨다.

마태복음에 보면 최후의 심판 이야기가 나오는데 주님께서 **'너희는 내가 굶주렸을 때에 먹을 것을 주었고, 내가 목말랐을 때에 마실 것을 주었으며, 또 내가 헐벗었을 때에 입을 것을 주었고, 내가 병들었을 때에 돌보아 주었으며….'** (마태 25, 35-36) 라고 하셨다. 이 말씀이 모든 봉사 활동의 기본 지침이 되고 있다.

어머니는 한평생 가난한 사람과 아픈 사람 등 어려운 이웃들을 위한 봉사 활동을 하느님의 명령으로 받아들여 순종하셨다. 그래서 가장 보잘것없는 사람, 가장 소외된 사람들을 향해서 발걸음을 내딛고자 본인이 가장 낮은 곳에서 길거리와 비탈길, 골목에서 고물을 줍고, 팔아서 많은 이웃들을 도와주셨다.

어머니는 1933년 4월, 함경남도 함주군 기곡면 신풍리에서 태어나 일제 치하에서 초등교육을 겨우 받았으나 한글을 배우지 못하고 피난 내려와 아들 셋을 낳고 기르면서 글 모르는 설움을 뼈저리게 감내해야 했다.

그래서 30대에 혼자 한글을 깨쳐야 했다. 1985년 성당에서 세례를 받았으나 성경을 읽기가 너무 어려워 폐지를 줍다가 속지가 깨끗한 공책이 나오면 집에 가져와 성경을 필사하시기 시작하여 12년 만에 20권의 공책에 성경을 완필하셨다. 어머니는 이에 만족하지 않고 '레지오 마리애 교본(537쪽)'까지도 완필하셨다.

그리고 2014년 춘천교구청 김운회 루카 주교님으로부터 '말씀에 대한 깊은 사랑으로 성경 전체를 필사하였기에 뜨거운 열정과 노력을 치하하고, 하느님의 은총을 기원하면서….'라는 성경 완필증을 받았다.

나는 교본을 완필하셨다는 말씀을 듣고 누렇게 색바랜 공책의 내용을 보다가 깜짝 놀라서 교본에는 영어와 같이 외국어가 있는데 어떻게 쓰셨는지를 물었더니 "쓰긴 내가 어떻게 알고 쓰겠어. 그냥 그렸지."라고 하셨다.

어머니의 믿음은 이렇듯 단순하지만 고결하였다. 예수님의 말씀을 지상 명령이라고 받아들이시고 한평생을 가장 낮은 곳에서 몸으로 실천하셨다.

"기열 애비야! 이웃사랑을 실천하는 것이 올바른 신앙이다. 몸 아끼지 말고 어려운 이웃을 도와야 한다."

40년 전에 시작한 이 책을 마무리하며, 어머니께서 건강하게 주님 안에서 성모님과 함께 백순까지 무탈하게 봉사하실 수 있으면 좋겠다.

축하의 말씀
(김웅태 요셉 신부)

2023년 12월 23일(토) 오후, 나는 서재에서 내일 집전하는 예수님 성탄 전야 미사를 준비하며, 예수님이 이 세상에 오신 뜻을 교우들에게 어떻게 하면 잘 전할 수 있는지를 묵상하고 있었다.

그때, 우리 하계동성당의 레지오 마리애 "거룩하신 어머니 꾸리아" 단장으로서 단원들과 함께 기도와 봉사를 성실히 하며, 교우들로부터 신망이 두터운 김춘석(마르코)에게서 카톡이 왔다.

내용을 보니 '오늘 저녁 7시 가톨릭평화방송(cpbc)에서 어머니 관련 뉴스가 방송될 예정이라면서 동영상을 보내왔다. 동영상을 클릭하자 아나운서가 말하길

"1990년대부터 폐지, 빈 병 등을 주워 모은 수입을 기부하기 시작해, 2010년 포천 모현의료센터에 1억 원, 그리고 13년 만에 또 1억 원을 신학생 양성 장학금으로 기부

한 할머니가 있습니다. 30년 넘게 선행을 베풀어온 고복자 할머니를 만났습니다."

그리고 보행기를 밀면서 춘천교구청으로 들어오시는 할머니가 등장했다. 그런데 그 할머니 모습에서 익숙한 김춘석 (마르코) 형제의 모습이 보였다. 이어서 인터뷰 하는데 역시 마르크 단장이었다. 감동적인 뉴스를 보고 나서 즉시 마르코 단장에게 답글을 보냈다.

"고복자 마리아 할머님의 아름다운 선행을 잘 보았습니다. 참으로 훌륭하신 어머니이십니다. 그것도 한 번도 아니고 두 번, 세 번에 걸쳐서 30년 넘게 이런 선행을 지속한다는 것은 어려운 일이지요. 아무래도 어머님은 선행이 몸에 밴 것 같습니다. 참으로 본받을 어머니를 두신 마르코 형제님께도 축하드립니다. 고맙습니다. 주님 성탄을 앞두고 훌륭한 어머니를 뵙게 되어 마음이 따뜻해집니다.

나는 예수님께서 인류 구원을 위해 이 세상에 오셨고, 할머니를 통해 그 뜻을 펼치고 계심을 느낄 수 있었다. 이 책을 통해 어머니의 선행이 널리 퍼지길 기도드립니다.

2024년 7월 24일
서울대교구 하계동 성당, 김웅태(요셉) 신부

축하의 말씀 (김춘근 건축전기설비기술사, 장남)

먼저, 어머니의 구십여 년의 삶을 책으로 발간하게 되어 장남으로서 기쁘고 반갑습니다.

벌써 제가 칠순이 넘었습니다. 세월은 더없이 흘러 저는 장남으로서 무엇을 어떻게 했는지를 뒤돌아보게 합니다. 제가 어느 때부터 꼬여서 어머니에게 힘들게 했는지 모르겠습니다. 얼마 전, 동생이 어머니 책을 쓴다는 말을 듣고 기쁘면서도 한편 착잡한 심정이 들었습니다. 여하튼
"춘석아! 고생했고, 고맙다."

우리 삼 형제가 머리 희끗희끗한 세월을 보내면서, 부모님이 자식 걱정하며 늘 챙겨주시던 일은 옛말이 되었고, 이젠 우리가 어머님을 보살펴야 하지만 그렇지 못함을 안타깝게 생각합니다.

먼저, 아들로서 어머니께서 구십이 넘은 연세에도 건강하게 봉사하시면서 저희 곁에 계셔 주셔서 감사합니다. 그리고, 제가 부족하여 지금까지 살아오면서 어머님께 못난 행동을 많이 했습니다. 성경을 보면 돌아온 탕자 이야기에서 둘째 아들이 방탕한 생활로 재산을 탕진하고 궁

핍해지자 자기 잘못을 회개하고 아버지에게 돌아와 용서를 빌자, 아버지는 사랑으로 감싸고 받아들였다고 하였듯이 제가 어머님께 진심으로 머리 조아려 회개하고 용서를 청합니다. 이 못난 아들을 용서하세요. 결혼 생활도 순탄치 못해 심려를 많이 끼쳐 드렸고, 또한 술 때문에, 말실수로 인해 상처를 드렸습니다. 잘못했습니다. 다시는 그런 잘못을 되풀이 하지 않겠습니다.

어머님과 멀어져서 만나 뵙지 못하면서 어머님이 몹시 그리웠습니다. 그리고 용서할 날만을 기다렸습니다. 그런데 동생이 우리 가족의 화합을 위해서 어머님 책을 쓴다는 말을 듣고 몹시 설레고 기뻤습니다. 사랑하고 존경하는 어머님께서 이 못난 자식을 용서할 날이 올 것 같았습니다.

끝으로 모든 짐을 내려놓고 여생을 건강하고 행복하게 사시길 빌겠습니다. 제가 동생들과 화합하여 삼 형제가 이 생명 다하는 날까지 행복하게 살겠습니다.

고맙다. 사랑한다. 동생들아!

어머님과 동생들을 사랑하는
가을 길목에서 김춘근

축하의 말씀 (박영애 여사, 맏며느리)

　어머님의 일생을 담은 책을 출간한다는 소식을 듣고 기쁜 마음으로 축하의 글을 씁니다. 어머님은 90여 년을 살아오시면서 6·25 전쟁 당시 열여덟 어린 나이에 홀로 피난 내려와 물설고 낯선 이곳에서 모진 고난과 역경을 극복하면서 아들 셋을 낳아 훌륭한 인성과 지혜롭고 슬기로운 아들로 훈육하셨을 뿐만 아니라 어머니처럼 강인하게 키우셨습니다. 저로서는 어머님께서 얼마나 힘들고, 피눈물 나는 삶을 살아오셨는지 감히 상상조차 할 수 없습니다.

　40여 년 전, 50대 어머니를 처음 뵀을 때 강인했던 모습이 눈에 선합니다. 반 백년 세월이 흘렀으나 어머님은 그때 모습과 별로 달라진 것이 없는 것 같습니다. 지금은 성모님을 닮은 인자롭고 자비하신 모습이 너무 보기 좋습니다. 아흔둘이라는 나이가 믿기지 않을 정도로 정정하고 활기차게 보이셨습니다.

　지난 8월, 둘째 서방님(이 책의 필자)으로부터 어머님 책을 쓰고 있는데 형님과 나에게 어머님께 하고 싶은 이야기나 축하의 글을 써달라는 부탁을 받고, 나는 깜짝 놀라서 어떻게 그런 생각을 하였는지를 여쭈어보니, 서방님은 어머님께서 선종하신 후에 책을 내기보다는 생전에 발간하는 것이 의미 있고, 가족 간의 화합을 생각해서 작업하고 있다고 하였습니다.

저는 이것이 진정한 효로서 부모님에 대한 사랑이 없으면 불가능하다고 생각합니다. 서방님께서 오랜 세월 어머니 관련 자료를 꼼꼼히 수집하였기 때문에 집필할 수 있었다고 생각하며, 가슴 뭉클하게 감동하였습니다.

저는 친정 부모님이 하늘나라에 가셨기에 어머님 책 출간 소식을 접하고 그리움에 눈시울을 적셨습니다. 저는 이번에 필자를 통해 효라는 것이 거창한 것이 아니라 평소에 부모님께 대한 사랑과 관심을 가지고, 작은 것 하나라도 소중하게 수집하면 책이 된다는 것을 깨달았습니다.

또한, 저는 필자가 형제와 자녀들에게 축하의 글을 써 주면 책에 넣겠다는 말을 듣고, 이 글을 쓰면서 가족들의 사랑과 형제들의 우애를 느꼈습니다. 아들들도 축하의 글을 쓰면서 마찬가지로 어머님과 함께한 세월을 반추해 보고, 혹여 어머님께 잘못한 일이 없는지를 반성해 보는 좋은 계기가 될 것이라고 생각하면서, 앞으로 더 잘하겠다고 다짐하는 시간이 될 것 같습니다.

끝으로 이 책을 발간하면서 어머님께 세 가지 소망을 말씀드리니 너그럽게 살펴서 이해하여 주시면 고맙겠습니다.

첫째, 40여 년이란 세월의 강을 건너서 김 씨 가족에 합류했지만, 가족을 위해 잘하고 싶습니다. 재작년 어머니가 고대병원에서 심장박동기 교체 시술할 때 3박 4일 간병을 하면서 어머님 생전에 무조건 잘해드리고, 우리로 인해 불편이 없도록 해야겠다고 다짐했습니다. 그럼에도 작년에 제 남편과 제가 어머님께 크나큰 잘못을 저질렀습니다. 용서를 빌고자 여러 번 말씀드렸으나 어머님은 그날의 상처가 깊어서 그런지 지금까지 저희를 안 보고 계십니다.

하느님께서는 원수를 사랑하라고 말씀하셨듯이 원수 같은 자식들이지만 생전에 저희를 용서하셔서 어머님의 짐을 내려놓고 저희도 자식으로서 효도할 수 있는 기회를 주십시오. 제가 남편의 모든 허물에 대해 무릎 꿇고 사죄드리며, 앞으로 제가 책임지고 그런 일이 없게 하겠습니다. 그리고 매년 몇 번이라도 어머님에게 따뜻한 밥을 해드리는 등 어머님의 손발이 되어드리고 싶습니다.

둘째, 저는 지난 일들을 모두 잊고 살아왔습니다. 저도 며느리를 보았지만, 항상 내 자식을 월등하게 생각하는 것이 아들 가진 부모인 것 같습니다. 제가 김 씨 가족에 합류할 때 많은 것을 생각했습니다. 40여 년 전 저는 20대로서 어리고 세상 물정을 몰랐으며, 어머님도 50대로서 첫 며느리를 맞이해야 하므로 저에 관한 생각이 많았을 것으로 생각합니다. 여하튼 반세기가 지난 이야기로서 저는 모든 것을 이해하였기에 김 씨 가족에 합류하였습니다. 혹여 어머님께서 저에 대한 마음의 짐이 있으시다면 모두 내려놓으시면 좋겠습니다.

셋째, 저는 어머님을 사랑하고 존경합니다. 제가 결혼식을 할 때 어머님이 참석하셔서 축복해 주시고, 김 씨 가족의 일원으로 받아 주셨을 뿐만 아니라 맏며느리로 인정하시고, 제가 세상 떠날 때 제 남편과 함께 안식할 수 있도록 배려함에도 감사합니다.

사랑하는 어머님!
건강하게 오래도록 저희 곁에 계시길 희망하며, 앞으로 저희가 더 잘 모시도록 하겠습니다.

"전능하신 하느님, 지금까지 고복자 마리아 어머님께 베풀어 주신 모든 은혜에 감사드립니다. 앞으로도 건강하게 봉사하시면서 살아갈 수 있도록 자비를 베푸소서!"
아멘.

축하의 말씀 (김춘원 골드텍 회장, 막내 아들)

그간 여러 권의 책을 출판하여 독자들에게 감동과 추억을 불러일으키셨던 작은형이 구십이 넘으신 울 엄마의 삶을 책으로 엮어서 출판한다는 소식을 듣고, 너무 기쁩니다. 먼저 '행당동 고물 할머니' 출간을 진심으로 축하드리며, 감사하고 기쁜 마음을 담아 큰 박수를 보냅니다.

사랑하는 엄마!
작은형이 훌륭하신 엄마와 우리 가족의 이야기를 책으로 발간하게 되어 기쁜 마음을 주체하기 어렵습니다. 12월에 책이 나온다고 하니 그날을 손꼽아 기다립니다.

존경하는 작은 형! 고마워요.
작은형이 계셨기에 엄마 생전에 엄마 책을 볼 수 있게 되어 행복합니다.

작은형으로부터 축하의 글을 써달라는 말씀을 듣고 어떻게 풀어 나갈까 생각하다 보니 그리 오래지 않아서 바로 답을 찾을 수 있었습니다. 울 엄마를 요약하면

첫째. 함경도 또순이로서 백년전쟁에서 프랑스를 승리로 이끈 잔다르크와 같은 억센 여장부입니다.

둘째, 한 번 하신다고 마음먹으면 누가 뭐라고 해도 끝까지 해내는 무서운 집념을 지니셨습니다.

셋째, 어머니는 막내 아들인 저를 끔찍하게 귀애하셨습니다. 억센 여장부이셨지만 아들을 사랑하는 마음은 여느 어머니와 다를 바 없으셨습니다.

넷째, 어머니는 행당동 고물 할머니 또는 기부 천사라는 닉네임으로 오랜 세월 길거리에서 고물을 주워 어려운 이웃을 도우며 사셨습니다.

다섯째, 어머니는 40년 전, 성당에서 세례를 받으시고 봉사를 시작하셨으며, 12년간 성경을 완필하셨고, 많은 봉사상과 표창장을 수상하셨습니다. KBS, 평화방송, 신문 등 언론에 여러 번 소개되셨을 뿐만 아니라 지금도 포천지역 6개의 공공기관에서 봉사 활동을 하고 계십니다.

마지막으로 여담이지만 4년 전에 제가 늦둥이를 보았는데 어머니와 나이 차이가 무려 87년이나 됩니다. 어머니는 늦둥이 찬열이를 저보다 더 귀애하십니다.

어머니를 간단하게 표현하면, 울 엄마는

맨손으로 피난 내려와
수많은 역경을 다 이겨 내시고,
평생, 낮은 곳에서
베풂과 봉사로 헌신하신
기부천사로서
무서운 집념의 여장부이십니다!

이렇듯 훌륭하신 어머니를 표현하고 보니 먹고살기에 바빠서 아등바등하는 제가 한없이 부끄럽습니다, 엄마의 숭고한 희생정신과 어느 철인보다 더 강인한 엄마가 건강하게 봉사하고 계셔서 감사하고, 사랑하고 존경합니다.

저도 여생을 엄마의 숭고한 뜻을 본받아 부끄럽지 않게 살면서 가까운 사람부터 챙기고, 베풀면서 사랑하며 살겠다고 이 새벽에 각오를 다져봅니다.

"어머니 사랑합니다. 건강하게 봉사하면서
저희와 함께 오래오래 사세요."

2024. 8. 27. 06시 25분
정릉 우가에서 김춘원

축하의 말씀 (김기열 삼성전자 과장, 손자)

사랑하는 할머니!

낙락장송처럼 늘 저희 곁에서 든든한 계셔 주셔서 정말 감사합니다. 오랜 세월, 가족을 위해 애쓰시고 따뜻한 사랑을 주신 할머니 덕분에 부모님이 계시고, 지금의 제가 있을 수 있었습니다.

저는 평소에 많은 사람을 위해 봉사하시는 할머니를 보면서 연로하신 몸으로 그 많은 봉사를 어떻게 다 할 수 있을지 걱정이 되었습니다. 그러나 실제로 봉사하시는 모습을 보면서 할머니께서 대단하시다고 생각했습니다.

비록 저는 할머니와 같은 삶을 살 순 없겠지만 할머니께서 평생 봉사하는 모습을 본받아서 앞으로 베푸는 삶을 살아보도록 하겠습니다.

이제는 할머니가 조금 더 편안하고 여유롭게 지내셨으면 좋겠습니다. 지금까지 수고 많으셨습니다. 앞으로 행복한 일들 가득해지시길 기도드립니다. 할머니의 웃음이 늘 함께하길 바라며 건강하게 오래오래 사세요.

김 기열 (요한) 올림

축하의 말씀 (김재열 한양기전공업 과장, 손자)

　이번에 행당동 고물 할머니 책을 출간하시는 작가님(아빠)께 축하의 말씀과 감사의 말씀 올립니다.

　저는 어렸을 때부터 할머니를 뵈며 할머니에 대한 깊은 자부심과 존경심으로 가득 차 있습니다. 할머니의 사랑이 담긴 헌신과 봉사 정신은 정말로 대단하시다고 통감하며, 저는 이 기회를 빌려 할머니께 깊은 감사와 존경을 표하고 싶습니다.

　제가 어렸을 때 기억하는 할머니는 항상 고물을 여기저기서 주워 오셨고 설날, 추석뿐만 아니라 가끔 찾아뵈러 갔을 때도 할머니 집에 고물이 한가득 있었고, 그 고물을 가져다가 고물상에 판매하시던 모습이 주로 기억에 남아있습니다. 아주 어렸을 때는 할머니 직업이 고물을 주워다 판매하는 사람이라고 아주 단순하게 생각했습니다.

　그러나 제가 점점 나이가 들면서 할머니께선 지치고 힘들지만, 열심히 꾸준하게 고물을 주워다가 판매하시면서 모은 돈으로 선행을 하신 것을 알게 되었고, 저희 할머니께서 "행당동 고물 할머니"라는 사실을 알게 됐습니다. 어렸을 때 단순하게 고물 파는 사람이라고 생각했던 할머니가 날개를 숨긴 천사로 달리 보였습니다.

   할머니의 이러한 관대함은 저의 삶에 깊은 영향을 미쳤고, 할머니의 이타심과 변함없는 헌신은 저에게 귀중한 교훈을 주셨습니다. 할머니는 저에게 열심히 일하는 것의 중요성과 진정한 나눔의 의미를 보여주셨습니다. 할머니의 선행은 할머니가 얼마나 자비롭고, 관대하며, 강한 분인지 잘 보여주셨습니다. 할머니의 손자로서 저는 할머니 유산의 일부가 된 것을 매우 자랑스럽게 생각합니다.

   할머니의 이야기는 앞으로도 저와 많은 사람들에게 영감을 줄 것입니다. 예수님의 사랑을 몸으로 실천하시고 희생과 봉사로 가득 찬 삶을 사는 것이 무엇인지 보여주셔서 감사합니다.

   사랑과 존경을 담아 감사의 말씀 올리며, 다시 한번 책 출간 축하드립니다.

김 재열 (제노) 올림

김재열의 꿈 (고3 때 작성)

나의 꿈은 중학교 때 기타리스트, 고등학교 때 선생님, 하지만 19살이 되어 생각이 조금 더 성숙해졌다고 느꼈을 때, 내가 정말 하고 싶은 일을 찾았다. 그것은 바로 봉사이다. 왜냐하면 나의 할머니를 보면서 자신이 아닌 다른 누군가를 위해 살아간다는 것은 아주 의미 있고, 뜻깊은 일이 라는 것을 깨달았기 때문이다. 그래서 나는 할머니의 손자 중에서 누군가는 할머니의 봉사 정신과 사랑하는 마음을 이어가는 것이 좋겠다고 생각하였고, 결국 내가 그 뒤를 이어 할머니의 뜻을 계승하고 싶다고 생각하게 되었다.

하지만, 그냥 복지시설 같은 곳에서의 봉사는 누구나 시간을 내면 할 수 있는 일이고, 조금 더 큰 무대에서 봉사하면 어떨지 하고 생각해 보았다. 그래서 생각해 낸 일이 세계의 평화를 지키기 위해 설립된 국제연합 UN에서 봉사하는 것이었다. 세계의 평화를 유지하고, 개발도상국의 배고픈 이들을 지원하며, 지구온난화, 아마존이나 아프리카의 천연림 파괴 등으로부터 자연환경을 지키는 일이야말로 전 세계적으로 할 수 있는 가장 큰 봉사라고 생각하였다.

그래서 나는 미래에 UN 국제협력 기구에서 세계를 위해 봉사를 하고 싶다고 생각하게 되었다. 하지만, 꿈은 꾸라고만 있는 것이 아니라 이루라고 있는 것이다. 한마디로, 계획을 잘 짜고 정성을 다해 한 걸음씩 앞으로 나갈 때 꿈을 이룰 수 있다는 것이다. 나는 세계 환경보호를 위한 꿈을 이루기 위해 UN의 현황과 일본의 주요 대학 홈페이지, 일본의 유학생 입시제도, 유학생의 현지 생활 방법, 외국인 취업 현황 등을 인터넷을 통해 파악하는 한편 관련 책들을 읽으면서 향후 10년간의 인생 계획을 구체적으로 설계하였다. (이하 생략)

목차

- 책머리에 -- 1
- 축하의 말씀 (김웅태 요셉 신부님) -------------------- 5
- 축하의 말씀 (김춘근 건축전기설비기술사, 맏아들) -------- 7
- 축하의 말씀 (박영애 여사, 맏며느리) ------------------ 9
- 축하의 말씀 (김춘원 골드텍 회장, 막내 아들) ---------- 13
- 축하의 말씀 (김기열, 삼성전자 과장, 손자) ------------- 16
- 축하의 말씀 (김재열, 한양기전공업 과장, 손자) --------- 17

✠ **제1부 봉사와 기부 (1990년대)** ✠ ------------------ 27

- KBS 보도본부 24시 (1993) ------------------------ 29
- 고물 할머니 (평화신문, 1996. 7) --------------------- 53

- 온 누리의 평화를 (평화방송, 1996. 8) ---------------- 54

- 제5회 '성동구민대상' 영광의 수상자 ---------------- 83

- 버려진 사랑을 줍는 고물 할머니 (경향잡지, 1996.11) ---- 88

- 서울 주보 (1996.11) ---------------------------------- 90

- 다시 보고 싶은 뉴스의 인물 (평화신문, 1996. 12) ------ 92

✠ **제2부 봉사와 기부 (2000~10년대)** ✠ ----------- 95

- 아낌없이 주는 '손수레 할머니' (시민일보, 2004. 4) ---- 97

- 전 재산 1억 아파트 기탁 (2007. 4, 가톨릭신문) ------ 98

- '생의 마지막 기부' 보도자료 (2010. 1) ---------------- 103

- '생의 마지막 기부' 뉴스 (KBS, 2010. 1) ------------- 112

- 거룩한 나눔 (평화방송 뉴스, 2010. 1) ---------------- 123

- 모현의료센터에 1억 기증 (평화신문, 2010. 2) --------- 131

- 모현의료센터에 1억 기증 (시민뉴스) ---------------- 134
- 가족 인터뷰 (방송 이후) ---------------------- 137
- 언론 보도 경위 ------------------------------ 139
- 언론 보도 이후 ------------------------------ 159
- 기부 천사 고복자 할머니 (KBS 라디오, 2010. 3) ----- 174
- 명지대학교 세족식 (2010. 3) -------------------- 197
- '세족식' 특별 출연 --------------------------- 207

✠ **제3부 봉사와 기부 (2020년대)** ✠ -------------- 219

- 1억 원 '신학생 장학금 기부' 보도자료 (2023.12) ------ 221
- 90세 고마리아 할머니, 30년 넘게 (cpbc, 2023.12) - 224
- 행당동 고물 할머니, 1억 기부 (평화신문, 2024. 1) ---- 235
- 1억 원 기부한 행당동 고물 할머니 (서울시정일보) ----- 240

✠ **제4부 한국전쟁의 고난과 만남** ✠ ---------------- 245

- 한국전쟁과 피난 시절 (1950년대) ------------------ 247
- 이산가족 찾기 (1983년) --------------------------- 264

✠ **제5부 92년간 함께한 사람들 (1933~2024)** ✠ --- 271

✠ **제6부 표창, 상장, 감사패 (1992~2024)** ✠ ------ 333

✠ **제7부 감사의 글과 기부 내역 (1991~2010)** ✠ -- 349

✠ **제8부 어머니와 대화** ✠ ------------------------ 385

- 내가 봉사하고 기부하는 이유 ---------------------- 387
- 필요한 사람과 노년의 애환 ------------------------ 409
- 성소 후원금 기부 전후 ---------------------------- 419

- '행당동 고물 할머니' 집필 ---------------------------- 433

✠ 제9부 제41회 가톨릭대상 수상 (2024) ✠ -------- 447

- 제41회 가톨릭 대상 후보 추천 요청 (문서) ----------- 449
- 제41회 가톨릭 대상 후보자 추천 -------------------- 451
- 추천 경위와 기도 ---------------------------------- 454
- 가톨릭대상 수상 ---------------------------------- 456
- 세계일보 -- 470

✠ 책을 마치면서 ✠ ------------------------------- 473

제1부 성모님과 함께 봉사와 기부
(1990년대)

 **KBS 보도본부 24시 (1993)**

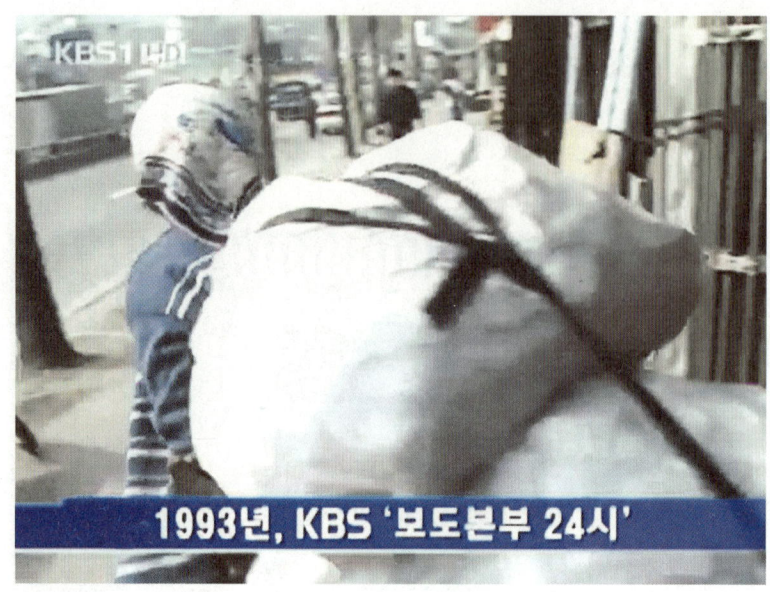

- 손수레에 고물을 가득 싣고 가시는 고복자 할머니 -

- 고물상으로 들어가시는 고복자 할머니 -

<고물상> 올려놓으세요.

전부 184kg 나왔어요. 1kg에 25원씩 해서 2,750원 나왔어요. 2,800원 드릴게요.

<고복자>

이거 빨리 시정을 해야지. 먼저는 100kg 가져오니 4,500원 받았는데 이제 2,500원 줘요.

그러니까 도저히 하기 싫어요. 갈수록 못하겠어요.

<고물상> 2,800원 드립니다.

<고복자>

어떻게 하든 폐지 수입을 안 하는 방향으로 해야지 우리 같은 사람의 피해가 커요

그러면 분리수거는 왜 하라고 해놓고 지금 와서 이렇게
폐짓값을 내리면은 폐지 수거를 누가 하겠습니까?
100kg에 2,500원 받고 할 사람 없어요.
물론 고물상 사장님도 장사가 안 되지만 저희들도 못 하
겠어.
너무나 한심해. 제가 전문적으로 다니면서 병하고 깡통을
줍는 것이 차라리 낫습니다.
구청장님에게 이거 하루속히 시정하셔야지.
제발 좀 수입을 좀 적게 했었으면 좋겠어요.
쓰레기가 날이 새면 산더미처럼 쌓이는데
쓰레기를 줄일 생각을 해야지.
쓰레기를 줍기 싫으니까 또다시 쓰레기가 길에 쌓이고
생기는 거야.
단가가 너무 낮아서 우리도 안 주어.
더러워서 줍기 싫어.
서울시장님이 빨리 좀 어떻게 해주어야지.
이게 지금 책이라 상당히 무거운데 돈이 2,500원이래
100kg에 4,500원 받을 때는 괜찮았다고.
근데 이렇게 내린 지 한 달 됐어요. 한 달 넘었어.
지금 고물이 최고 시련을 겪는 것 같아요.
이제 깡통 깨러 갑시다.
깡통 실으러 가요.
오늘 개시하고 가는 길이야.

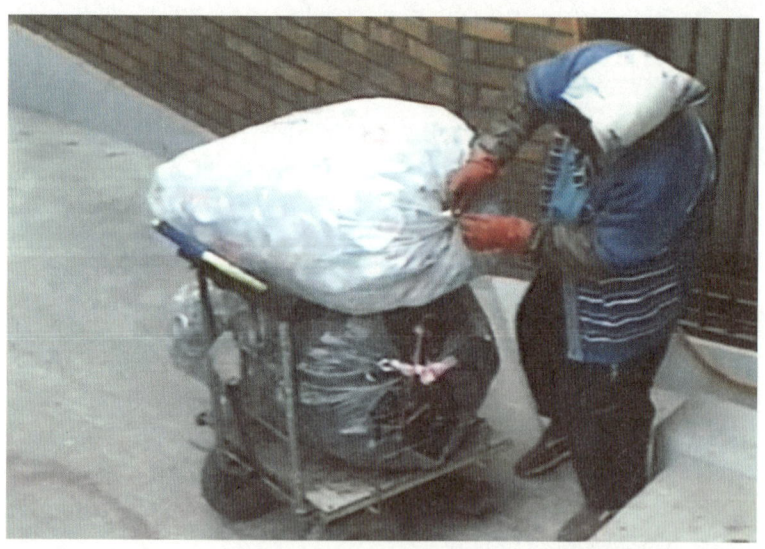

- 깡통을 손수레에 싣는 고복자 할머니 -

- 깡통을 고물상으로 가져가는 고복자 할머니 -

- KBS 취재 기자와 일정을 상의하는 고복자 할머니 -

<할머니> 손님이 왔습니다.
일주일간 주워 모인 고물이 이렇게 많아요.
고생하셨네요.
이렇게 모으려면 하느님이 도와주어야 모이지 혼자 힘으로 할 수 없어요.

<아저씨>
저 할머니 애쓰는 거 보면 자꾸 도와주고 싶어.
정말 노력해서 봉사하는데 그게 고마웠어.
그래서 항상 이 양반을 도우면 봉사하는 것이나 마찬가지거든.
그래 우리야 여기저기 댕기다 주어 놓고 할머니에게 가

져가라면 되지요.

<할머니> 이 분은 교우도 아니고 부녀회원도 아닌데 저를 돕겠다고 열심히 하세요.

<아저씨> 이 많은 양을 다 가지고 가겠어?

<할머니> 다 가져갈 수 있어요. 병을 큰 자루에 넣고….

<기자> 다음 일정은?

<할머니> 이거 팔고, 어느 집에서 가져가라고 연락이 와서 거기에 가서 양은 등을 분리해 갖고 올 거예요.
지난번 조선일보 고 기자가 날 얼마나 괴롭혔는데, 취재한다고 성가시게 해서.
나는 꼭두새벽부터 눈만 뜨면 바쁜 사람인데 이렇게 해라. 저렇게 하라고 간섭하고 무지하게 성가시게 했어.
기자가 하자는 대로 하면 하루 일을 마칠 수 없어서 그래서 KBS에서 취재하는 것도 탐탁지 않았어.

- 무거운 손수레를 끌고 가다 기우뚱 -

- 황급히 기울어진 손수레로 달려가는 KBS 기자 -

<연탄 장사>

할머니는 자제분도 많고 그래서 그런 거 안 하셔도 먹고 살고 그러니까, 할아버지가 하지 말라고 날마다 그랬는데 내가 고물상 간판 하나 걸어주었다고 그런 얘기를….

그러니까 자제분들도 많고, 시청에도 댕기고 뭐 전화국도 댕기는 아드님도 있고 그랬는데, 왜 자꾸 이걸 하시느냐고 어려운 사람들 보태주고 연탄도 사주고 양로원을 찾아가고 그런다고 늘 이렇게 말씀을 하시더라고요.

그러면 할머니는 간판을 걸으라고 해요. 간판이라도 내가 하나 걸어줄 용의는 있다.

할아버지가 하지 말라고 아프다고 걱정을 많이 해요.

여러 사람이 이렇게 도와주고 그래서 이렇게 도움을 많

이 받았고….
그래서 봉사한다고 그런 말씀을 하시더라고요.

<기자> 어떤 얘기를 주로 하셨습니까?

<연탄 장사>
그러니까 자제분도 전화국 다니고 이런 장사 안 해도 고물 장사 안 해도 되는데 왜 하냐면 불우이웃들에게 연탄도 사주고, 꽃동네도 찾아가고 없는 사람 보태주고 그런다고 내가 아파도, 하지 말라고 그래도 이렇게 열심히 한다고.
아드님들도 이렇게 전화국에 댕기고 할아버지가 뭐라고 그러지 않느냐 우리 할아버지한테 그러지 말라고 그러면 이렇게 집 앞에다가 고물상 간판이나 걸으시라고 내가 그러니까 우리 할아버지한테 혼난다고 그러니까 내가 연탄 장사해도 비록 그런 거 하나 해줄 수는 있다고 그랬더니 할아버지 보면 혼난다고 늘 그렇게 말씀을 하시고, 평소에 할머니에게 이렇게 고물 장사를 하지 말라 그래. 평소에 자제분들도 살기 넉넉히 살고 그러니까는 하지 말라고 해도 열심히 어려운 이웃을 이렇게 돕는다고 해서 스스로 이렇게 도와주고 그런다고 열심히 한다고 그러시더라고요.
할머니를 볼 때마다 이렇게 힘드실 텐데 힘드실 테니까

그만하라고 그만하라고 이렇게 말씀을 드려도 할머니가 신중하게 하세요.

할머니가 이렇게 힘든데 하지 마시라고 자제분도 하지 말라고 그랬는데 자꾸 이렇게 돕는 사람들 이렇게 도와주고 영세민이고 도와준다고 자꾸 힘들어도 그렇게 봉사를 한다고 자꾸 하신다고….

평소에 할머니가 이렇게 고물 장사 안 해도 하지 말라고 자꾸 이렇게 하고, 자제분들도 참 살기도 넉넉하고, 어려운 이웃을 도와주겠다고 스스로 이렇게 자꾸 열심히 이렇게 하시니까 자제분들도 알릴 수가 없다고 그렇게 말씀을 하시더라고요.

막내아들 김춘원

<기자> 아드님으로서 부모님께서 하시는 일에 대해서는 어떻게 생각하세요?

<막내 아들>
글쎄요. 뭐 작은 일이지만 이 하나의 봉사가 여러 사람들한테 잘 알려져서 요즘에 폐품 같은 거라든지 자원을 재사용히는데 많은 도움이 됐으면 좋겠고요.
더불어 이게 된다면 없는 사람들에게 조그만 도움이 됐으면 고맙게 생각하겠습니다.
그저 어머님이 스스로 좋아서 한 일이시니까 건강이 허락하는 한 봉사를 계속해 주시기를 바라고 있습니다.

저희 어머님이 한 8년 전부터 그 심장 협심증에 걸리셔 가지고요. 건강이 안 좋아졌는데 스스로 이 봉사하는 마음으로 기쁜 마음으로 하시니까 큰 운동이 되거든요. 일을 하다 보니까 건강도 좋아지고 또 가난한 이들 어려운 사람을 도와주는 그 두 가지의 좋은 일이기 때문에 저 자식의 입장에서는 건강이 허락하는 한 계속해 주셨으면 하는 마음이 지금도 간절합니다.

처음에는 어머니께서요 일을 시작하실 때 너무 고생스럽고 안쓰러워 가지고 자식들 입장에서 좀 만류도 해봤지만요. 스스로 좋아하신 일이고 또 그게 좋은 곳에 쓰인다고 한 다음부터는 저도 감동을 받아서 가족들 모두 다 이제 도와드리는 입장에 있습니다.

처음에는 어머님이 이 일을 시작했을 때요. 너무 힘들고 안쓰러워서 자식들 입장에서 만류했지만 좋아하는 일이라 그것이 또 좋은 일에 쓰여지는 그 이후로부터는 건강도 좋아지셨고, 그리고 앞으로도 다시 하겠습니다.

어머니께서 이 일을 처음 하셨을 때는 좀 걱정스럽고 안쓰러워 가지고 자식들 입장에서 좀 만류도 해 봤습니다만 그 일이 차츰 그 좋은 곳에 쓰여지고 그 스스로 기쁨을 느끼셔 가지고, 다시.

어머님이 처음에 이 일을 시작하셨을 때는요 걱정도 되고 너무 힘들고 고생하시는 게 안쓰러워서 자식들 입장에서 좀 말려보기도 했습니다마는 그 일이 차츰 좋은 곳에 좋은 일에 쓰여졌고 그로 말미암아 어머님의 건강도 차츰 좋아지셨습니다. 그래서 지금은 가족들 모두가 도와드리는 입장에서 저 역시 조금이나마 어머님의 힘이 되고자 도와드리는 형편입니다.

처음에 어머니께서 이 일을 시작하셨을 때는 너무 고생스럽고 안쓰러워서 자식들 입장에서 만류해 보기도 했지만요. 그 일이 좋은 곳에 쓰여지고 또 더불어 어머님의 건강도 차츰 좋아지시고 해서 지금 가족들과 저는 어머님의 일을 도와드리는 입장에 있습니다.

- 고물상 차량에 고물 탑재 작업 -

고물상에 수집한 고물 판매

<할머니>
10만 6,200원 맞습니다. 스무날을 모은 거예요.
그러니까 모은 것이 적어서 죄송합니다,
고맙습니다. 안녕히 가세요.

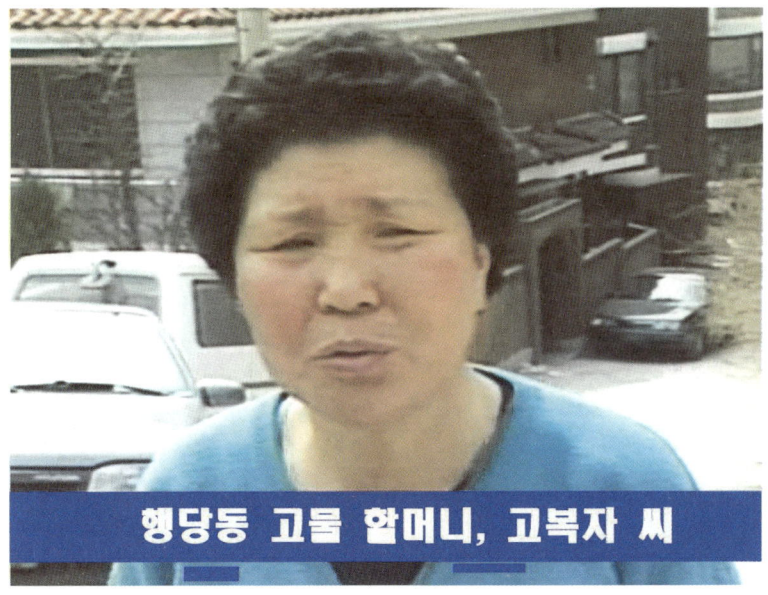

행당동 고물 할머니, 고복자 씨

<기자> 고물을 줍게 된 계기를 설명해 주세요.

<할머니> 네 네 알겠습니다.
우리 천주교 행당동 신자들이 여러분이 주어 갖고 하나 하나 모였다고 가져가라 하고,
그래서 이제 규모가 커져서 1년에 300만 원 벌고, 또 그 다음에 반년을 버니까 200만 원을 벌고, 1년 만에 500만

원을 벌었는데 그 돈이 여러 군데 갔어요.
이제 장애인 촌, 나병환자촌, 동네 불우한 집도 가져가고 부녀회도 제가 부녀회원이니까요. 부녀회에도 들여놓고 행당동 천주교 빈첸시오에도 일부 들여놓고,
여러 가지로 도와서 지금 하는데 하나가 신기한 게 있는데 처음 할 때는 남들이 할머니 이거 하다 쓰러지면 누가 책임지겠는가 하고 여러 사람이 말렸는데 하는 동안에 한 번도 쓰러진 적이 없고 한 번도 몸져누운 적이 없고 오늘까지 건강합니다.

<기자> 잠깐만요. 너무 길어요. 다시 해보세요.

<할머니> 심장 협심증으로 8년 전에 사경을 헤매서 살길이 없고 맨날 까무러쳐서 산다는 게 거의 어렵고 산다는 게 불가능했는데 성당에 열심히 당기며 하루하루 낳고 건강이 어느 정도 회복이 됐기 때문에 이웃을 내 몸같이 사랑하려면 돈이 있어야 해결해야 되겠다고 생각을 해서 여러 가지로 봉사하려고 하는데 할 게 마땅치 않아서 병을 하나둘 줍다가 보니 신자들이 주어서 저를 주고 자기네 집에 모아서도 주었고, 이웃도 도와주었고, 또 행당동 천주교 신자들이 특히 많이 도왔고 또 교우 아닌 주민들도 도와서 했습니다.
협심증으로 사경을 헤매다가 성당에 댕기면서 교리 받고

영세 받아서 몇 해 동안에 다시 어느 정도 회복이 됐는데 성경에 이웃을 내 몸같이 사랑하라는 말씀이 있어서 실천하려니까 도저히 여러 가지로 불가능했고, 이때까지 우리 영감하구 다섯 식구를 위해 헌신을 했는데 이제는 식구도 살 수 있고 자식들도 다 집 갖고 살 수 있으니까 남은 여생을 남을 위해서 살아보겠다는 결심이 서고 그 다음에 병을 하나하나 주어 모으니까 신자들과 주민들이 모아서 이제 완전히 직장이 돼서 말하자면 한 달에 30만 원에서 40만 원 벌어서 여러 군데를 가져갔어.

<기자> 너무 길어요.

<할머니> 아이고 성가셔라.
8년 전에 협심증으로 많은 고생을 하다가 이제 성당의 교리를 받고 믿음으로써 건강이 회복됐고 회복이 되니까 지금까지 식구를 위해서 희생했는데 이제 여생을 새사람으로 태어났으니까 남을 위해 봉사하자고 나섰어요.

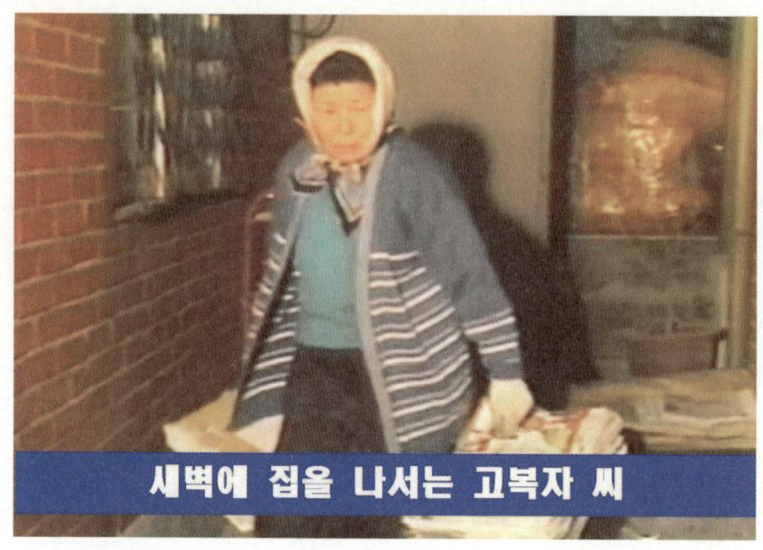

새벽에 집을 나서는 고복자 씨

- 환경미화원들이 출근하기 전에 고물을 수집하기 위해 -

- 폐지를 수집하고 있는 고복자 할머니 -

<u>〈환경미화원〉</u> 내일부터 출근 시간이 30분 앞당겨졌어요.

<u>〈할머니〉</u>
이것도 일찍 나왔는데 더 일찍 나오면 큰일이 났네.

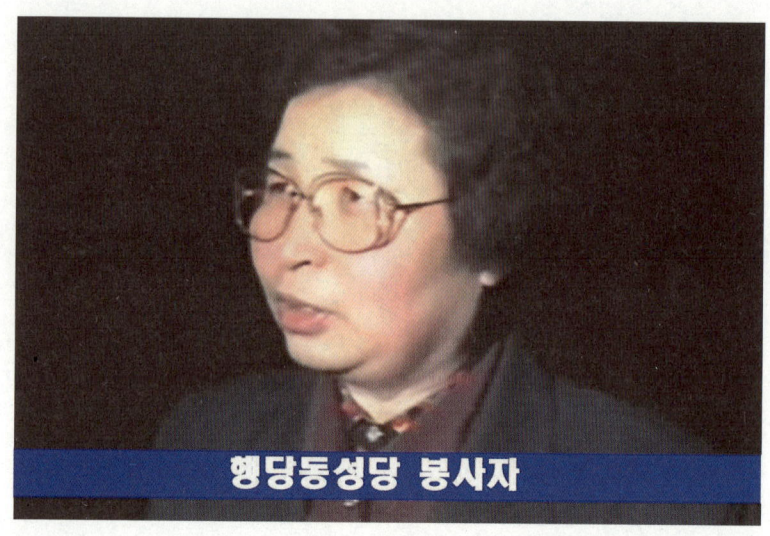

<봉사자>

협심증으로 고생을 하였는데 이제는 그거는 안 아프다고 하거든요. 그랬는데 지금 마디가 다 부었어요. 그래서 약을 두 가지를 한약하고 양약하고 먹으면서 저걸 하거든요. 근데 될 수 있으면 아프니까 하지 말라고 그렇게 병들면 자식들한테 못할 일 한다.

그래도 저렇게 해요. 날마다 둘이 3시에도 나와서 줍고, 여름에 2시에도 나와서 줍고, 그러는데 요새 내가 협조를 못하는 게 이 목이 아파요.

그래서 내가 협조를 덜 해요. 이제 둘이 그걸 깡통을 맨 날 둘이 꼈거든. 계속 1년 넘어서 둘이 꼈는데 지금 이제 내가 부녀회에다 고마리아 씨를 집어넣고서 부녀회장을 동원시켜서 깡통을 깨.

요새는 도저히 둘이 아파서 못하겠어.

고마리아 씨도 아프지. 나도 아프지.

그러니까 그래가지고 저렇게 10원도 안 써요.

우리 집에서 된장국에 밥을 말아서 자시고 식전에 당기며 일을 하고 참 그러고서는 우유라도 사드시고 다니라고 병나면 안 된다고 그래도 우유도 안 사 먹어요.

왜 그러냐면은 그건 하느님 돈이라 쓰면 안 된대 전혀 안 된다고 그래요.

그러고선 10원도 안 써 우유 하나가 얼마 하는지도 몰라요. 저 사람이 저렇게 하고 다니는데 너무 힘든 일 하는 거예요.

그래 이제 몇십만 원씩 하면 또 이제 장애자 갖다주고 또 장애자 갖다주고 이제 그러면서 꽃동네도 보내고 소말리아 거기도 20만 원 보내고 그래 다른 사람들은 소말리아 같은 데 돈 많은 사람들이 보내니까 하지 말라고 그래도 우리 마음에서 우러나서 하고 싶어서 하는 거니까 그래가지고 이제 계속 그렇게 해서 했는데 이제 새마을 부녀회에다 돈 내놓고서 계속하는 거예요.

그러면서 이제 또 불쌍한 사람은 물론이고 성당 빈첸시오에 내놓아요. 아멘.

- 새벽 일을 마무리하고 성전에서 감사기도를 드리는 봉사자들 -

고물 할머니 (평화신문, 1996. 7)

폐품주워 이웃돕는 "고물 할머니"

불우이웃돕기 폐품수집 6년 고복자씨 (64·행당동본당)

매일 새벽 2시부터 길거리서 폐지·빈병등 수집
한달수입 40만원 몽땅 불우이웃돕기에 사용

 **온 누리의 평화를** (평화방송, 1996. 8)

<앵커>

이 집 저 집 냄새나는 쓰레기통을 뒤지며 재활용 물건들을 주워 담고 있는 마리아 고복자 할머니.
자루에 하나 가득 재활용 물건들을 담고 길거리에 버려진 깡통도 챙기고 빈 병도 차곡차곡 모았습니다.

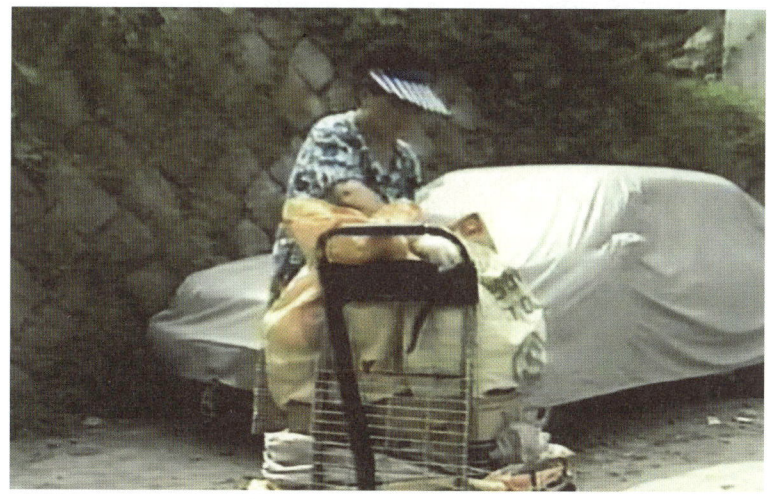

벌써 아침 한낮을 주운 재활용 물건이 두 자루나 되고 오늘 고복자 할머니의 일진은 좋은 셈이다.

동이 트면 매일매일 리어커를 밀면서 동네 골목 골목을 누비며 폐지와 빈 병이며 깡통을 그야말로 아무짝에 쓸모없는 고물을 일삼아 주어 모으는 행당동 고물 할머니 고복자 씨.

6·25 때 함경도에서 월남해 남편과 세 아들 낳고 살면서 가난한 살림을 꾸려가느라 안 해본 일 없이 허드렛일을 많이도 했다.

욕심 안 부리고 살아온 덕분일까? 이제는 세 아들 모두 제 가정을 꾸리고, 고복자 할머니는 요즘 행복하다.

<김치호 할아버지>
또 무엇을 힘들게 갖고 왔어요.

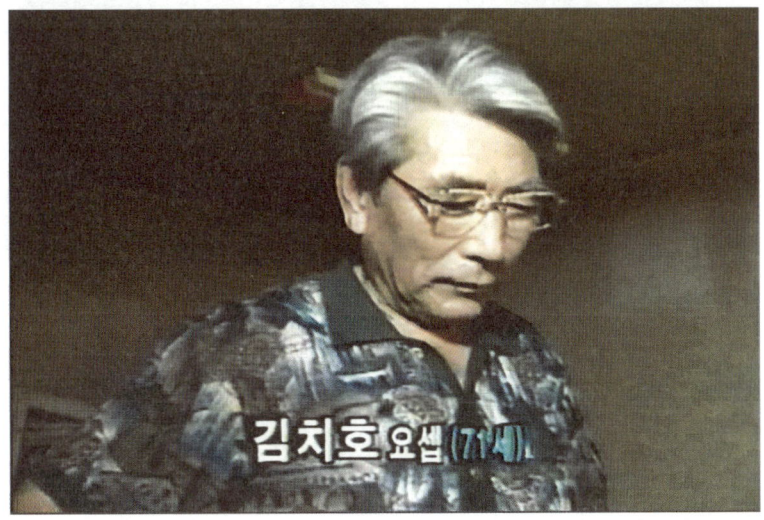

<할머니>

누가 이사를 가는데 불우이웃 돕기를 한다고 오라고 해서 가서 양은이랑 그릇을 많이 가져왔어요.

<앵커>

할머니의 고물 줍는 일을 못내 못마땅하고 반대만 하던 남편 김치호 할아버지.

할머니의 고집도 꺾을 수 없지만 안쓰럽기도 해서 요즘엔 말없이 슬그머니 도와주기도 한다.

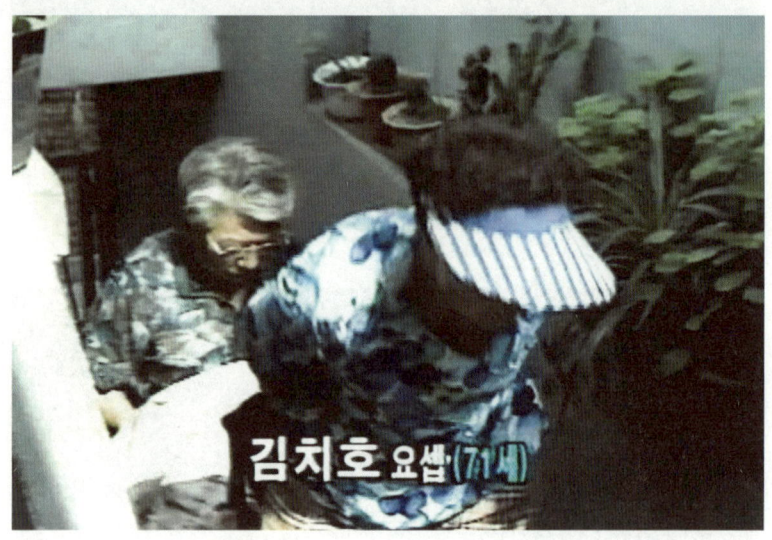

<할머니>

아니 그래도 버리는 거 주워다가 쓸 만한 것은 쓰는 집에 주고. 고물은 팔아서 장애자나 환자나 도우면 얼마나 좋아요. 그래서 참고해야지.

<김치호 할아버지>

아휴 다 됐다. 아휴 수고했어. 당신!

<앵커>

남들이 못 쓰겠다고 버린 고물을 주어 하루 벌이 2만 원. 마리아 고복자 할머니의 주위 모은 고물은 몽땅 불우이웃돕기 기금으로 변한다.

<김치호 할아버지>

380만 828원 있어요. 이번에는 어디에다 돌릴 거요?

<할머니>

이번에는 행당1동 영세민 돌리고,
금년에는 그러니까 할아버지도 그렇게 알아요. 금년에는 그렇게 생각하고 있어요.
이제 이것까지 넣으면 390만 원이 돼요.

<할머니>

이제 막둥이네 집에 갑시다.

막둥이가 바빠 오지 못하니까 우리라도 가서 봐야지. 바쁘대요. 갔다가 돌아와야 할 텐데 빨리 갑시다.

<앵커>

오랜만에 노부부가 외출복으로 갈아입었다. 막내 아들 집으로 출타할 모양이다.

공고를 나와 고생 끝에 이제는 어엿한 전기부품 회사 사장이 된 막내 아들.

고복자 할머니는 대학을 못 보낸 막내에게 특별한 마음이 될 수 있다.

<앵커>

드디어 막내 아들 공장에 도착했다. 벌써부터 기다리던 손주 손녀가 달려들고,

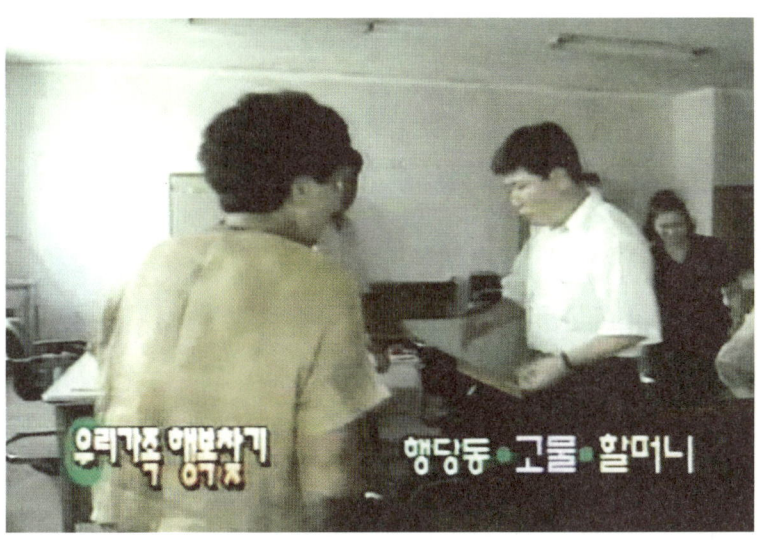

<앵커>

이어서 큰아들, 둘째 아들까지. 자식들이 모두 나와 노부부를 반긴다. 그동안의 안부를 묻고 못 본 사이에 손주 손녀들은 부쩍 컸다.

<앵커>

온 가족 저녁상이 푸짐하게 마당에 차려지고
고복자 할머니는 아직까지 퇴근 못하고 나타나지 않은 막내 아들을 벌써부터 기다렸다.
드디어 기다리던 막내 아들이 나타났다.

<막내 아들 김춘원 사장>
열심히 하니까 잘될 거예요. 작년보다 올해가 낫고 내년

이 더 나을 거고, 일은 계속 주문이 많이 들어오는데 인력이 부족해요. 다 잘될 거예요.

<앵커>

부모의 마음이 다 그럴까? 열 손가락 깨물어 안 아픈 손가락 없다지만 특히 고복자 마리아 할머니는 막내 아들이 더 아프다.

어렵사리 키운 세 아들이 이제는 사회에서 대접도 받고 다 키워낸 아들 덕 보며 살아도 되련만.

결혼해서 40여 년 자식 걱정, 살림 걱정, 하루도 편함을 몰랐던 고복자 할머니.

<앵커>

이제는 새벽마다 고물을 주워 모아 남을 돕는 고물 할머니로 살지만, 예수님 고난을 생각하면 이 정도 보속이야 해야 하지 않겠냐는 고물 할머니의 반문이 누구보다 행복해 보인다.

<스튜디오, 여자 앵커>
스튜디오에 오늘의 주인공 고복자 마리아 할머님과 둘째 아드님 김춘석 씨 나오셨습니다.
네 안녕하세요.(모두)

<남자 앵커>

예. 우리 마리아 할머님
행당동 고물 할머님이시라고 언제부터 일을 하셨습니까?

<할머니>

90년도인가? 6년 됐으니까 90년 6월달부터 시작했어요.

<남자 앵커>

6년 되셨다고요?
그러니까 어떤 계기로 이렇게 고물을 주었는지요?

〈할머니〉

내가 봉사하려고 여러 가지 노력해도 여건이 맞지 않아, 봉사하려고 많이 노력했어요.

내가 할 봉사의 길이 뭐인가 했더니 내게 맞지 않아요.

눈이 망막 출혈로 터져서 한눈은 못 보지 그러니까 심장병도 심하니까 심한 일도 못 하고 심장 협심증이 그때까지 몹시 심했어요.

그래서 웬만한 일을 못 하니까 할 것이 없더라고.

그러자 이제 한마음 운동에서 헌 옷을 모이다가 그거 가지고 다 안 돼서 고물로 바꿨어요. 음료수 먹고는 버린 병을 한 개씩 두 개씩 주었어요.

그러니까 신자들이 또 주어서 또 가져가라 그래요.

그래서 초창기에는 그렇게 했어요. 신자들이 여기저기서 가져가라 그러고 헌 옷 가져가라 하면 가져오고
그러다가 지금 현재 하고 있는 거는 또 많이 바뀌었어요. 왜냐하면 오랫동안 6년 세월이 흐르니까 신자들이 모아주는 건 별로 없어요.
요즘은 도선동 재활용 아저씨들이 도선동 동회에다 안성탕면 100만 원어치 드렸더니 동장님이 청소부 아저씨들 보고 환경미화 아저씨들 보고 열심히 마리아 할머니 모아주라고 해서 재활용 실어다 놓고, 이제 맥주 깡통이나 또 병이나 양은그릇이나 고철이나 그렇게 주어서 줘요.
그러면 고물가게 갖다 팔고,
또 동네에서 지금 철거하고 있어요.
우리 동네가 재개발 지구라서 그럼 또 교우들이 양은그릇을 가져가라 샤슈 가져가라 그래. 동네에서도 하고.
현재는 그렇게 하고 있어.
그리고 밤 1시에 나가도 되게 바빠요.
그거 다 해나가려면….

<여자 앵커>

그렇게 다른 사람을 위해서 내가 할 수 있는 일이 뭔가 생각을 하시고 이제 봉사를 시작하신 건데 말이죠.
네 어떠셨어요? 김춘석 씨 지금 둘째 아드님 나와 계신데 어머님 별명이 고물 할머니잖아요.

그게 참 의미 있는 일이기도 하면서 글쎄 아들된 입장으로는 참 하지 마셨으면 이렇게 반대도 하셨을 것 같은데 어떠셨습니까?

<둘째 아들 김춘석>

처음에 저를 장가보내고 그다음에 막내까지 장가를 보내고 나서 어머니가 이제 그 일을 시작했다는 소리를 제가 들었습니다.

그때 사실 가슴이 상당히 아프더라고요. 왜냐면 저를 장가 가던 그해에 협심증이 최고조로 올라와서 한 달에 한두 번씩 까무러치는 것을 제가 목도를 했는데….

그러면서 제가 분가를 해버렸기 때문에 어머니의 근황을 잘 모르다가 어느 날 들리는 소문이 그런 일을 하신다.

그러니까 마음이 무척 아팠어요. 그래서 어머니를 찾아가서 얘기를 쭉 들어보니까 너희들 다 키워놨는데 내가 할 일이 더 뭐 있겠느냐 이제 나를 위한 삶이 아니라 남을 위한 삶을 사시고 싶다고 하시는 어머니 말씀에 저도 감명을 받고 그럼 어머니 하고 싶은 일 마음대로 하십시오. 단 건강이 허락하는 날 하셔야지 몸을 돌보지 않고 한다면 그것이 무슨 의미가 있겠습니까 라고 해서 어머니는 계속하신 것 같습니다.

〈남자 앵커〉
6년 전에 이렇게 협심증도 있으셨고 눈도 안 좋으신데 지금은 이렇게 뵙기에는 좀 건강해 보이시거든요.

〈둘째 아들 김춘석〉
예. 제가 생각해서 그렇습니다. 협심증을 낫게 된 동기는 어머님 스스로가 하느님의 도움이다 라고 말씀을 하셨기 때문에 그 부분은 이제 거의 완치가 된 것 같고요.
망막이니 다리 아프고 관절 아픈 거야 뭐 어떻게 하겠습니까? 그러나 심장을 치료해 주신 것은 제가 느끼기에 역시 주님이 도와주신 것이며, 더욱 봉사하시라는 의미라고 생각합니다.

<남자 앵커>

처음에 보속을 위해서 일을 시작하시는데 자식들은 뭐 이렇게 반대하는 마음이 있어도 이렇게 극하게 반대를 안 하셨어요.
근데 할아버님은 뭐라고 그러시던가요?

<할머니>

할아버지가 몹시 반대했죠. 창피하고 동네에 나가면 굶지도 않는 게 저러고 댕긴다고. 동네 친구들 보기 창피하다고 못하게 하라고 친구분들이 그러신데요.
그래서 하지 말라 가서 말리라고 그런다 그러는데 근데 그거는 인간의 뜻이고, 내가 생각에는 그게 아니니까 그냥 울며불며 이때까지 해 나왔어요.

<남자 앵커> 지금은 어떠세요?

<할머니> 지금도 말리는 입장이지요.

<남자 앵커> 도와주시더라도 속으로는 안쓰러우니까

<할머니> 안쓰러우니까 힘들어하니까.

<여자 앵커> 다 할머니 걱정, 건강 걱정 때문에

〈할머니〉

힘들어하니까 그러다 쓰러지면 큰일난다.

그런데 저는 또 그게 아니에요.

하느님이 지켜주셔서

6년간에 제가 사고라는 건 일절이 없었어요.

한 번 사고 없고 차도 얼마나 댕겨요?

서울 시내에 차도 엄청 많아요.

그렇게 내가 밤에 돌아다니니까

그렇게 차 댕겨도 차 사고도 없었고

또 고물도 잘못하면 남의 것 가져오는 수가 있어요.

모르고 집어넣을 수가 있어.

〈여자 앵커〉

그래도 또 걱정하는 자제분들 마음은 아시죠?

그 아드님뿐만 아니라 며느님들도 그렇게 걱정이

많으시대요.

오늘 둘째 며느님하고 막내 며느님 저희가 화면에 담아

왔는데요.

할머니 함께 보시죠.

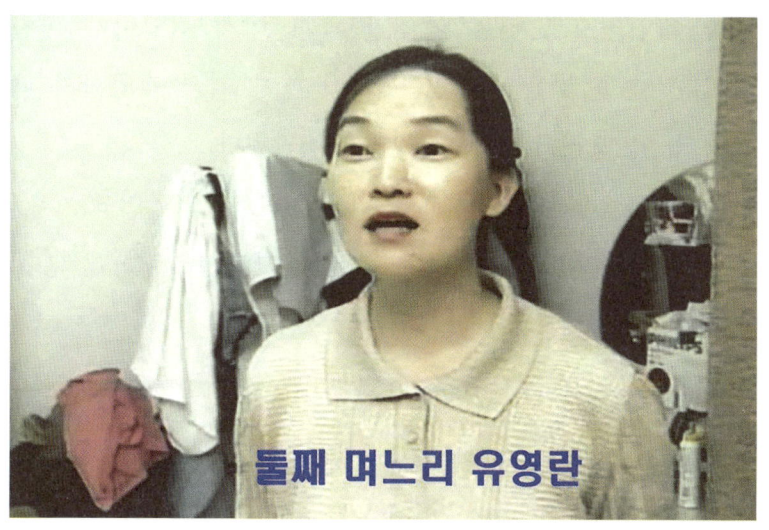

<둘째 며느리 유영란>

봉사하시면서 힘들게 사시는데요.
이제 마음 편하시게 그렇게 사셨으면 좋겠어요.

<막내며느리 강향남 안젤라>

저희 어머니 관절염이 있으세요.
치료를 한 10일 동안 다니시면 그게 한 번 갔다 오면 이제 막 몸이 퍼지는 그런 게 막 아프시거든요.
그런데도 이제 막 자식들은 말리죠. 이제 다리 아프니까 그만해라 어머니! 이제 그만하셔도 스스로 어머니가 하시는 일이지만 그만해라 막 말리기도 하고 막 윽박도 질러보고 그랬는데요.
그런 말씀을 하시더라고요. 내가 봉사 활동은 너도 니 신랑이 직업적으로 하는 거지만 나도 이게 직업이나 마찬가지다. 손을 놓을 때까지는 이게 내가 지금 직업이기 때문에 눈이 오나 비가 오나 나가야 되겠다.
그 정신으로 하시는 게 그게 제일 마음이 아팠어요.
제일 기억에 남고 그러니까 말려도 나가시는 거 그게 제일 기억에 남는 것 같아요.

<취재 기자> 어머니한테 하신다면

<막내며느리 강향남 안젤라>
글쎄요. 건강하게 오래 그냥 사셨으면 좋겠고요.
나중에라도 지금은 비록 떨어져 있지만 어차피 같이 살았던 거니까 저하고 그냥 나중에라도 같이 사셨으면 좋겠어요.

<남자 앵커>
아이고 며느님 두 분이 참 복스러우신데 막내 며느님이 시죠 마지막에 같이 사셨으면 좋겠다고 울먹이시는데 같이 사시게 되면 일은 계속하실 거죠.

<할머니>
저는 건강이 허락하는 한 여건이 주어지는 한, 현재는 여건이 사실은 하느님께서 주어져서 했지 사실 자석들이 가난하다면 이거 못하잖아요.

당장 내 자석들이 가난하고 굶는데 어떻게 생판 보지 못하던 남을 줄 수 없잖아요.
그러니까 자석들도 살 만하고
나도 남의 집에 꾸라는 안 가니까 남에게 줄 돈은 없지만 꾸라는 안 가니까 그러니까 그런 여건이 되니까 했지, 이것도 여건이 안 되면 할 수가 없다고요.
그리고 6년 동안에 식구들이 누가 아파 드러누운 적도 없고, 집안에 불상사가 있어도 못하잖아요.
근데 그동안에 불상사도 없고
항상 사고 없이 무사고로 한 게 하느님이 항상 함께한다고 나는 뼈저리게 느꼈어요.

<여성 앵커>

맞아요. 자제분들이 다 제 역할을 하시고
행복한 가정 꾸려나가니까 또 봉사하실 수 있죠.
둘째 아드님, 좋은 일이 있으셨다면서요.
석사학위를 받으셨다고요. 축하드리고요.

<김춘석> 고맙습니다.

<여성 앵커>

가정적으로 바라시는 일 소망하시는 일 있으시면 또 한 말씀 해주세요.

<김춘석>

가정적으로 바란다는 것은 일단 아버님도 70세가 넘으셨고 어머님도 60대 중반에 들어선 나이인데요.
건강하게 하시고 싶은 일 다 하시다가 이제 그러고 가셨으면 좋겠습니다.

<여자 앵커> 네네. 우리 할머님 말씀해 주세요.

<할머니>
네 저희 소망은 하나도 없고 이제 두 아들이 세례받았으면 좋겠다는 그 소망밖에 없어요.
천주교 신자 됐으면 좋겠다는 그 소망밖에 없습니다.

<여성 앵커> 그리고 건강하시고요.

<할머니> 건강하신 건 하느님 뜻이지

<남여 앵커> 오늘 이렇게 나와주셔서 감사드립니다.

- 평화방송, 온누리의 평화를 생방송(1996. 8.26) -

- 생방송 시나리오 -

타이틀/ 우리가족 행복찾기 　(평화방송 CATV)
- 행당동 고물 할머니
　　(마리아, 고복자, 아들 김춘석씨 가족)

CR/나레이션

'96. 8. 26　10:05 ~ 10:22　생방송

ST

정/네, 스튜디오에 오늘의 주인공
고복자 마리아 할머님과
둘째 아드님 김춘석씨
나오셨습니다.

(출연자 + MC인사하시고)

김/우리 마리아 할머님 행당동
Q1 고물 할머니이시라면서요?
언제부터 그 일을 하셨어요.
하시게 된 이유는 뭡니까?

머리/(6년전부터 했다.
자식들도 다 키우고 이제는
봉사를 하고 싶은데 돈도 없고
방법을 강구하다가 성당에서
재활용품을 분리하는 것을 보고
이 재활용품을 주워서 돈을 모으
면 되겠다 싶어서 시작)

정/우리 둘째 아드님, 어머님이 이 재활용
Q2 품을 수집하시는 일을 6년동안 해오고
계시는데요, 자식된 입장에서
반대하셨을 것 같아요. 어떠셨어요?

아들/(처음엔 반대하고 말렸다.
  건강도 안 좋으시고, 연세도
  있으시고해서 형제들이 무척
  말렸다.
  하지만 어머님이 소신있게 봉사
  하는 마음으로 하시겠다고 강경
  하셔서 지금은 어머님 마음을
  이해하고 존경한다.)

김/마리아 할머님, 자식들 중에서 누가
Q3 제일 반대가 많았어요?
  할아버님은 어떠셨어요?

머니/(아들들 모두 반대가 심했다.
  할아버지는 처음엔 반대하시다가
  지금은 무거운 짐도 들어 주고
  많이 도와 줘요.)

정/네, 아드님도 아드님이지만 우리
  며느님들도 시어머님 걱정이 많으
  시더라구요. 그 중에서도 막내 며느
  님이 할 말이 있으시데요.
  화면으로 담아왔거든요
  함께 보시죠.

인서트 화면/막내 며느님 INT

김/막내 며느님이 참 복스럽게
Q4 생기셨어요.
  어떠세요? 할머님, 막내 며느님이
  울먹이면서 함께 사실날만 기다리
  시는데..., 함께 사셔도 재활용품
  주워서 불우이웃돕는 일은 계속
  하실건가요?

마리/(그런요..육십평생 자식과 내 가족
을 위해서 살았지만 이제 남은 평
생은 보속하는 마음으로 이 일을
계속 하고 싶다.)

정/우리 둘째 아드님이 또 얼마전 석사
05 학위를 받으셨다고 합니다.
우리 마리아 할머님 좋은 일을 하시니
까, 가정적으로도 좋은일만
생기시네요.
축하드리구요, 마자막으로 둘째 아드님
소망하시는 일이 있으시다면요?

아들/(대답)

정/할머님은요?

마리/(대답)

정/네, 고물할머니, 마리아 할머님
정말 훌륭하십니다.
건강하시구요, 가정적으로
다복하십시오
오늘 나와주셔서 감사합니다.

(모두 인사)

마더/(그럼요..육십평생 자식이라 내 가족
　　　을 위해서 살았지만 이제 남은 평
　　　생은 보속하는 마음으로 이 일을
　　　계속 하고 싶다.)

정/우리 둘째 아드님이 또 얼마전 석사
Q5 학위를 받으셨다고 합니다.
　　우리 마리아 할머님 좋은 일을 하시니
　　까, 가정적으로도 좋은일만
　　생기시네요.
　　축하드리구요, 마자막으로 둘째 아드님
　　소망하시는 일이 있으시다면요?

아들/(대답)

정/할머님은요?

마더/(대답)

정/네, 고물할머니, 마리아 할머님
　　정말 훌륭하십니다.
　　건강하시구요, 가정적으로
　　다복하십시오
　　오늘 나와주셔서 감사합니다.

사랑은 모든 것을
믿고 바라고 견디어 냅니다.
1고린 13, 7

† 찬미예수

고복자 마리아 할머님.
그리고 가족 모두 안녕하신지요.

많은 시청자들에게서
정말 보기좋은 가족의 모습
이었다는 얘기를 들었습
니다.

할머님의 가르침 늘
변함없이 저희곁에
있어주십시오.

모두 건강하십시오.

1996. 9
AD 정유정

바오로딸
H. 113 ⓒ FSP Printed in K...   550413 / 100

- 오래된 비디오 테이프 (28년 전) 속에 있던 메모 -

제5회 '성동구민대상' 영광의 수상자

(성동구소식, 1996.10)

제5회「성동구민대상」영광의 수상자

장한구민상 부문
故 김연축(오호 1.)

故 김연축(86세, 행당동 292-51)씨는 45년 남편을 따라 월남하여 남대문 시장에서 화장실 청소를 하며 20년 동안 어렵게 모은 전재산 2억5십만원을 한경여자학회와 어람장학회에 기탁하고 지난 5월 노환과 지병으로 타계했다.

봉사상 부문
조성호(48세초)

조성호(47세, 십수동2가 230-8)에는 농인청사 주지로 '90년 이후 매년 어려운 중학생들에게 장학금을 전달하고 소년소녀가장 불우 이웃을 돕는 일에 앞장서

원으아 동부자구대, 가마간칩대, 노인정을 방문하며 위문품을 전달하는 등 지역사회 봉사에 헌신 노력하고 있다.

모범 가족상
이건상(수범회)

이건상(65세, 화양십리동 966-83)씨는

효행상 부문
홍미상(其光자)

홍미상(39세, 화양십사동 674-3)씨는 지난 '80년 결혼후 중풍으로 고생하는 시어머지(작고)의 병간호에 거동이 불편한 시어머니를 극진히 봉양하여 왔으며

선행상 부문
고복자(64세 T)

얼씨 박화로 님들의 착함을 시작한 후에도 집성맛 간호하고 부녀회 활동을 동네 사회에 봉사하는 등 주민의 칭송을 한 몸에 받고 있다.

고복자(64세, 행당동 128-998)씨는 지난 '90년 6월부터 한국천주교회에서 주관하는 불우 이웃돕기 〈한마음운동〉에 적극 동참하고자 리어커 1대를 마련하여 고물을 수집해 모은 수익금 2천1백여만원을 총 104회에 걸쳐 재활원, 성당, 노인정, 불우이웃돕기, 장학금 등으로 사용하는 등 따뜻한 온정을 베풀고 있다.

고복자(64세, 행당동 128-998)씨는 지난 '90년 6월부터 한국천주교회에서 주관하는 불우 이웃돕기 〈한마음운동〉에 적극 동참하고자 리어커 1대를 마련하여 고물을 수집해 모은 수익금 2천1백여만원을 총 104회에 걸쳐 재활원, 성당, 노인정, 불우이웃돕기, 장학금 등으로 사용하는 등 따뜻한 온정을 베풀고 있다.

버려진 사랑을 줍는 고물 할머니

(경향잡지, 1996. 11)

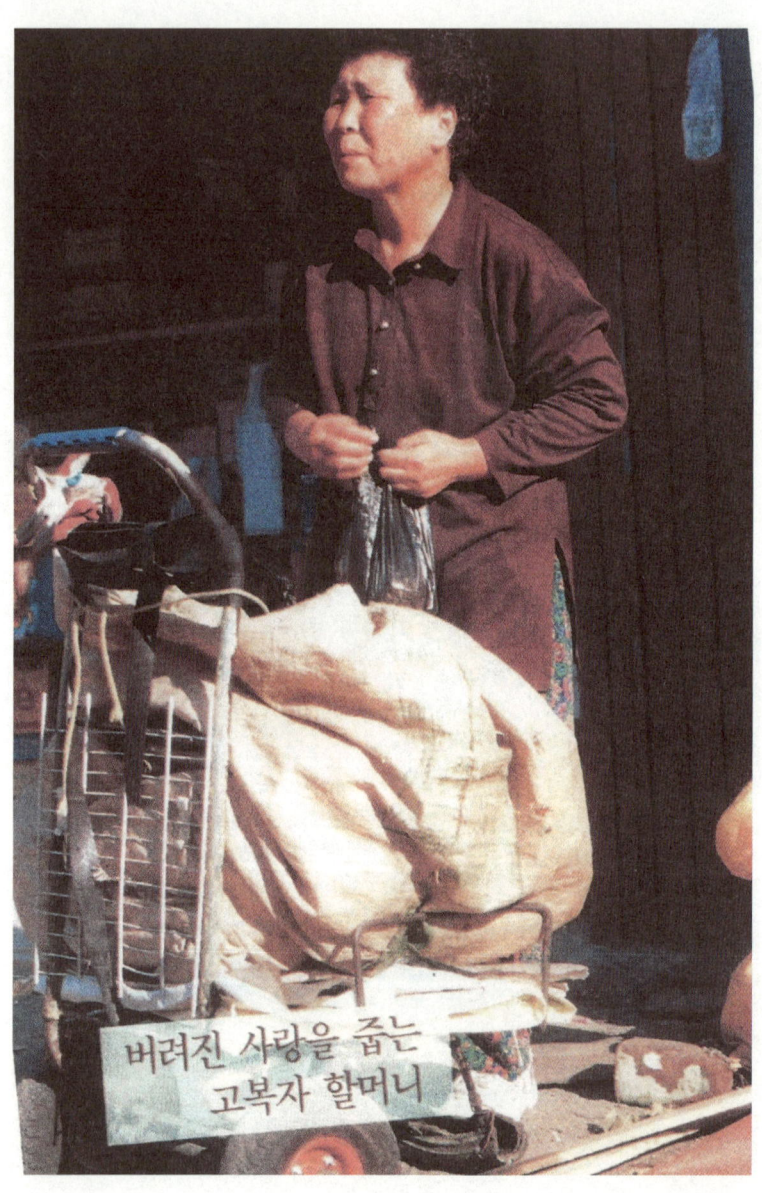

"**많**은 사람들이 보기에는 비록 하찮지만 하느님께서 보시기에는 위대하다. 많은 사람들이 보기에는 위대하지만 하느님께서 보시기에는 하찮다"(성 프란치스코).

오늘도 어김없이 서울 행당동에 있는 한 고물상 안으로 할머니 한 분이 손수레에 책이며 알루미늄 캔을 잔뜩 싣고 들어온다. 사람들이 하찮게 여기고 버리는 것들을 소중하게 여기는 사람이 있다. 고복자 마리아(64세) 할머니. "하느님이 나를 인도하고 계시는 것을 느껴요. 밤길을 지켜주시고 지금까지 단 한번의 사고도 없었고 내가 가야 할 길로 이끄시는 것을 보면 분명 나를 사랑하고 있어요." 할머니 목소리가 뜻밖에도 수줍어하는 소녀처럼 떨린다.

할머니가 가져온 고물의 분리가 끝

여러 단체로부터 받은 상들

나면 고물상 주인이 저울로 가져가서 무게를 달아 그것을 장부에 적는다. 그 동안 할머니는 주워온 가전제품에서 쓸 수 있는 것과 쓸 수 없는 것을 구분하고는 다시 양은 고철 구리를 분리한다. 분리 과정이 모두 끝나면 고물상 주인과 할머니는 오늘 가져온 것에 대한 계산을 한다. 돈을 받아드는 할머니의 얼굴에 웃음이 감돈다.

함경남도 함주에서 태어나 1·4후퇴 때 월남한 할머니는 막노동을 하던 김치호 요셉(71세) 씨와 결혼해서 삼형제를 두었다. 지금이야 조금 형편이 좋아졌지만 당시에는 다섯 식구가 목

할머니는 직접 고안해서 만든 말받침이 넓은 손수레를 끌고 고물을 수집하러 다닌다

1996년 11월 경향잡지

할머니는 쓸 만한 물건이라 생각되면 가리지 않고 주워서 고물상으로 가져간다. 고물상 아저씨는 할머니가 가져온 고물을 언제나 후하게 계산해 준다.

구명에 풀칠하는 일조차 어려웠다. "막노동, 병원에서 피를 팔아서 자식들 밥 먹이고, 땔감 사고, 그것도 힘이 들어서 극장에서 암표 팔다가 유치장 구경도 해보고, 예식장에서 주는 케이크도 받아다 팔고, 억척스럽게 일수놀이도 하다가, 압구정동에 파출부로 들어가 한 집에서만 13년 동안 일했지."

이렇게 애면글면하며 모은 돈 오백만 원을 빌려주었다가 받지 못해 가슴에 응어리가 생기더니 심장협심증이란 병을 얻었다. 엎친 데 덮친 격으로 둘째 아들이 심하게 앓자 주위에서 예수를 믿으라고 하였다. "예수를 믿더라도 뿌리를 찾아서 믿겠다."고 말하고, 86년에 세례를 받은 할머니는 로사리오 성월에 묵주기도를 하면서 그 동안 잃어버렸던 웃음이 터져나왔다.

"하루에 천원을 쓰더라도 내 손으로 백원은 벌어야지." 할머니는 그만두었던 파출부 일을 다시 시작했다. 그러나 장 주위가 곪고 허리통증 때문에 더 이상 일을 할 수 없어서 두 달 남짓 되어 그만두면서 '내가 할 다른 일이 있겠다.'는 생각이 들었다.

"거리에서 불쌍한 사람들을 보면 도와주고 싶은데 내가 가진 것이 없어서 도와주지 못하는 것이 너무 가슴 아팠어." 그래서 생각해 낸 것이 고물을 줍는 일이다. 고물 줍는 일은 할머니가 직접 만든 손수레를 끌고 행당동 골목, 도선동의 백화점 뒤 노래방이 많은 곳에서 재활용 쓰레기통을 뒤지며 다닌다. 이 일을 시작할 때에는 환경미화원들이 마뜩찮아했다. 깡통이나 줌는담시고 쓰레기 봉투를 헤쳐놓은 채 그냥 갈

활을 해온 할머니에게 힘들지 않느냐고 여쭸더니, "신자가 하느님 말씀을 따른다는 게 쉬워? 주님의 십자가와 가시관을 생각하면 이 정도 힘든 것은 아무것도 아니지."라고 말하면서 약한 몸으로 힘을 많이 써서 생긴 퇴행성관절염으로 제대로 펼 수 없는 손을 만지작거린다.

"진실히 너희에게 이르거니와, 너희가 이 지극히 작은 내 형제들 가운데 하나에게 해주었을 때마다 나에게 해준 것이다"(마태 25.40).

하루 일을 마치고 빈 수레를 끌고 집으로 돌아오면서 오르막길을 힘겹게 오르는 할머니의 마음 안에는 가난한 이들의 가슴에 담길 새로운 꿈과 희망이 들어있다. 진흙탕 속에서 피어나는 연꽃이 아름다움을 더하듯 할머니는 혼자만의 이익을 찾지 않고, 다른 사람들과 함께 살아가는 은근한 아름다움을 전해준다.

할머니는 믹을 함성 들고 다닌다

쓸모없다고 버려지는 물건들에서 다른 사람들은 보지 못하는 가치를 알아보고, 그 가치를 소중히 여기는 눈을 가지고 있는 할머니는 오늘도 변함없이 사람들이 버린 고물들 속에서, 보잘것없는 사람들을 위해 하느님의 사랑을 하나씩 모으고 있다.✠

취재 / 장창훈 (경향잡지 수습기자)

 **서울 주보 (1996.11)**

천주교 서울대교구 선교국 제1000호 1996. 11. 24

그리스도왕 대축일 · 「서울주보」 1000호 기념
만왕의 왕이시며
글 · 성찬경 사도요한 / 그림 · 엄혜실 안젤라

만왕의 왕이시며
그리스도 왕국의 주재자이신 주여,
주님의 대축일을 맞아 오늘도 저희들이 바치는
가난한 찬미를 받아주소서.

마침 저희들이 마련한 또 하나의 제물은
오늘로 꼭 1000호를 맞는 「서울주보」입니다.
유구한 주님의 세월에선 순간과도 같사오나
저희들의 피와 땀이 맺힌 한 호 한 호였습니다.

그보다도 영원한 생명이시자 사랑이신
성령님의 숨결이 스미심이니.
그러기에 비록 쪽 수는 적사오나
언제나 말씀과 사랑의 잎이옵니다.

성자이신 예수 그리스도 옆 가슴이 열려
피와 물이 흐르고 부활하사

다시 신비의 빵으로 저희들 안에 계시니
오직 성부의 뜻에 따름이라 헤아려 봅니다.

오, 하늘에서와 같이 땅에서도 사는 하늘나라.
하늘의 평화가 깃드는 땅의 나라.
진리가 다스리고 사랑이 이끄는 꿈의 나라.
진정 그때가 오면 천사도 무리지어 내려오리니.

높고 먼 이 희망을 품지 않고
저희들이 어찌 하느님 자녀라 할 수 있겠습니까.
「서울주보」, 또한
어찌 빛과 소금이 될 수 있겠습니까.

참되고 아름다운 말씀의 무늬
1000호가 다시 1000번 거듭되도록
변함없이 퍼져나가게 하여주소서.
오, 만왕의 왕이신 그리스도여.

제1000호 1996. 11. 24

천주교 행당동 교회

버려진 사랑을 줍는 고복자(마리아) 자매님

"진실히 너희에게 이르거니와 너희가 이 지극히 작은 내 형제들 가운데 하나에게 해주었을 때마다 나에게 해 준 것이다"(마태 25, 40)

우리 본당에는 쓸모없다고 버려지는 책이며 알루미늄 캔과 빈병들을 모아 얻은 수익금으로 혼자만의 이익을 찾지 않고 다른 사람들과 함께 살아가는 은은한 아름다움을 전해주어 제5회 성동구민대상(선행상)을 수상한 고복자(마리아)자매님이 계신다.

함경남도 함주에서 태어나 1.4후퇴 때 월남하여 김치호(요셉) 형제와 결혼하여 삼형제를 둔 자매님은 막노동, 파출부, 기타 돈 생기는 일은 다해 돈을 벌고자 하였으나 심장협심증이란 병을 얻고 아들도 병들어 심하게 앓게 되었을 때, 주위의 권고로 성당을 나와 85년 12월 22일에 세례를 받았으며, 허리통증으로 더 이상 일을 할수 없게 되자 "거리에서 불쌍한 사람들을 보면 도와주고 싶은데 가진 것이 없어 도와주지 못하는 것이 너무 가슴 아팠던" 마음에 남들이 하찮게 여기는 고물을 주워 주위의 불우한 사람을 돕는 일을 시작하여 자신이 직접 만든 손수레를 끌고 행당동 골목, 도선동의 백화점 뒤 노래방이 많은 곳에서 재활용 쓰레기통을 뒤지며 다닐 때 처음에는 환경미화원들이 깡통이나 줍는답시고 쓰레기 봉투를 헤쳐놓은 채 그냥 갈 것 같아서 마뜩찮아 했으나, "불우이웃 돕는 것이니까 도와줘요. 원래대로 해놓으께."라는 애원과 날마다 나오는 자매님의 정성을 보면서 이제는 고물이 어디에 있는지 알려줄 정도로 친해졌다.

자매님은 다른 사람들이 잠자리에 들 12시30분에 일어나 아침기도를 하고 아침을 대충 먹은 다음 새벽 1시쯤에 집을 나서 고물을 줍다가 환경미화원 막사에 들러 모아주는 고물을 실어다 고물상에 팔아넘기고 9시쯤 집으로 들어왔다가, 다시 재개발로 주인이 떠난 행당동의 빈집을 찾아다니며 책, 헌옷, 새시, 구리, 고철등 쓸 만한 물건들을 모아 집으로 가져와 분류해서 쌓아놓을 때가 오후 4시경. 이렇게 모은 돈이 한달에 약 40만원. 이돈을 "내가 번다고 해서 다 내 돈인가? 다른 돈은 써도 이 돈은 아무리 배고프고 목말라도 십원 일전도 안 쓰지" 마음으로 고스란히 '통장'에 넣어두었다가 성모자애원, 성가복지병원, 프란치스코의 집, 행당동 및 도선동의 영세민, 환경미화원, 불쌍한 노인들을 도와주는 자매님은 오늘도 변함없이 사람들이 버린 고물들 속에서 보잘 것 없는 사람들을 위해 하느님의 사랑을 하나씩 모으고 있다.(「경향잡지」 11월호 발췌)

 다시 보고 싶은 뉴스의 인물 (평화신문)
(1996. 12)

쎕 김

불우이웃돕는 「고물 할머니」 고복자씨

"가출청소년이 거들어줘서 고맙지, 뭐"

동네 폐품을 주워 판 돈으로 불우이웃을 돕는 '고물 할머니' 고복자(高福子·64·마리아)씨는 요즘도 역시 새벽 2시면 낡은 리어카를 끌고 집을 나선다. 그러나 날씨가 추워져서인지, 아니면 하루하루가 다른 나이 탓인지 요즘은 침상 신세를 지는 시간이 부쩍 길어졌다. 빈 병 부대도, 신문 묶음도 예전보다 더 무겁다.(본지 387호)

"허리가 너무 아파서 병원에 물리치료를 받으러 갔더니 과로라서 그렇다고 그냥 내리 쉬라고만 하네요. 그렇다고 맨날 누워 있을 수만 있나요. 하던 일은 해야지."

올해도 고씨는 연말을 맞아 행당동본당 빈첸시오회에 1백만원, 성가복자병원에 1백만원, 불우한 소년소녀에게 준 장학금 등 그동안 모아놓은 돈을 어려운 이웃에게 골고루 나눠주었다. 폐품 판 돈뿐 아니라 좋은 일을 한다고 성동구청으로부터 받은 상금 50만원도 보탰다.

고씨의 고물 줍는 일도 여럿보다는 겨울이 더 고되다. 눈이라도 펑펑 쏟아지는 날이면 팬몸으로 오르내리기에도 부어번 돔은 쉬어가고 싶은 가파른 언덕길이 한층 더 까마득하게 느껴지기 때문이다. 게다가 재개발로 이웃 사람들이 거의 다 떠나버려 왠지 마음까지 쓸쓸하다.

그래도 고씨에게는 요즘에 무척 고마운 일이 생겼다. 성치 않은 몸을 이끌고 새벽길을 달리는 고씨를 도와주는 새로운 벗들이 나타난 것이다. 낮에는 어디선가 잠을 자고 밤새 돌아다니는 십대 가출 청소년 대여섯명.

일하는 것을 물끄러미 바라보는 그들에게 "할머니 혼자 힘들다, 좀 도와다오"라고 말했더니 이제는 매일 빈 병도 주워다주고 신문지도 묶어준다. 고씨는 손주같은 청소년들의 이런 작은 도움이 마냥 고맙기만 하다.

그간의 근황을 묻자 고씨는 혼자말을 하듯 이렇게 답했다. "평화신문에 난 뒤로 얼마나 성가셨다구…. 별일도 아닌 거로 자꾸 여기저기서 연락이 와서…. 이런 거 정말 안하고 싶은데…."

제2부 성모님과 함께 봉사와 기부
(2000~10년대)

아낌없이 주는 '손수레 할머니' (2004. 4)

시민일보

사람들

아낌없이 주는 '손수레 할머니'

인터뷰 포천시 고복자 할머니 　　10년째 고물팔아 불우이웃 도와

"내 나이 벌써 7학년 2반이다. 동 대표, 부녀회장보다 더 할 일이 많다" 22일 오전 7시. 오늘도 변함없이 고복자(고 마리아) 할머니는 포천시의 한 수녀원에서 화분 분갈이에 여념이 없다. 10년을 수명으로 작동하는 인공심장을 가슴속 깊은 곳에 묻어두고, 아무진 손놀림은 쉴 틈 없이 바쁘게 움직이고 있었다. 365일 하루같이 봉사활동에 나서고 있는 고복자 할머니는 일주일 단위로 짜임새 있는 사랑의 일정표가 있다.

고복자 할머니는 오늘도 어김없이 목요일이 되자 포천시 신읍동 수녀원에서 운영하는 무의탁 양로원을 찾았다.

매주 이틀은 오전 7시부터 오후 2시까지 이곳에서 화초를 관리하고, 수녀원 구석구석 청소 및 창고를 정리하는 등 남들이 하지 않는 일을 찾아가며 보수없이 봉사하고 돌아간다.

함경남도 함주에서 태어나 1·4 후퇴 때 월남한 할머니는 막노동을 하던 김치호 요셉(71)씨와 결혼하여 삼형제를 뒀다.

"막노동은 물론, 극장에서 암표 팔다가 유치장 구경도 해봤다. 압구정동에 파출부로 들어가 한 집에서만 13년 동안 일했다"

고복자 할머니는 "거리에서 불쌍한 사람들을 보면 도와주고 싶은데 내가 가진 것이 없어서 도와주지 못하는 것이 너무

365일을 쉬지않고 봉사활동을 끝치고 있는 고복자 할머니.

가슴 아팠다"며 지난 시간을 회상했다.

그래서 10년 전부터 고복자 할머니는 행당동 손수레 할머니로도 유명하다.

도선동의 백화점 뒤 노래방이 많은 곳에서 재활용 쓰레기통을 뒤지면서 '불우이웃 돕기'를 시작했다.

할머니는 "내가 번다고 해서 다 내 돈인가? 다른 돈은 써도 이 돈은 아무리 배고프고 목말라도 십원 일전도 안 쓰지"라며 하루 평균 수입은 1~2만여원, 한달이면 50~60만원쯤 된다고 말했다.

이렇게 힘들게 모은 돈은 고스란히 봉장에 넣어뒀다가 성모자애원, 성가복지병원, 프란치스꼬의 집, 행당동 영세민, 도선동 영세민, 환경미화원, 불쌍한 할머니들을 도왔다.

6년 전 포천시 소흘읍 우정아파트로 이사해서도 이 같은 고물 주위 모으기 봉사활동을 계속하고 있다.

할머니는 "봉사활동은 완전봉사활동이어야 한다. 대가를 받으면 봉사가 아니다"며 "남이 안하는 것을 해야 한다. 그래야 힘들지만 필요한 사람이 되는 것"이라고 설명했다.

고복자 할머니는 현재 생활비를 서울 집에서 나오는 집세 120만원으로 충당하고, 매일 자신이 손수레를 끌어 모은 돈 전액을 양로원이나 고아원 등 어려운 사람에게 보내고 있다.

할머니의 삶은 봉사 활동과 불우이웃 돕기가 전부다.

"가장 행복한 순간이 힘들더라도 남을 위해 무엇인가 일을 하고 있을 때"라는 말이 할머니의 정신세계를 대변해 주고 있다.

포천=황종식 기자 jsh@siminnews.net

제2부 아낌없이 주는 '손수레 할머니' ▎97

전 재산 1억 아파트 기탁 (2007. 4)

뉴스 홈 > 사람들/인사

전 재산 1억 아파트 모현의료센터에 기탁한 고복자 할머니

발행일 : 2007-04-22   ▶인쇄하기

- 고복자 할머니가 마리아의 작은 자매회 관구장 장귀옥 수녀에게 기증서를 전달하고 있다.

"죽음 앞둔 벗에게 작은 힘 되길"

팔순을 앞둔 할머니가 평생 모은 재산을 임종환자와 불우노인들을 위해 써 달라며 선뜻 내놓았다. 폐지와 고물을 팔아 모은 값진 성금이어서 더욱 뜻 깊다.

지난 4월 14일 경기도 포천 마리아의 작은 자매회 '모현의료센터'에서 아름다운 전달식이 열렸다.

봉사자 고복자(마리아.78.춘천교구 송우리본당) 할머니가 자신 소유의 시가(市價) 1억 원 상당의 아파트를 센터에 기탁한 것. 전달식에 참석한 아들과 며느리도 어머니의 나눔에 박수를 보냈다.

할머니가 센터에 기탁한 아파트는 거리를 다니며 모은 폐품과 고철을 팔아 마련한 것이다. 1986년 세례를 받은 할머니는 '내가 가진 것이 없어 어려운 이들을 도와주지 못하는 게 안타까워' 거리로 나섰다. 폐품과 고철을 팔아 버는 돈은 하루 1~2만원, 할머니는 한 푼도 쓰지 않고 저축했다. 이렇게 모은 돈으로 성모자애원과 성가복지병원 등 교회 기관과 도시 영세민들을 돕는 데 쓰기도 했다.

1998년 노인요양원 주방봉사를 시작으로 10년째 모현의료센터와 인연을 맺어오고 있는 할머니는 최근에는 300여 개에 달하는 센터 화분과 화초를 가꾸는 일을 하고 있다. 거동이 불편해 아들 차를 타야만 올 수 있지만 한 주도 빠짐없이 센터를 찾는다. 엉금엉금 기어 다니다시피 하며 화분을 가꾸는 할머니의 정성은 임종자들의 보금자리를 더욱 활기차게 만든다.

"내가 기력이 떨어지면 누가 센터 화초들을 가꿔야 할 지 걱정"이라는 할머니는 "보잘 것 없는 정성이 죽음을 앞둔 환자들과 노인 친구들에게 작게나마 힘이 되었으면 한다"고 밝혔다.

< 이승환 기자 >

Copyright© 1998 CATHOLIC TIMES All rights reserved.
Contact info@catholictimes.org for more information.

- 장귀옥 모니카 수녀(관구장)에게 기부증서를 전달하는 고복자 마리아 -

- 김춘석, 유영란, 김춘근(맏아들) 관구장 수녀님 -

- 둘째 며느리, 유영란 엘리사 -

각 서

부 친 : 김 치 호 (260522-   )
모 친 : 고 복 자 (330416-   )
주 소:경기도 포천군 소흘읍 송우리 392-13 전원아파트 11동 405호

상기인의 아들 3형제는 부모님의 모든 재산에 대한 증여 및 상속의 권한을 포기하며 사회에 환원등 부모님의 뜻에 따라 처분하여도 차후 의의가 없음을 본 각서로서 확인합니다.

      2002. 9. 26.

일 남 : 김 춘 근 (540430-   )
       서울시 광진구 자양2동 687-4 건물 302호
이 남 : 김 춘 석 (570723-   )
       서울시 노원구 하계동 280 미성아파트 3동 1401호
삼 남 : 김 춘 원 (600624-   )
       경기도 포천군 신북면 신평공단 81-6

별 첨 : 인감증명서 각 1부(합계: 3부)

 **'생의 마지막 기부' 보도자료 (2010. 1)**

　어머니는 2010년 1월 초, 나에게 내가 살아있을 때 모현의료센터와의 약속을 지키려고 하는데 내 생애 마지막 기부가 될 것 같으니, 언론에서 보도하였으면 좋겠다고 말씀하셨다. 나는 어떻게 할지를 고민하였다. 왜냐하면 예수님께서 **"네가 자선을 베풀 때에는 오른손이 하는 일을 왼손이 모르게 하여라. 네 자선을 숨겨 두어라. 그러면 숨은 일도 보시는 네 아버지께서 너에게 갚아 주실 것이다." (마태 6, 3-4)** 라고 하셨기 때문이었다.

　결국, 고민을 거듭하다가 어머님의 인생 역정과 봉사의 삶에 대해 정리하고 나서 결정하기로 하였다. 그동안 각종 언론 기사를 모으고, 집에 있는 각종 표창장과 감사장들을 사진을 찍으면서 평소에 알았지만 또다시 어머니의 위대하신 선행에 감동하였다. 그래서 어머니의 이야기를 언론에 알리는 것이 사회를 위해 도움이 될 것 같다는 판단이 들었다. 이미 어머니는 90년대 초 KBS, MBC, 평화방송 등을 통해 "행당동 고물 할머니"로 널리 알려져 있었다. 어머니의 봉사행적에 대해 꼼꼼히 정리하여 KBS, MBC, SBS, 평화방송과 조선일보, 중앙일보, 시민일보, 카톨릭 신문, 평화신문에 보도자료를 보냈다.

생의 마지막 기부될 듯 '1억 원' 기부
― 고마리아 할머니(78세)의 약속, 生前 이행 ―

문의 / 한마음문화사 김춘석 대표(둘째 아들)

　오는 1월 29(금) 14:00, 고복자(마리아) 할머니는 경기도 포천 모현의료센터(호스피스와 양로원 운영)에서 마리아의 작은 자매회 장귀옥 모니카 수녀(관구장)에게 1억 원을 기부할 예정이다.

　2007년 4월 14일, 할머니는 장귀옥 수녀에게 내가 죽으면 현재 살고 있는 아파트(경기도 포천군 소흘읍 우정아파트, 당시 시가 1억 원)를 모현의료센터의 임종 환자와 양로원을 위해 써 달라며 이를 약속하는 기부공증서를 전달하였다.

　2008년 8월 25일, 아버지(김치호, 84세)께서 작고하신 후 심경의 변화가 있어 자신의 사후에 약속대로 아파트가 기부될 수 있을지 알 수 없으므로 살아있을 때 약속을 지킬 것을 결심하고, 10년 동안 한푼 두푼 모은 전 재산을 이번에 기부하는 것이다.

　할머니는 6·25전쟁 중 1951년 1·4후퇴 당시 18세의 어린 나이에 흥남 부두에서 철수하는 미군을 따라 홀로 월남하여 60년을 사시면서 생애 가장 보람 있는 마지막 기부가 될 것 같다고 말씀하시면서, 살아서 약속을 지키게 되어 기쁘다고 하셨다.

또한, 할머니는 자신이 걸어 온 '사랑과 봉사'의 삶을 국가 경제가 어려운 이때, 세상에 널리 알려 생활난에 고통받는 어려운 이웃들에게 따뜻한 정이 베풀어지기를 희망하면서, 후손들에게도 봉사의 참된 의미를 일깨워주고 싶다고 하셨다.

※ 붙임 : 고복자(마리아)의 봉사 기록 1부

고복자(마리아)의 봉사 기록

1. 인적 사항

- 성명 : 고복자(1933. 4. 16일 생, 만 77세), 세례명 : 마리아
- 본적 : 함경남도 함주군 기곡면 신풍리
- 주소 : 경기도 포천시 소홀읍 우정아파트 11동-405호

2. 봉사 활동 보도 내용

- 1993년 KBS 보도본부 24시
- 평화신문(1996. 7. 7, 폐품 주워 이웃 돕는 "고물 할머니")
- 평화방송(1996. 8. 26, 온누리에 평화를, 행당동 고물 할머니)
- 경향잡지(1996. 11월호, '버려진 사랑을 줍는 고복자 할머니')
- 성동구소식지(1996. 10월, '제5호「성동구민대상」선행상')
- 평화신문(1996. 12. 22, 송년특집 '다시보고 싶은 1996년 뉴스의 인물')
- 시민일보(2004. 4. 26, 아낌없이 주는 손수레 할머니)
- 가톨릭신문(2007. 4. 22, 전 재산 1억 아파트 모현의료센터 기탁)

3. 봉사 관련 수상 내용

- 1993. 12. 30 : 행당1동장 감사장(쓰레기 줍기 및 재활용)
- 1995. 1. 2 : 성모자애원장 감사패(기부금)
- 1995. 2. 7 : 민주자유성동구지구당 표창장(구 발전과 봉사)

o 1995. 4.29 : 성동구청장 표창장(불우이웃돕기)
o 1996.10.26 : 성동구청장 선행대상
o 1996.12.17 : 행당동 새마을장학회장 감사패(장학금 기부)
o 2008. 4.30 : 의정부 성모병원장 감사패(10년 봉사)

4. 걸어오신 길

어머니는 1933년 함경남도 함주군 기곡면에서 태어나 성장하였으며, 6·25전쟁이 발발하자 연로하신 부모님을 혼자 모시기 어려워 1951년 1·4 후퇴 당시, 18세의 어린 나이에 서울에 있던 오빠를 고향으로 데리고 올 목적으로 흥남 부두에서 철수하는 미군을 따라 홀로 월남하여 거제도 난민수용소에 정착하셨다.

1952년 거제도 시절, 고향에서 같이 자라고 혼담이 오갔던 아버지를 만나 살림을 차리게 되었으며, 1953년 속초로 올라와 장남을 낳고, 다시 서울로 올라와 오장동 부근 천막집에서 살면서 아들 2명을 더 낳아 3형제를 두었으며, 3형제로부터 7명의 손자를 두고 있다.

50대 중반 심장병(협심증)에 걸리셨고, 1997년 심장박동기를 시술하였다. 그리고 2007.12월, 왼쪽 무릎 관절 수술을 받았으며 4급 장애 판정을 받았고, 최근에도 심장질환과 고질적인 디스크와 관절통으로 고생하고 계신다.

5. 봉사의 길

　1984년 9월, 둘째 아들을 결혼시키고 나서 얼마 후 어머니는 가족들에게 "이북에서 피난 나와 31년간 가족들을 위해 봉사하였으며, 두 아들을 결혼도 시켰다. 나는 심장병 때문에 고통 속에서 하루하루를 살기보다는 이제부터 사회를 위해 내가 할 수 있는 일을 찾아서 봉사하겠다." 라고 말씀하셨다.

　그리고 행당동 성당에서 교리를 받고 1985년 12월 22일, 세례를 받으셨으며, 성당의 각종 봉사 활동에 참여하셨다. 그 후 1990년 여름부터 작은 손수레를 끌고 동네 골목골목을 돌아다니면서 버려진 폐지, 빈 병, 깡통 등 고물을 줍기 시작하셨다.

　그렇게 행당동 고물 할머니로 활동하실 무렵, 1993년 초 KBS에서 어머님의 봉사 활동에 대한 보도가 있고 난 뒤 이웃들이 고물 모으기에 동참하였고, 고물을 팔아 모은 돈은 성모자애원, 성가복지병원, 프란치스꼬의 집, 행당동 영세민, 도선동 영세민, 환경미화원, 양로원 등에 전액 기부하셨습니다.

　그러던 중 1996년 말 행당동 재개발계획이 확정됨에

따라 이사하게 되었고, 행당동에서 하시던 모든 봉사 활동을 접어야 했습니다. 6년 동안 고물 줍기를 통해 기부한 금액이 총 3천만 원에 이르렀다.

또한, 어머니는 6년간 100kg 넘는 손수레를 골목길과 비탈길은 물론 눈이 수북하게 쌓인 한겨울에도 끌고 다녔으나 사고 한번 없었는데 봉사 활동이 끝나자 1996년 12월 말 집 계단에서 굴러떨어져 팔이 골절되었다.

1997년 1월 경기도 포천시 소흘읍 우정아파트로 이사하였으며, 이후 어머니는 팔 골절과 심장병, 관절통 등으로 건장이 악화하여 봉사 활동을 중단하고 팔 치료와 심장 박동기 이식 시술 등을 하셨다. 점차 활동이 가능해지자 1998년 초부터 고물 줍기를 다시 시작하셨다. 당시 소흘읍 우정아파트는 소규모 단지로서 주변이 온통 산과 논밭이라서 고물 수집에 한계가 있었다.

이에 주변으로 눈을 돌려 의정부 성모병원과 포천 모현의료센터를 주 3일씩 방문하여 화초 관리와 청소 등을 하셨습니다. 이곳에는 의사와 간호사 그리고 환자들에게 조금이나마 위안을 주고자 어머니께서 만드신 실내 화단이 있으며, 화초 행상인을 도와주고 받거나 버려진 화초를 주워 집에서 잘 가꾼 후 기증하였다. 이외에도 소흘읍 소방서, 포천군청, 양로원, 고아원 등에도 화초를 기증하고, 가꾸고 있다.

특히 2002. 5월, 어머니는 칠순 잔치를 마다하고 아들로부터 받은 잔치 비용 200만 원을 포천 모현의료센터에 기부하셨으며, 또한 2007년 4월 자식들의 동의를 받아 현재 거주하는 우정아파트를 사후에 모현의료센터에 기증하기로 약속하였다. 2008년 4월 말 의정부 성모병원으로부터 10년간 봉사에 대한 감사패를 받기도 하셨다.

2009년 8월 25일, 아버님께서 선종하시자 어머니는 생전에 모현의료센터와 약속을 이행하는 것이 도리라고 생각하고, 지난 10년간 한푼 두푼 모은 1억 원을 기부하기로 하셨다. 특히 어머니가 모현의료센터에 기부하는 이유는 피난 내려와서 60년이 지난 지금도 잊을 수 없는 것이 당시 연로하셨던 부모님이었다. 그래서 1996년 무의탁 노인들을 위한 양로원(모현의료센터의 전신)에서 봉사하면서 돈이 있으면 이북에 두고 온 부모님들이 생각나서 이분들을 도와야 한다고 생각하셨기 때문이다.

지난 25년간 어머니는 "사람은 움직일 수 있을 때까지 가난하고 불쌍한 이웃을 도와야 하며, 사회에서 반드시 필요한 사람이 되어야 한다."는 평소 지론과 같이 사랑과 봉사의 삶을 실천하셨으며, 그리고 자식과 손자들에게 성경 말씀을 인용하여 **"사회의 빛과 소금이 되어야 한다."** 라고 강조하셨다.

※ 붙임자료 (생략)
  o 평화신문(1996. 7. 7, 폐품 주워 이웃 돕는 "고물 할머니")
  o 평화방송(1996. 8.26, 방송 사진)
  o 경향잡지(1996.11월호, '버려진 사랑을 줍는 고복자 할머니')
  o 성동구소식지(1996.10월, '제5호「성동구민대상」선행상')
  o 평화신문(1996.12.22, 송년특집 '다시보고 싶은 1996년 뉴스의 인물)
  o 시민일보(2004. 4.26, 아낌없이 주는 손수레 할머니)
  o 가톨릭신문(2007. 4.22, 전 재산 1억 아파트 모현의료센터 기탁)

 ### '생의 마지막 기부' 뉴스
(KBS 1TV, 2TV 뉴스, 2010. 1.29)

♡ **KBS 1TV 9시 뉴스**

- 출처 : https://news.kbs.co.kr/news/pc/view/view.do?ncd=2037574 -

<앵커 멘트>

"생이 다 할 때까지 가난하고 불쌍한 이웃을 도와야 한다." 행당동 고물 할머니로 불리는 고복자 할머니의 신념입니다.

폐품을 수집해 모은 재산을 그동안 복지시설에 기부해 왔던 할머니가, 오늘 남은 전 재산을 털어 마지막 기부를 했습니다. 임종빈 기자가 소개합니다.

<리포트> 경기도 포천의 한 호스피스 병원.
76살 고복자 할머니는 화단 가꾸기에 여념이 없습니다.

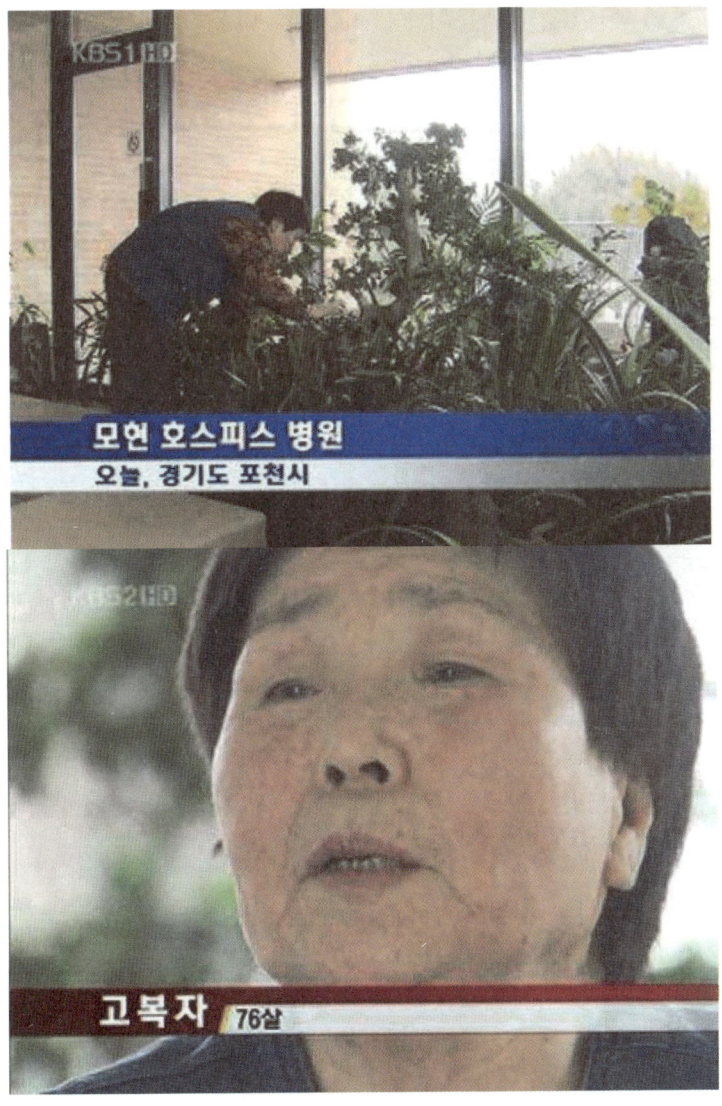

말기 암 환자들을 위로하기 위해 시작한 일이 벌써 14년이 됐습니다.

<인터뷰> 고복자(76살)
"청소나 이런 건 남들이 다 하니까. 나는 남들이 안 하는 일을 하고 싶었어요."

지난 1990년, 협심증으로 쓰러져 죽음의 문턱을 경험한 고 할머니. 이제부터라도 남을 위한 삶을 살아야겠다며, 동네 구석구석을 돌며 폐품을 모았습니다.

모은 돈 3천만 원은 6년에 걸쳐 복지시설에 모두 기증했고 1996년 당시 '행당동 고물 할머니'라는 별명을 얻었습니다.

<인터뷰> 고복자(76살)
"고물을 주워서 돈을 만들어야 되니까, 돈이 없어서 남을 줄 수가 없으니까."

그 후로 14년. 오늘은 봉사 활동을 가기 전 할머니가 동네 은행에 먼저 들렀습니다. 그동안 모든 돈 1억 원을 찾기 위해서입니다.

환자들의 마지막을 지키는 수녀들의 고된 삶에 도움이 되고 싶다며 호스피스 병원에 모두 기증했습니다.

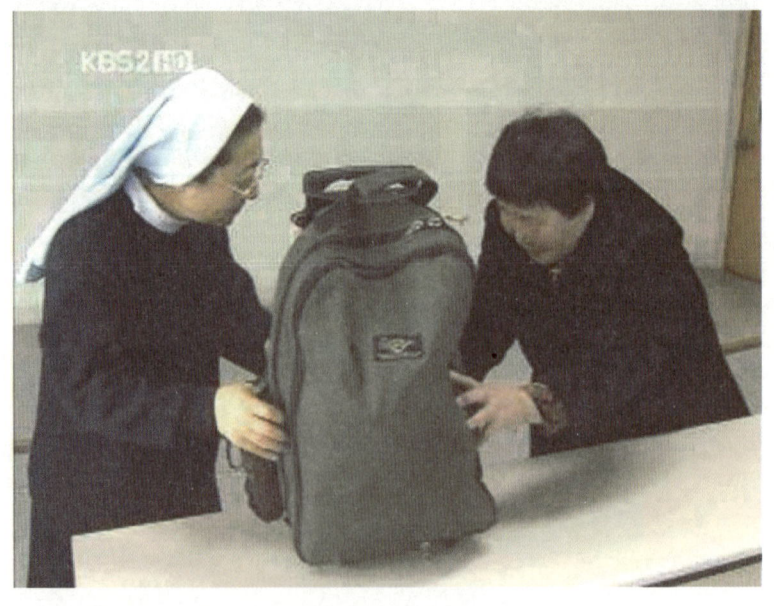

　평생 이어진 기부는 이번이 마지막이 될 것 같지만, 가난하고 불쌍한 이웃을 위한 봉사는 눈을 감을 때까지 계속될 거라고 말합니다.

<인터뷰> 고복자(76살)

"나를 짠 소금이라고 그래요. 나를 거지라고 해도 개의치 않아요. 나는 목적이 있으니까요."

KBS 뉴스 임종빈입니다.
입력시간 2010.01.29 (20:36) 최종수정 2010.01.29 (22:32)
임종빈 기자

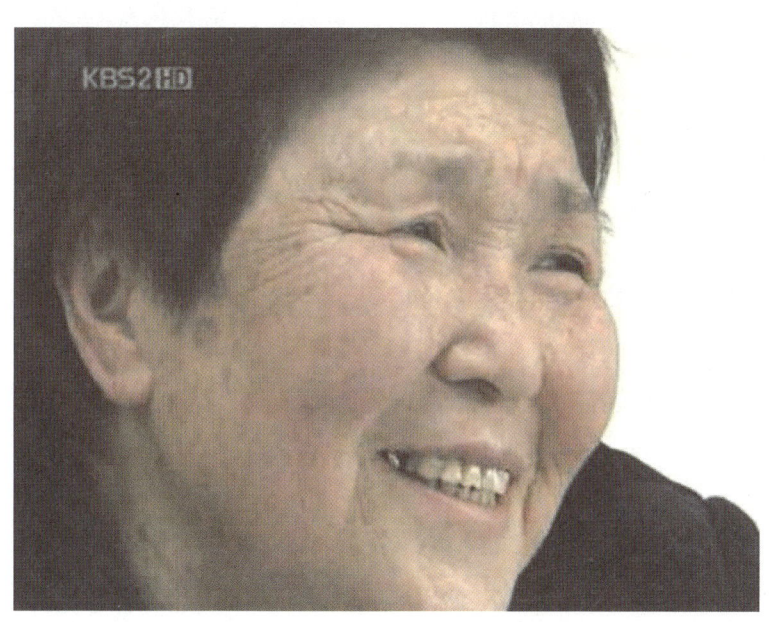

♡ KBS 2TV 8시 뉴스

- 출처 : https://news.kbs.co.kr/news/pc/view/view.do?ncd=2037522 -

<앵커 멘트>

　주변에서 많이 보실 겁니다. 밤낮으로 폐품을 모으는 어르신들을요. 힘겹게 수집한 폐품을 팔아 모은 돈을 복지시설에 기부했다는 소식, 자주 들리죠! 행당동 고물 할머니로 불리는 고복자 할머니 유명하시죠? 이번에 다시 1억 원의 재산을 기부했습니다. 임종빈 기자입니다.

<이하 9시 뉴스와 동일>

♡ 방송되지 않은 인터뷰 내용

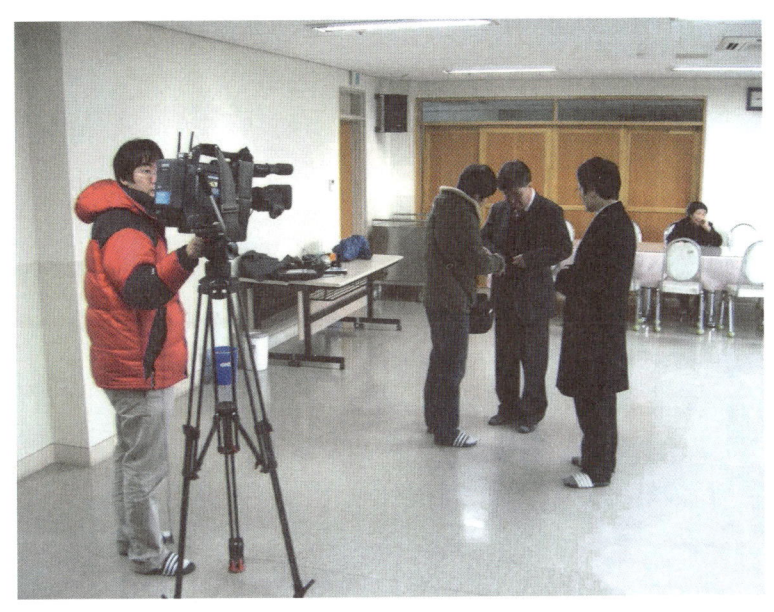

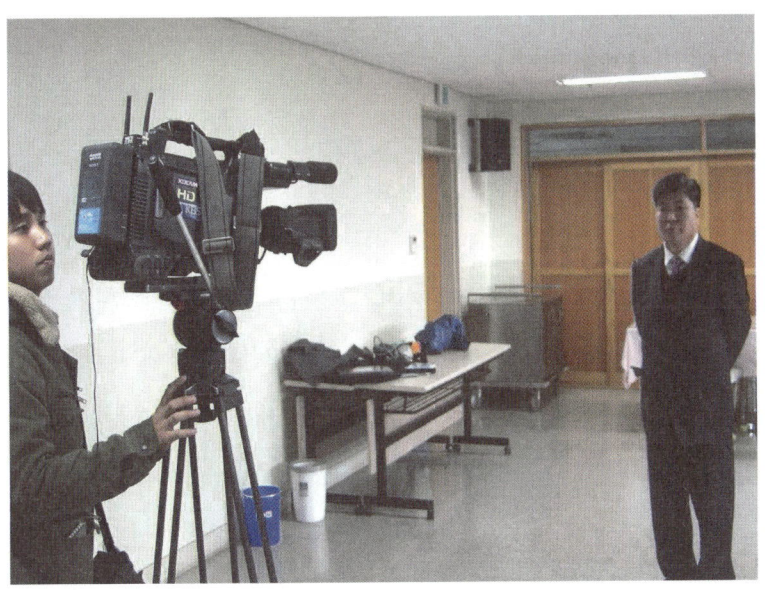

〈임종빈 기자〉

　이번 어머니의 기부에 대해 자제분께서는 어떻게 생각하시는지요?

〈인터뷰 - 김춘석〉

　어머니께서 20년간 봉사 활동을 해오셨고, 3년 전, 모현의료센터와의 약속을 생전에 실천하시는 것입니다. 자식들도 모르게 10여 년간 한푼 두푼 모은 돈을 기부하신다는 말씀을 듣고 저희들도 깜짝 놀랐으나 좋은 일에 기부하는 것이므로 자식들도 기쁘고, 어머니께서도 너무 좋아하시는 모습이 아름답습니다.

〈임종빈 기자〉

　어머니의 봉사 활동에 대해 가족들이 반대했을 텐데?

〈인터뷰 - 김춘석〉

　물론입니다. 초기에는 성치 않은 몸으로 온갖 궂은일을 하시므로 삼 형제의 체면도 있으니 편히 지내시라고 권유하였으나 사람은 움직일 수 있을 때까지 무슨 일을 하든지 이 사회에 도움이 되는 사람으로 살아야 한다고 강조하시고 뜻을 굽히지 않아 저희도 포기하고 어머니의 뜻을 따랐습니다.

거룩한 나눔
(평화방송 뉴스, 2010. 1.29)

행당동 고물 할머니 생애 마지막 기부

<앵커> 혹시 '행당동 고물 할머니'를 아십니까?
평생 길거리에 버려진 폐지와 고철을 모아 어려운 이웃을 도운 고복자 할머니가 3년 전 자신의 전 재산을 내놓겠다는 약속을 오늘 지켰습니다.
신익준 기자가 전해드립니다.

<기자> 오늘 낮 경기도 포천에 있는 호스피스기관 '모현의료센터'

마리아의 작은자매회 수녀들이 운영하는 이 기관에 노구의 할머니가 세 아들과 함께 나타났습니다.
할머니의 손에는 현금 1억 원이 들려있었습니다.
3년 전인 2007년 전 재산이나 다름없는 시가 1억 원 상당의 아파트를 모현의료센터에 기부하겠다고 한 약속을 지키기 위해섭니다.

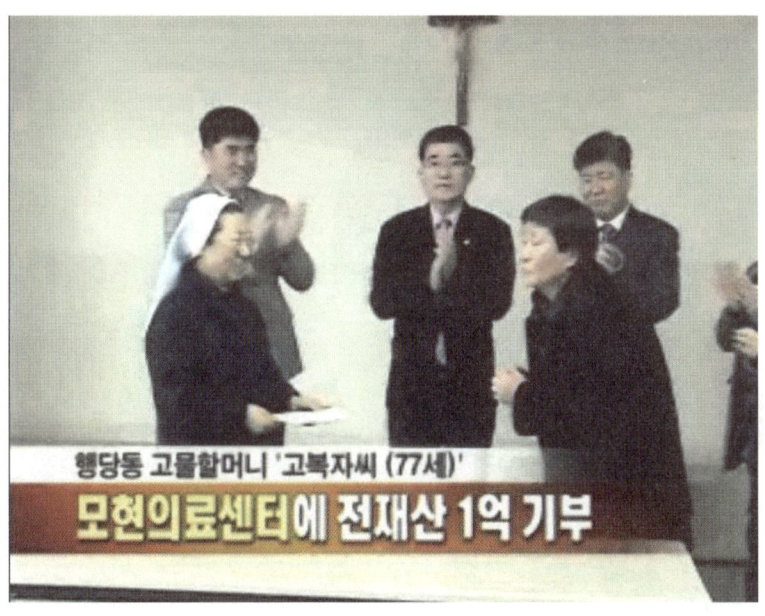

넉넉하지 않은 형편에 그 많은 돈을 어떻게 모았을까? 이 질문에 고 할머니는 이렇게 대답합니다.

<고복자 할머니> "하지만 나도 돈이 없는데 그걸 모았다는 걸 곰곰이 밤새 생각해보니 내가 모은 게 아니고 하

느님이 모아주셨어."

<기자> 평생 길거리를 돌아다니며 주운 폐지와 고철 등을 판 돈으로 어려운 이웃을 도와온 고복자 할머니…. 기부는 돈 한 푼 없어도 할 수 있다며 이는 가톨릭 신자로서 당연한 의무라고 강조합니다.

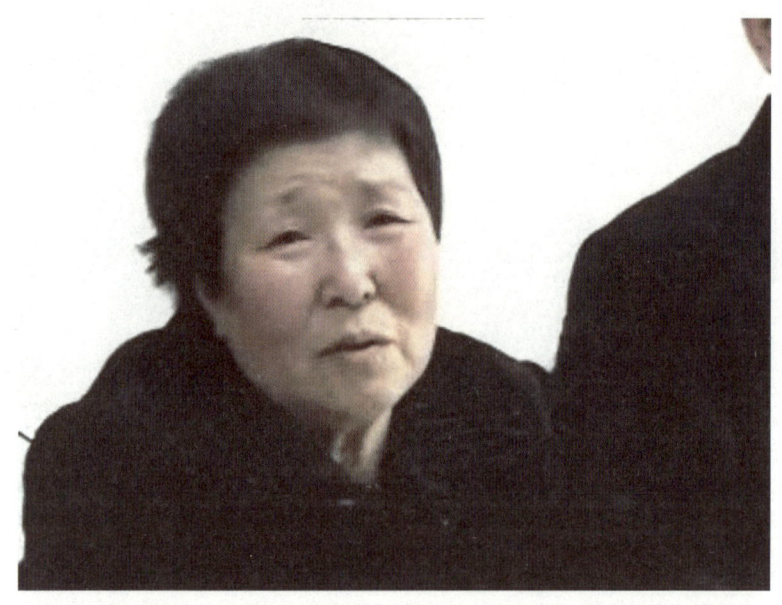

<고복자 할머니> "누구든지. 조그만 봉사부터 하기 시작하면 그게 조금씩 자라서 커져서 (기부를) 할 수 있어요. 그리고 돈이 없어서 못 한다고 생각하면 그건 신자로서 문을 닫은 생활하는 거예요."

<기자>

마지막 남은 재산까지 기부한 오늘이 태어나서 가장 기쁜 날이라는 고복자 할머니, 살아있는 날까지 손수레를 밀고 다니며 폐지를 줍겠다며 수줍은 미소를 지었습니다.

☞ PBC 뉴스 신익준입니다.

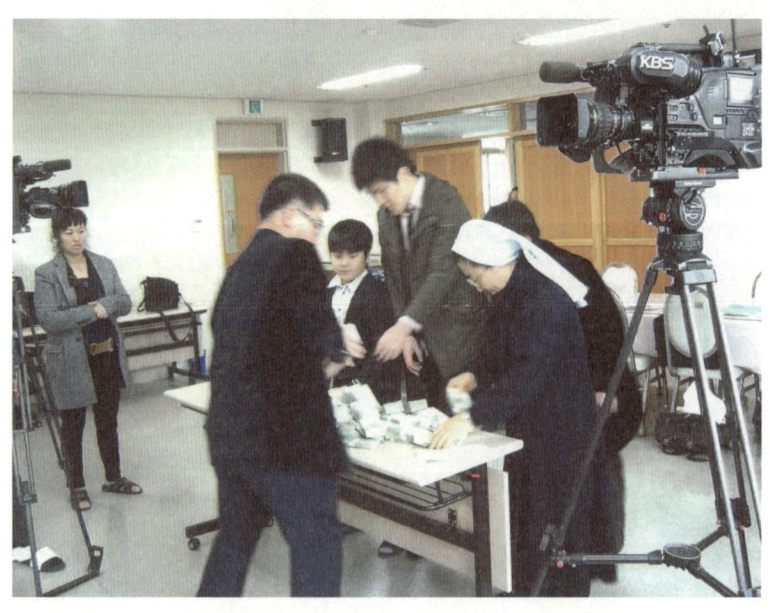

모현의료센터에 1억 기증한 고복자 할머니
(평화신문, 2010. 2. 7)

모현의료센터에 1억 원 기증한 고복자 할머니
[1055호][2010.02.07] - 평화신문

▲ 고복자 할머니는 매주 모현의료센터를 방문해 화초를 돌보는 봉사 활동을 하고 있다.

"제 작은 힘으로 남을 도울 수 있을 때 가장 행복합니다. 남을 도울 수 있는 힘이 있는 그날까지 봉사를 하며 살고 싶습니다."

'행당동 고물 할머니'(1996년 7월 7일 자 보도)로 세상에 널리 알려진 고복자(마리아) 할머니가 1월 29일 경기 포천 모현의료센터에 전 재산 1억 원을 기부했다. 20여 년 전, 폐지, 빈 병, 깡통 등 고물들을 주워 팔아 모은 돈 전부를 가난한 이들을 위해 쓴 고복자 할머니. 심장, 무릎, 허리… 어디 한 군데 아프지 않은 곳이 없어 더 이상 일을 할 수 없었던 고 씨는 혼자 힘으로 돈을 벌 수 없었지만, 자식들에게 받은 용돈을 한 푼 두 푼 모아 자신보다 더 어려운 이웃을 위해 써 달라며 성금을 기탁했다.

넉넉지 않은 형편에 오로지 가족을 위해 모든 것을 희생하며 살았던 고 씨는 1986년 세례를 받으며 "남은 생은 나보다 더 어려운 이들을 위해 봉사하며 살겠다"라고 결심했다. 고물을 주워 판 돈으로 남을 도우며 살던 고 씨는 10년 전 심장 수술로 더 이상 노동을 하기 어렵게 되자 모현의료센터에서 청소, 화초 돌보기 등의 봉사 활동을 시작했다. 10년간 단 한 주도 쉬지 않고 의료센터를 들렀다.

칠순이었던 2002년에는 칠순 잔치를 위해 자식들이 마련한 200만 원을 의료센터에 기부했다. 둘째 아들 김춘석(마르코) 씨는 "평생을 고생만 하며 살아왔던 어머니를 위해 칠순 잔치라도 제대로 해드리고 싶었지만, 한사코

마다하셨다"라며 "잔치 비용을 모두 기부하고 칠순 잔치는 포천의 한 개울가에서 가족이 모여 삼겹살을 구워 먹는 것으로 대신했다"라고 말했다.

고 씨는 **"이번 기부가 생애 마지막 기부가 될지도 모른다"** 라며 성금 전달을 서둘렀다. 하루하루 몸이 쇠약해져가는 것을 느끼면서 기부를 하지 못하고 세상을 뜰 수도 있다는 불안한 마음이 들었기 때문이다.

모현의료센터를 운영하는 마리아의 작은 자매회 관구장 장귀옥 수녀는 "얼마 전 추위가 심했던 날 고 할머니 집을 방문했는데 방 안 온도가 10도가 겨우 넘을 정도로 검소한 생활을 하셨다"라면서 "아끼고 아껴 마련하신 큰돈을 기꺼이 기부해 주신 고 할머니에게 감사드린다"라고 말했다.

갖고 있는 모든 재산을 다 내준 고 씨는 몸을 움직일 수 있을 때까지 모현의료센터에서 봉사를 계속하며 사랑을 실천할 생각이다.

임영선 기자 hellomrlim@pbc.co.kr

 시민뉴스

아낌없이 주는 '손수레 할머니'

포천시 고복자 할머니

고복자 할머니는 오늘도 어김없이 목요일이 되자 포천시 신읍동 수녀원에서 운영하는 무의탁 양로원을 찾았다.

매주 이틀은 오전 7시부터 오후 2시까지 이곳에서 화초를 관리하고, 수녀원 구석구석 청소 및 창고를 정리하는 등 남들이 하지 않는 일을 찾아가며 보수 없이 봉사하고 돌아간다.

함경남도 함주에서 태어나 1·4 후퇴 때 월남한 할머니는 막노동을 하던 김치호 요셉(71) 씨와 결혼해서 삼형제를 뒀다.

"막노동은 물론, 극장에서 암표 팔다가 유치장 구경도 해봤다. 압구정동에 파출부로 들어가 한 집에서만 13년 동안 일했다."

고복자 할머니는 "거리에서 불쌍한 사람들을 보면 도와주고 싶은데 내가 가진 것이 없어서 도와주지 못하는 것이 너무 가슴 아팠다"라며 지난 시간을 회상했다.

그래서 10년 전부터 고복자 할머니는 행당동 손수레 할머니로도 유명하다.

도선동의 백화점 뒤 노래방이 많은 곳에서 재활용 쓰레기통을 뒤지면서 '불우이웃 돕기'를 시작했다.

할머니는 "내가 번다고 해서 다 내 돈인가? 다른 돈은 써도 이 돈은 아무리 배고프고 목말라도 단돈 일전도 안 쓰지"라며 하루 평균 수입은 1~2만여 원, 한 달이면 50~60만 원쯤 된다고 말했다.

이렇게 힘들게 모은 돈은 고스란히 통장에 넣어뒀다가 성모자애원, 성가복지병원, 프란치스꼬의 집, 행당동 영세민, 도선동 영세민, 환경미화원, 불쌍한 할머니들을 도왔다.

6년 전 포천시 소흘읍 우정아파트로 이사해서도 이 같은 고물 주워 모으기 봉사 활동을 계속하고 있다.

할머니는 "봉사 활동은 완전 봉사 활동이어야 한다. 대가를 받으면 봉사가 아니다"라며 "남이 안 하는 것을 해야 한다. 그래야 힘들지만 필요한 사람이 되는 것"이라고 설명했다.

고복자 할머니는 현재 생활비를 서울 집에서 나오는 집세 120만 원으로 충당하고, 매일 자신이 손수레를 끌며 모은 돈 전액을 양로원이나 고아원 등 어려운 사람에게 보내고 있다.

할머니의 삶은 봉사 활동과 불우이웃돕기가 전부다.

"가장 행복한 순간이 힘들더라도 남을 위해 무엇인가 일을 하고 있을 때"라는 말이 할머니의 정신세계를 대변해 주고 있다.

포천=황종식 기자 jsh@siminnews.net

2004-04-25 20:33:40

 **가족 인터뷰 (방송 이후)**

나는 가족들과 함께 TV 뉴스를 보고 나서 어머니와 인터뷰를 시작하였다.

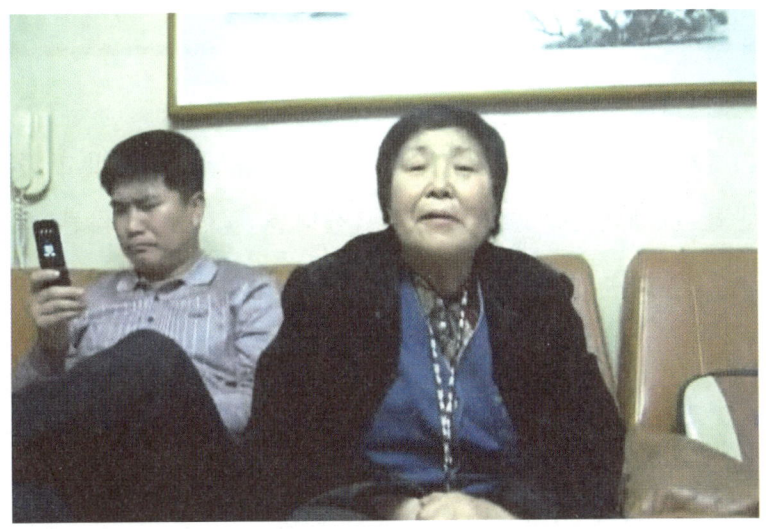

<김춘석>
어머니는 기증 관련 방송 뉴스를 보시고 어떤 느낌을 받으셨는지요?

<어머니>
내 힘으로는 절대로 1억 원이라는 돈을 못 모으고, 하느님이 모여서 하느님께서 모현의료센터에 가져가게끔 뜻

이 돼 있어서 하느님 뜻으로 모이고 하느님 뜻으로 가져갔을 뿐이다.

<김춘석>

그리고 이 뉴스를 앞으로 50년 100년 후에 후손들이 볼 텐데 후손들한테 한 말씀 남겨주시죠.

<어머니>

기증하게 된 나의 깊은 심정은 내 대로 끝나지 말고 후손들이 대대손손으로 모현의료센터를 찾아보고 다른 데도 기증하고, 조그마한 돈이지만 손주에게 봉사의 길을 가르쳐주느라고 이번에 기증했어.

<김춘석>

뉴스를 보고 사람들이 어머니 활동과 행동에 감명받고 자기 생을 다시 돌아보게 됐다. 뭐 이런 얘기를 하는데, 거기에 대해서 어떻게 생각하세요?

<어머니>

나로 인해서 그렇게 감동하고 다시 돌아봤다 하면 더욱 더 고맙고 그대로 그분들이 실천했으면 좋겠어.

<김춘석> 감사합니다.

 ## 언론 보도 경위

2010년 1월 18일, 다른 날보다 일찍 퇴근하여 여유롭게 인터넷을 보고 있는데 어머니로부터 전화가 걸려 왔다.

"오늘 모현의료센터에 가서 1월 29일, 1억 원을 기부하고, 지난번 드렸던 기부증서를 받기로 약속하고 왔다. 내 마지막 기부가 될 것 같으니, 언론에 알리도록 해다오."

"어머니, 언제 1억 원을 모으셨습니까?"

"10년 동안 조금씩 모았고 1월 29일, 신협에서 돈을 찾을 수 있다."

"어머님 사후에 송우리 집을 모현에 넘기면 될 텐데 굳이 지금 현금으로 기부하시는 이유가 있습니까?"

"작년에 네 아버지가 돌아가시고 나서 나도 여기저기 아픈 곳이 많아 얼마나 더 살 수 있을지 알 수가 없다. 그리고 네 아버지와 59년 함께 살아서 그런지 요사이 빈

자리가 왜 이리 커 보이는지…. 아버지가 누워 계셨던 안방에는 들어가기조차 싫다. 그리고 밤에는 더욱 네 아버지가 생각나 머리에서 이상한 소리까지 들린다. 병원에 가서 물어보니 우울증이라고 하는데 정말 힘들어 못 살겠다. 내가 죽은 다음에 자식들이 내 생전의 약속을 지킨다는 보장도 없으므로 나 살았을 때 현금도 마련되었으니 기부하려는 것이다."

"제가 보기에는 우울증을 이겨 내기 위해 어머니가 지금 할 수 있는 일은 기도와 성경 읽기라고 봅니다. 집에서 혼자 계실 때 특별한 일이 없으면 성경책을 큰소리로 한두 시간 읽어보시면 도움이 될 텐데요. 그리고 기부에 관한 것은 어머니 뜻에 따르도록 하겠습니다. 그런데, 이번의 기부는 2007년 4월, 아파트를 기부하기로 이미 약속하신 일이고, 당시 가톨릭신문에서 보도되었으므로 같은 내용을 보도 요청하는 것은 의미가 없다고 생각하는데 다른 뜻이 있는지요?"

"요즘 나라 경제가 어렵고, 생활이 어려운 사람들이 많은데 내 이야기가 세상에 알려지면 따뜻한 정을 베푸는 사람들이 생기지 않겠느냐? 그리고 할머니의 봉사 정신과 활동을 후손들에게 전하여 본받기를 원한다."

"잘 알겠습니다. 어머니의 뜻을 정리하여 언론에 전달하도록 하겠습니다."

어머니와의 통화를 끝내고 곰곰이 생각해 보았다. 하느님께서는 "오른손이 하는 일을 왼손이 모르도록 하라"고 말씀하셔서 나는 언론에 알리는 것을 반대하였으나 어머님의 말씀을 듣고 보니 일리가 있었다. 그러나 2007년에 약속하신 일이므로 이를 어떻게 소개할 것인지를 거듭 고민하는데 불현듯 '할머니의 약속, 생전 이행'이라는 문구가 떠올랐다.

다음날 나는 사무실에서 어머니의 과거 자료를 편집하여 간단하게 '어머님 봉사의 길'을 작성한 후에 보도 자료를 작성하기 시작하였다. '2008년 8월 25일, 남편(김치호, 84세) 선종 후 심경의 변화가 있어 살아있을 때 약속을 지킬 것을 결심하고, 10년 동안 한푼 두푼 모은 재산을 이번에 기부하는 것이다.' (이하 생략)

그리고 제목을 어떻게 정할까, 생각하던 중 어머니께서 "내가 살아서 이렇게 큰돈을 기부하는 것은 이번이 마지막이 될 것 같다"라는 말씀이 떠올라 '생의 마지막 기부가 될 듯, 1억 원 기부'라고 정하였다.

이틀에 걸쳐 보도자료(12쪽)를 작성하고 어머니에게 전화하여 작성된 보도자료를 천천히 읽어 드렸다.

"내용이 잘 정리되었다. 수고 많았다. 어디에 어떻게 보도자료를 보내려고 하느냐?"

"예진에 이머님을 보도한 적이 있는 KBS, 평화방송, 평화신문, 시민일보, 가톨릭신문 등에 e메일로 보내려고 합니다. 그리고 모현의료센터에서도 가톨릭신문이나 평화신문에 알리는 것이 좋을 텐데요?"

"지난번 모현의료센터에서 이야기하였는데 지난번 가톨릭신문에서 보도된 내용이므로 알려도 취재하지 않으므로 우리보고 알아서 하라는 말씀이 있어 네게 부탁한 것인 만큼 우리가 방송사와 언론사에 요청하면 된다."

2010년 1월 21일(목) 아침, KBS 홈페이지의 'KBS 뉴스 제보'에 보도자료를 순조롭게 발송하였고, 'MBC 뉴스 제보'의 경우 파일 용량이 크다고 발송되지 않아 전화를 걸어 FAX로 보냈다. 이어서 각 신문사의 홈페이지에서 보도자료를 보내는데 용량이 크다고 대부분 발송되지 않아 일일이 전화하여 개인 e메일과 FAX 번호를 확인하여 전송하였다.

1.26(화), 어머니로부터 전화가 왔다.

"언론에서 연락해 온 곳이 있느냐?"

"없는데요."

"그러면 방송사에 전화를 걸어보아라."

"그럴 필요 없습니다. 오늘 IT 언론사 대표와 이야기를 해보니 자칫하면 개인 홍보를 한다고 오해할 수 있으므로 주는 쪽에서 보도자료를 보냈으면 그만이지 또 전화하여 부탁하는 것은 모양새가 좋지 않다고 합니다. 받는 쪽에서 고마움과 어머니의 뜻을 알리기 위해 보도자료를 내고 전화를 한다면 모르겠지만."

"그렇게 오해할 소지가 있다면 그냥 내버려두자."

"어머니! 방송이나 언론에서 기부 전달식에 오지 않더라도 제가 어머니의 뜻을 잘 헤아리고 있으니 반드시 책을 써서 알리도록 하겠습니다."

지난주에 보도자료를 보내고 나서 언론으로부터 한 통의 전화도 걸려 오지 않아 다소 걱정되어 지난주 성당에서 "주님의 뜻에 따라 한평생을 살아오신 어머님의 간곡한 뜻이 세상에 알려질 수 있도록 은총을 베풀어 주시고, 아버지의 빈자리로 인해 우울증까지 겪고 있는 어머니에게 건강과 평화를 주소서"라고 하느님께 간절히 기도를 드렸다.

1월 28일(목), 출근하자마자 어머니로부터 전화가 걸려와 "어디 연락이 온 곳이 있느냐?", "예, 아직 없으나 조금만 더 기다려보세요"라고 말씀드렸다. 나는 이번 보도자료를 내면서 어머님의 뜻을 알리는 취지도 있지만 우울증에 시달리는 어머니에게 조금이나마 위안이 되었으면 하는 마음이 더 컸다.

통화가 끝나자 낯선 전화번호가 떴다. "여보세요", "김춘석 대표 부탁드립니다.", "예, 접니다.", "예, 평화신문입니다.", "예! 반갑습니다." 평화신문의 임영선 기자가 어머니에 관해 여러 가지 질문을 하였다. 통화가 끝날 무렵, 나는 임 기자에게 내일 어떻게 포천 모현 의료센터로 오시는지를 묻자, 구의동성당에서 취재하고 동서울터미널에서 시외버스로 온다고 하였다. 그렇다면 제가 하계동에서 기자님을 모시고 포천으로 가겠다고 말씀드리자 12시경 하계역으로 오겠다고 하였다.

평화신문에서 취재 나온다는 전화를 받고 보니 제 기도와 믿음에 응답해 주신 하느님께 깊이 감사드리고, 이 기쁜 소식을 어머니께 전하려고 전화하셨으나 받지를 않았다. 이어서 평화방송으로부터 전화가 걸려 와 질문이 있었고, 그들은 모현의료센터로 직접 오겠다고 하였다.
"하느님! 감사합니다. 어머니의 뜻이 이루어지게 되어 너무 기쁩니다."

나는 어머니에게 시간마다 전화를 드렸으나 받지 않으셨고, 오후 4시가 지나서 드디어 통화하였다. 어머니는 "그래 잘되었고 네가 수고 많았다. 이제 기쁘다"라고 말씀하시어 나는 내일 일찍 송우리로 올라가겠다고 말씀드렸다.

내일 행사에 대비하여 보도자료와 과거 자료 등을 정리하여 가방에 넣고 오후 5시 반경 사무실을 나와 집으로 왔다. 집에 들어오자마자 휴대폰으로 전화가 왔다.

"KBS입니다. 내일 취재하려는데 할머니의 일정이 어떻게 되는지요?"

"안녕하세요! 특별한 일정이 없고, 12시경 모현의료센터에 가서 오후 2시에 전달식을 하려고 합니다."

"그럼, 전달식 전에 봉사하는 모습과 이후에 보충 촬영을 하려고 합니다."

기자님 편리하신 시간과 촬영에 따르겠습니다.

나는 전화를 끝내고 "하느님! 감사합니다."를 외치고 기쁜 마음으로 어머니께 전화를 드렸다. 어머니도 "하느님 감사합니다. 신난다." 라고 하셨다. "그럼, 내일 뵙고, 제가 평화신문 기자와 함께 가프로 오후 1시에 도착할 수 있을 것 같습니다." 라고 말씀드렸다.

1월 29일(금), 출근하여 일하고 있는데 KBS에서 전화가 걸려 와 "오전에 할머니 집에서 촬영하고 포천으로 가는데 지난 사진 등을 준비해 달라"고 하였다.

어머니께 전화를 드려 KBS에서 오전 10시쯤, 어머님 댁으로 가서 촬영할 것이며, 방송에 필요한 내용을 말씀드리자 그렇지 않아도 과거 신문이나 사진 그리고 상패 등을 보여주려고 준비하고 있으며 이외에 성경 필사 노트 등을 따로 준비하고 있다고 하셨다.

이제 모든 준비가 됐으므로 기다리는 일만 남았다. 평화신문 임 기자와의 약속만 아니라면 지금이라도 송우리로 달려가서 어머니를 거들고, KBS 촬영도 도와주고 싶지만 그럴 수 없어 시간이 더디게 흘러갔다. 사실 어제 아침, 임 기자의 전화를 받고 정말 고마워 모시기로 한 것인 만큼 답답해도 어쩔 수가 없었다.

11시 반부터 주차장에서 대기하고 있다가 아내와 기열이를 태우고 하계역으로 나갔다. 12시가 넘자 임 기자로부터 전화가 왔고, 12시 20분에 그를 태우고 포천으로 올라갔다. 올라가는 도중에 임 기자가 내게 질문하였다.

"평화신문에서는 다른 언론사와 달리 할머니의 이야기를 차별화하여 쓰고 싶은데, 보도자료에 없는 내용을 이야기해 주셨으면 좋겠다. 우선 할머니가 봉사하시게 된 계기가 무엇인지?"

"제가 결혼하고 얼마 지나지 않아 어머니는 협심증으로 여러 번 쓰러지고 나시더니 1·4 후퇴 때 피난 내려와 가족을 구성하고 가족을 위해 헌신하셨는데 이제부터 죽기 전에 무엇인가 사회를 위한 봉사를 하시겠다고 말씀하셨다. 그 후 1985년 행당동성당에서 세례를 받으셨고, 성당을 통해 봉사 활동을 시작하였으며, 1990년 초부터 본격적으로 고물을 줍기 시작하였습니다."

"대표님께서 어렸을 때 어머니가 베푸신 사랑에 대해 특별히 기억나는 것은?"

"예, 어머니는 젊은 시절부터 남달리 정이 많으신 분이셨습니다. 예를 들어 60년대 장충동에서 살 때 주변에 허름한 봉제 공장이 많았고, 공장에는 10대 중반의 여자 아이부터 20대 처녀와 아줌마들이 어울려 하루 12시간 이상 옷을 만들었습니다. 10대 소녀들은 시골에서 초등학교를 갓 졸업하고 서울로 올라와 봉제 공장에서 미싱 시다로 일을 했는데 부모 형제가 그립고, 배도 고파서 힘들게 생활하고 있었습니다. 옷에 수를 놓아 생활비를 마련하시던 어머니는 그녀들에게 밥도 먹여주고, 애환도 들어주는 등 고달픈 그녀들을 위해 온정을 베푸셨고, 그녀들도 어머니라고 불렀습니다. 40여 년의 세월이 흘러 그녀들이 예순을 넘었지만, 지금까지도 수양딸들과 사이좋게 지내고 계십니다."

"작고하신 아버님은 세례를 받았는지요? 그리고 살아 계실 때 어떤 일을 하셨는지요?"

"예, 행당동성당에서 세례를 받았으며 세례명은 요셉입니다. (잠시 머뭇거리면서) 아버지는 목수였습니다. 주로 집 짓는 일을 하셨는데 겨울에 일이 없고, 여름에도 비가 많이 오면 쉬어야 하는 등 매우 불규칙한 직업이라서 고정된 수입이 없었으며, 그래서 어린 시절에 배를 많이 곯았습니다."

"그렇다면 어머님은 어떤 생활을 하셨는지요?"

"생각해 보세요. 1·4 후퇴 때 18세의 어린 나이로 홀로 월남하여 거제도에서 피난 나오신 아버지를 만나 서울에 정착하여 아들 셋을 낳고 기르려면 얼마나 힘들었을지. 조금 전에 말씀드린 바와 같이 6, 70년대에 노동일로 5인 가족이 생활한다는 것은 불가능한 일이지요. 따라서 어머니는 수놓기, 극장 암표 장사, 매혈, 행상, 가정부 등 돈이 되는 일이라면 닥치는 대로 하셨습니다. 당시 어머니의 신념은 아들 셋을 굶기지 않고, 고등학교까지 졸업시키는 것이었으니까요."

"잠시 주제로 바꿔서 대표님은 세례를 받았는지요?"

"그럼요."

"언제 받았으며, 사모님과 아이들은?"

"제 가족은 작년에 성가정을 이루었으며, 저와 아내는

2008년 12월에, 두 아들은 작년에 각각 하계동성당에서 세례를 받았습니다."

"그러면 세례를 받았으므로 어머니의 숭고한 봉사 정신을 이어가야 한다고 보는데 대표님 생각은 어떤지요?"

"그럼요. 당연히 그래야지요. 지난번 어머니에게 말씀드린 것과 같이 "어머니는 고물을 줍는 일로 사랑과 봉사를 실천하셨지만, 저는 다른 방법으로 봉사하려고 합니다. 하느님께서 제게 주신 소명은 마음의 병을 앓고 있는 분들에게 상담을 통해 치료하는 일입니다. 마음 병은 결국 육체의 병으로 나타나서 고통을 주기 때문이지요."

"그렇군요. 대표님 말씀을 듣고 보니 대표님의 이야기를 기사화하면 좋을 것 같다는 생각이 듭니다. 혹시 대표님도 기부하신 일이 있는지요?"

"글쎄요. 오늘은 어머님의 이야기가 주제인 만큼 제 이야기는 다음에 하는 것이 좋을 것 같고요. 며칠 전에 출간한 제 책을 드릴 테니 한 번 보시죠. 저는 어머니에 비해 보잘것없습니다. 작년 김수환 추기경님께서 선종하신 이후 하계동성당에 (재)천주교한마음한몸운동본부에서 나오신 신부님의 특강을 듣고 장기기증과 매월 정기 기부와 연말 특별 기부를 하고 있습니다. 지난주 미사에서 아이티 특별성금도 하였으나 미미합니다. 그러나 비록 적은 금액이지만 기부할 수 있어 감사하고 기쁩니다."

이야기를 나누다 보니 어느새 포천 이정표가 나타났고 내비게이션을 따라 모현의료센터에 도착하였다. 오후 1시가 넘은 시간이라 몹시 시장하여 식당에 들어서자, 동생 식구들과 어머니 그리고 젊으신 분들이 식사하고 있었다. 허겁지겁 식사를 마치고 KBS 촬영팀에게 명함을 드리면서 고마움을 표시하였다. 그러자 KBS 임종빈 기자께서 잠시 이야기를 나누자고 하였다.

"오늘 KBS가 취재하는 것에 대해 모현의료센터와 사전 협의가 있었는지요? 저희가 할머니를 모시고 왔으나 냉담한 반응을 보이는데 어찌 된 일인지요?"

"얼마 전 어머니는 모현의료센터와의 협의에서 언론 보도를 저희 쪽에서 맡기로 하였으며, 지난주 제가 보도 자료를 만들어 각 언론사에 보냈고, 엊저녁 KBS에서 취재한다는 말씀을 들었다. 어제 KBS와의 통화에서 12시경 모현으로 오신다고 하였으므로 오늘 아침에 어머니께서 모현의료센터로 가셔서 말씀드리려고 하였으나 오늘 아침, KBS에서 직접 어머님 댁으로 가신다고 하여 미처 말씀드리지 못했을 것입니다."

"그래도 그렇지, 너무 분위기가 싸늘한데요."

"그렇게 느끼셨다면 종교적인 이유라고 보시면 됩니다. 천주교에서는 '오른손이 하는 일을 왼손이 모르도록 해라' 라는 말씀처럼 언론에 노출되는 것을 꺼리는 분들이 많습니다. 저희가 모현의료센터와 이야기할 때, 언론 보도를 요청하였으나 우리가 직접 하라고 하였으므로 문제가 될 것이 전혀 없습니다."

KBS 임 기자와의 짤막한 대화를 끝내고 밖으로 나가 커피 한잔을 마시며 생각해 보니 집에서부터 촬영을 시작하여 신협에 들러 모현의료센터에 왔는데 환영하기는 커녕 수녀님들의 쌀쌀맞은 태도를 보고 적이 당황하였으리라. 충분히 이해할 수 있었다.

오늘 어머니 얼굴을 뵈었더니 통통 부었고, 피로한 기색이 역력하여 마음이 편치 않은데 이런 이야기를 듣고 보니 3일 전 어머니와의 전화 통화가 떠올랐다.

1월 26(화), 모현의료센터 원장님께서 어머님 집을 방문하여 이번 기부와 관련하여 "조건 있는 기부는 받을 수 없다. 1억 원을 기부하시고 나중에 양로원에서 할머니를 모셔달라고 한다면 돈을 받을 수 없다. 양로원에서 아무개 할머니는 돈을 냈기 때문에 잘해주고 우리는 그냥 들어와서 푸대접받는다고 소문나면 곤란하다."라고 불편한 이야기를 하셨다는 것이다.

이에 대해 어머님은 "내가 모현에서 봉사하면서 만약 남편이 돌아가시고 혼자 남아 거동하지 못하면 거두어달라고 하였고, 그때마다 모현의료센터에서 그렇게 하겠다고 하였다. 작년에 남편이 선종하시고 지금 사는 것이 너무 힘들어 한 번 더 말씀드린 것인데 오해의 소지가 있었다면 사과드린다, 아무 조건 없이 기부할 테니 받아 달라 만일, 기부금을 받지 않는다면 29일에 모현의료센터의 문 앞에라도 돈을 두고 오겠다."라고 이야기하자 원장님은 다시 논의하여 말씀드리겠다면서 헤어졌다는 것이다.

어머님께서 14년 전부터 모현의료센터의 전신인 양로원 시절부터 봉사하시면서 이북에 두고 온 늙으신 부모님을 떠올렸고, 그래서 더욱 애정을 갖고 일하셨다. 그리고 수녀님들에게 "나도 늙어서 거동하지 못하면 여기 계신 할머니처럼 거두어 달라"고 말씀하셨고, 이번 기부를 계기로 한 번 더 말씀하셨는데 그것이 불씨가 되었다.

나는 어머니의 말씀을 듣고 "받는 쪽에서 보면 그럴 수 있겠네요. 하여간 조건을 단 것처럼 느껴졌다면 순수한 의도가 희석될 소지가 있습니다. 그리고 어머니는 아들 삼 형제를 두고 무엇 때문에 양로원에 가신다고 하는지 아들인 제 잘못입니다. 저희가 불효자입니다." 라고 말씀드렸다.

다음날 어머니는 밤새 생각하고 생각해 보아도 내가 잘못한 일이 없는데 그쪽에서 오해하고 있어 매우 속상하다고 하셨다. 그리고 마리아의 작은 자매회의 관구장님과의 전화 통화에서 "할머니! 저희가 잘못 말씀드린 것 같습니다. 지금까지 모현의료센터에서 자원봉사 활동하신 분들은 많았지만, 할머니처럼 헌신하신 분이 없어 기부와 관계없이 훗날에 할머니가 오가실 데가 없으면 저희가 모시기로 협의하였으니 아무런 걱정 마시고 29일 기부하세요!" 라고 하였다는 것이다. 비록 오해가 풀렸지만 그래도 어머님은 큰 상처를 받으셨다.

그래서 나는 어머니에게 오해가 풀렸고 관구장님께서 지금까지 모현의료센터를 위해 헌신하신 어머니를 끝까지 모시겠다고 하셨다니 그걸로 됐다고 봅니다. 그렇지 않아도 우울증으로 힘들어하시는데 엎친 데 덮친 격으로 잠까지 설치시면 쓰러질 수 있으니 평소 어머니가 원하시던 기부만 생각하시라고 여러 번 말씀드렸다.

그나저나 받는 쪽에서 까다롭게 하지 말고 14년간 모현의료센터를 위해 봉사하시고 기부금까지 드리겠다고 하는데 그 순수한 마음을 흔쾌히 받아들이면 될 텐데, 아쉬움이 진하게 남았다.

오후 2시, KBS, 평화방송, 평화신문에서 취재하는 가운데 기부금 전달식을 진행하였으나 뚜렷한 절차와 방법이 준비되지 않아 설왕설래하는데 어머니께서 내게 어머니 배낭을 가져오라고 하셨다. 나는 배낭을 들어보니 꽤 무거워 어머니에게 이 안에 든 것이 무엇이냐고 여쭈어보자, 돈이라고 하였다. 무슨 돈인지 얼른 이해가 되지 않아 가방을 열자, 돈다발로 가득 차 있었다.

어머니가 배낭에서 주섬주섬 돈을 꺼내 책상에 올려놓자, 곁에 있던 아내와 손자들이 할머니를 도왔고, 만원 지폐 다발 100개가 어느새 긴 회의용 테이블을 수북하게 뒤덮었다. 나는 현금 1억 원을 오늘 처음 보았는데 무게도 그렇고 펼쳐 놓으니 보기에도 좋았다.

그러나 나는 신협에서 수표 한 장이면 간단할 텐데 현찰을 위험하고 무거운데도 불구하고 어머니께서 직접 짊어지고 오신 것을 이해하기에 곤란하였다. 그래서 어머니께 물었더니 "나도 달랑 수표 한 장을 가져다주면 편하다는 것을 알지만 자식들과 손자들에게 현실감 있게 보여주고, 1억 원이라는 돈이 얼마나 되는지를 보여주기 위해서이다." 라고 말씀하셨다.

그렇구나! 어머니의 깊은 뜻을 자식이 헤아리지 못하였으니 역시 내가 아둔하고 모자란 것을 절실히 깨달았다. 어머니는 저 돈을 모으시기까지 10년 세월이 걸렸으며, 그동안 드시고 싶은 것도 참아가며 한겨울에도 난방비를 아껴서 마련했는데 달랑 수표 한 장으로 그 많은 시간과 인내를 표현하기에는 역시 부족함이 많았다.

간단하게 전달식이 끝나고 오후 3시경 보충 취재와 촬영이 모두 끝났다. 취재팀들이 떠나고 우리도 모현을 나서는데 형님께서 어머니를 댁으로 모셔드리고 나서 저녁 식사를 같이 하자고 하였다. 나는 저녁 시간도 아직 멀었고 아침부터 부산하게 움직이시다가 혼자 계실 어머니를 생각해 잠시 이야기도 나눌 겸 송우리로 갔다.

집에 들어서자, 얼음장 같은 방바닥과 한기로 인해 온몸이 후들후들 떨려왔다. 아니 이런 추운 실내에서 어떻게 생활하신다는 말인지? 나는 어머니에게 "오전에 KBS 기자가 왔을 때도 마찬가지였을 텐데 춥다는 이야기가 없었는지요?"라고 묻자 "그래서 경로당에서 실내화를 빌려와 신겨 주었다." 말씀하셨다.

나는 어머니에게 "방도 몹시 추운 데 혼자 계시지 말고 서울로 함께 가서 자식들과 저녁 식사하시고, 우리 집에서 며칠간 지내시라."라고 말씀드리자 "네 아버지가 죽고 나서부터 집을 비우는 것이 도리가 아닌 것 같아 외출하였다가도 오후 3시 이후에는 집을 지킨다."라고 말씀하셨다.

이에 "아버지가 어디 외출하신 것이 아니고 돌아가셨는데 어머니가 집을 지키는 것이 무슨 의미가 있습니까?"라고 반문하였으나 가슴이 허전해져 왔다.

어머니와 내가 옥신각신하는 모습을 지켜보고 있던 아내가 어머님께 같이 서울로 가시자고 권하자 그제야 어머니는 배낭에 약과 필요한 물건을 주섬주섬 챙겨 넣으시고 우리를 따라나섰다.

집으로 오는 도중에 의정부에 들러 형님을 태우고 하계동에 도착하여 식당으로 갔다. 이어서 동생도 식당으로 왔고 우리는 어머니의 거취에 관해 이야기를 하였다. 어머니는 아버지가 없는 송우리 집에서 살기 힘들지만, 마땅히 갈 곳이 없고, 서울로 이사하려면 돈이 부족하여 이러지도 저러지도 못하고 있다고 말씀하시자 동생은 올 4월 말까지 자기가 상계동에 작은 아파트를 마련하겠다고 의사를 밝혀 원만하게 마무리되었다.

- 둘째 아들(김춘석 마르코) 집에서 -

# 언론 보도 이후
(2010. 2.13. 섣달그믐날 가족 담소)

　나는 사무실에서 준비한 '행당동 고물 할머니 기획(안)'에 대해 설명하고 형제들의 의견을 수렴하였다. 나에게 어머니의 이야기를 책으로 내고 싶다는 동생부터 이야기를 하였다. 동생은 '책을 써서 일반인들에게 판매한다면 오히려 어머니께 좋지 않은 말들이 오갈 수 있으므로 비매품으로 가족들만 공유하였으면 한다.'라고 짧게 말하였다.

　이에 대해 나는 '어머님의 숭고한 봉사 정신과 활동 등에 관한 책을 출판했는데 세상에 알리지 않고 우리끼리 공유할 바에는 굳이 책을 쓸 이유가 없으므로 각자의 일기장이나 기억 속에 남겨두는 것이 좋겠다. 나는 감추어야 할 글이라면 쓰고 싶지 않다. 무엇이 두려워 어머님의 이야기를 쓰고도 숨기자는 것인지 이해할 수 없다.'라고 말하였다. 그러자 동생은 "어머니에 대한 뉴스가 이어지고 그 유명세를 이용하여 책 장사한다는 오해가 생길 수 있다."라고 하자 형은 '그렇다면 어머니의 봉사가 계속되고 있으므로 이 시점에서 책을 내기보다는 차라리 사후에 책을 쓰자'라는 의견을 제시하였다.

자식들의 의견을 묵묵히 듣고 계시던 어머니는 "작년에 너희들 아버지가 돌아가시고 아직까지 충격이 가시지 않아 늘 외롭고 허전하며, 우울증도 겹쳐 기억력이 쇠퇴하고 있고, 말도 덜 나온다. 내 생애 그렇게 큰돈을 다시 모으는 것은 불가능하며, 이제부터 돈이 모아지면 어렵게 사는 조카들을 돕고 싶다. 조카들이 내가 1억 원을 기부했다는 TV 뉴스를 보면서 우리도 지하 셋방에서 어렵게 사는데 외면하고, 생면부지의 사람들을 위해 기부하는 것을 좋게 생각하지 않을 것이다. 그리고 심장 혈관이 점점 막혀가고 있어 담당 의사는 뚫자고 하는데 심장박동기를 달고 있어 수술하기가 쉽지 않아 내가 얼마를 살 수 있을지 모르므로 지금 책을 내는 것이 좋다고 본다."

"내가 열여덟 살에 피난 내려와 지금까지 신조로 삼았던 것은 나로 인해 고향에 계신 아버지의 이름에 먹칠을 하지 않는 것이었다. 그래서 아무리 어려운 일이 있어도, 너희들 아버지의 폭력을 참아내며 현재까지 살았고, 1억 원까지 기부하는 등 다 해냈다. 또한 80kg의 몸무게를 20일 만에 65kg으로 감량했으며, 김 변호사에게 빼앗겼던 집을 되찾았다. 내가 양로원 봉사를 다닌 것은 열여덟 살에 피난을 내려오고 보니 부모님에게 효도를 하지 못해 이를 보속하기 위에 내가 스스로 찾아가 봉사하기 시작했으며 봉사하는 과정에서도 많은 박해가 있었지만 고달픈 인생길이라 생각하고 다 참아냈다."

어머니는 말씀을 중단하시고 느닷없이 노래를 부르시기 시작하였다. ♬ "고향을 떠나 타향살이 60년에 백발이 되고 허리마저 굽었으나 고향 소식 듣지 못하고 이북에 두고 온 우리 아버지 어머니 하늘나라에 가서나 뵐 수 있을지, 김일성이 원망스럽고 김정일이 밉구나." ♬ 애잔한 가락과 노랫말을 들으며 어머니의 부모님에 대한 그리움이 마음속에 울려 퍼졌다.

이어서 어머니의 관상 동맥 확장 수술에 대해 논의하였으며 형과 동생은 무조건 자식들이 수술비를 분담하여 올봄에 수술하자고 하였으나 어머니는 수술하지 않고 이대로 가겠다고 의지를 밝히자, 형제들은 어머니가 괴로워하시는데 수술마저 해드리지 않으면 자식들이 편하지 않으니 수술하시라고 재차 권하였으나 어머니는 지금까지 하느님의 은총으로 살았는데 앞으로도 하느님께 의지하며 살겠다고 말씀하셨다.

어머니께서 완강하게 수술을 반대하시자 형은 내 의견을 물었다. 나는 잠시 머뭇거리다가 어머니의 뜻에 따르는 것이 좋겠다고 견해를 밝히자, 형은 내게 그 이유가 무엇이냐고 물었다. 이에 TV 뉴스에도 나왔듯이 26년 전, 어머니가 협심증으로 쓰러져 사경을 헤매시던 분이 봉사 활동을 시작하면서 큰 문제 없이 지금까지 살아오셨다. 사람의 생명을 좌우하는 것은 하느님께서 하시는 일입니다. 물론 병원에서 수술하여 막혀가는 관상 동맥을 확장할 수 있으나 그것도 잠시일 뿐 재발하는 사례를 주변에서 많이 보았습니다. 따라서 일시적으로 치료하기보다는 하느님께 맡기고 어머니께서 좋아하는 봉사 하며 사시는 것이 더 좋을 것 같다고 말씀드렸다.

어머니와 나 그리고 형과 동생이 의견을 달리하자 쉽사리 결정을 못 하자 형은 내게 "자식들이 두 눈 뜨고 어머니가 쓰러지는 것을 보고만 있으려고 하느냐?"고 일갈하였다. 그래서 제가 동의한다고 해서 달라지는 것이 없으며, 어머니의 평소 생각이므로 자식들이 어머니를 강제적으로 병원에 모시고 가서 수술할 수 없는 일이라고 말씀드렸다.

어머니는 13년 전 2시간에 걸친 인공 심장 박동기를 넣을 때 전신마취를 하지 않아 너무 고통스러웠고, 7년 후 배터리 교체할 때는 쉽게 하였다. 사람은 누구나 늙으면 죽는다. 지금 와서 생각해 보면 오래 사는 것은 불행한 일이다. 내 인생은 여기까지인 것 같다. 아니 수술이나 이런 것 없이 끝내고 싶다. 밤바다 우울증에 시달려

약을 먹고 가라앉히며 하루하루를 버티고 있는데 허리가 끊어질 듯 아파서 봉사하기에도 너무 힘들다. 하느님의 뜻에 따라 살다 가련다. 약 먹기도 싫고, 수술하려면 내시경검사도 필요하고 막힌 곳을 뚫으면 1년을 버틸 수 있으며 1년 후 다시 뚫어야 하는데 그런 짓을 돈 들여가며 무엇 때문에 하느냐? 요즘 밤마다 제정신이 아니라서 "포천에서 살기 힘드니 서울로 가자"고 혼잣말을 하는데 아침이 되면 "가긴 어디를 가나 그냥 여기서 살아야지"라고 번복하는 것이 일상이 되었다. 그래서 약 먹고, 누가 우울증에는 햇볕이 좋다 하여 낮에 밖에서 2시간 동안 햇볕을 쬐다 들어오는데 조금씩 나지는 것 같다.

봄에 꽃 장사가 찾아오면 한결 나질 텐데, 최근 꽃 장사로부터 전화가 와서 "엄마, 요즘 일을 못 하고 집에만 있으니, 우울증이 심해 자꾸 죽고 싶다는 생각만 든다."고 하는데, 봄에 꽃 장사가 다시 장사를 할 수 있을지 잘 모르겠다. 이 동네 나와 처지가 비슷한 노인 부부들이 영감님을 떠나보내고 더 이상 살기 어려워 다들 이사 갔는데 현재 나만 버티고 있다. 남들이 그러는데 1년만 버티면 점차 괜찮아진다고 하지만 아직 잘 모르겠다.

올겨울 모진 고생도 다 지나가고 있다. 따뜻한 봄이 오면 나아지겠지, 너희 아버지와 59년을 의지하며 살았는데 그 빈자리가 너무 커서 외롭구나. 최근 포천군에서 자살자가 너무 많아 독거노인들을 방문하여 우울증 등을 조사하였고, 문제가 있는 노인들을 치료해 준다고 하여 기다리고 있다.

40여 년 전, 옥수동에 살 때 집에서 키우던 강아지가 바둑알을 먹고 죽자, 한동안 몹시 괴로웠었는데 하물며 영감님이 돌아가신 지 6개월도 지나지 않았으니 제정신이 돌아오지 않았다. 1년 지나서 온 정신이 들면 다시 생각해 보겠지만 지금 서울로 이사 갈 돈이 없는데 빚을 내서 가기 어렵고 서울에 가서 나이가 들었다고 봉사하기도 어렵다.

그리고 경환(조카)이 식구와 같이 살라고 하는 이들도 있는데 내가 집안일을 전혀 할 수 없어 거두지를 못한다. 서울에 갈 경우, 친구들을 불러 며칠씩 함께 살 수 있어 유리한 점도 있다. 이런저런 생각을 해보지만, 영감님을 잊지 못해 애가 탄다. 세월이 약이라는데 왜 이리 더디 가는지 무조건 견디려고 하니 너무 힘들다.

그리고 내가 집에 난방을 하지 않고 버티는 이유는 아버지는 한겨울에도 불구하고 추운 무덤 속에 계시는데 나만 따뜻하게 지내는 것이 죄스럽기 때문이며, 내년부터는 다시 불을 땔 생각이다. 다시 한번 강조하지만, 나는 혈관을 뚫을 생각이 없다.

어머님의 긴 말씀이 끝나자, 동생이 이어서 이야기를 시작하였다. 70년대 초 옥수동에서 살 때 아버지는 매일 양파 깡 하나로 삼학 소주 두세 병을 드셨다. 아버지가 허리를 다쳤을 때 가진 게 없어 동네 사람들이 술에 개똥을 타서 마시면 낫는다고 하여 형들이 싫다고 하여 가장 어린 자기가 개똥 주우러 다녔는데 그것도 겨울이라서 쉽지 않았다고 한다.

어머니는 옛날이야기에 흥이 나신 듯 옥수동 달동네에 살 때 옆방에 살던 경식이네 막내인 성자가 남자아이들처럼 슬레이트로 만든 소변보는 장소에서 서서 오줌을 누었다는 이야기를 하시면서 웃으셨다. 당시 옥수동 집에는 우리, 경식이네와 형제이발소가 있었으며, 남자아이만 5명이고 이발소 손님들도 모두 남자라서 그랬는지 당시 서너 살이던 성자가 서서 볼일을 보았다고 하였다. 어머니와 동생은 내겐 다소 생소한 이야기를 번갈아 가며 진행하고 있었다.

어머니는 형이 군대 가서 고생하던 시절의 이야기로 옮겨갔다. 1975년 첫 면회 하러 갔더니 새까맣게 변한 아들이 울며불며 배고프고 힘들어서 죽어도 못 살겠다고 하여 고민 끝에 부관 자택을 방문하여 부인에게 아들을 살려달라고 애원하였다. 그리고 주말마다 찾아가 빨래와 청소 등 허드렛일하였으며, 내가 일을 워낙 잘하여 부관 부인이 좋아하였지만 미안하다고 어머니에게 다음부터 오시지 말라고 하였다. 그러나 어머니는 우리 아들이 전출될 때까지 오겠다며 고집을 굽히지 않았고, 그러던 어느 날 적은 돈을 봉투에 넣어 부인에게 드렸으나 받지 않아 눈에 잘 띄는 곳에 놓고 왔다.

얼마 후 드디어 아들이 화기 소대 바주카포 조수에서 본래 주특기인 연대본부 통신병으로 전출되었다는 소식을 들었고, 아들이 첫 휴가 때에 부관 부인께서 어머니가 놓고 간 돈을 돌려주었다고 하였다. 형은 그 후부터 배를 곯지 않고 편하게 생활하였으며, 같은 중대에 있던 친구로부터 자기는 부모님이 없어 고생하였는데 부모 있는 놈은 다르다며 부러워하였다는 말을 들었다고 하였다.

이야기를 듣고 나서 나도 어렴풋이 기억나는 것이 있어 거들었는데 한번은 어머니가 형 면회를 가는데 같이 가자고 하여 어머니를 따라 와수리의 부관 관사로 갔었고, 어머니가 청소를 하시자 나는 멀뚱멀뚱 쳐다보기가 뭐해 사모님에게 혹시 TV가 잘 나오는지를 물었더니 신

통치 않다고 하여 TV를 켜보니 화면이 일그러지는 등 수신 상태가 엉망이었다. 그래서 지붕 위로 올라가 TV 안테나를 점검하고 방향을 맞추어 TV를 잘 나오게 해드렸다고 말씀을 드렸다.

이어서 어머니는 1969년 장충동에서 옥수동으로 이사할 때 상황을 말씀하셨다. 당시 우리는 앰베스터호텔 앞 무허가 건물(7평)에서 살았는데 강제 철거될 위기에 처했으며, 그 땅의 주인은 잘 모르겠지만 훗날 앰베스터호텔의 주차장이 되었고, 철거를 담당하였던 책임자가 김 변호사였다. 아버지는 뚝섬에 있는 수도피아노사에 다니고 있었는데 하루는 술에 잔뜩 취해서 하수인 노릇을 하였던 통장 집을 찾아가 오만가지 욕을 퍼붓자, 통장은 슬그머니 자리를 피해버렸고 동네 사람들이 저러면 괘씸죄에 걸려 무사하지 못할 것이라며 쑥덕거렸다고 하였다. 아니나 다를까 결국 철거 절차가 진행되면서 다른 집들은 이주비를 받아 이사를 하였지만 우리만 받지 못하게 되었다. 어머니는 어린 자식들을 데리고 갈 곳이 없어 철거되는 동네에서 오도 가도 못하고 길거리를 울고 다녔더니 동네 사람들이 김 변호사의 사무실 주소를 알려주었다고 하였다.

집이 철거되던 날, 내가 길거리에서 울고 있다고 해결

되지 않는다는 생각이 들어 김 변호사 사무실로 찾아가 이주비를 달라고 애걸복걸하자 직원들은 이미 법원 판결 절차가 끝났으며, 회장 지시가 필요하다고 거부하면서 사무실에서 몰아내었다.

철거 직전, 장마철로 접어들면서 법원으로부터 재판에 앞서 2주일 내로 합의하라는 통지를 받았으나 중부시장에서 옷을 받아와 수를 놓는 등 먹고 사는 것이 바빠 허둥대는데 동네 사람들이 김 변호사의 사무실로 가서 책정된 이주비를 주면 가겠다고 일단 말이라도 해보라고 하였으나 이미 괘씸죄에 걸렸던 터라 지나치고 말았다.

판결일이 되어 재판정에 나가 2시간 이상을 기다렸지만, 재판이 어디서 진행되는지를 몰라 애만 태우다 알아보니 결석 재판으로 처리되어 아무런 보상 없이 철거가 확정되었으며, 내일 집달리를 보낸다는 이야기를 들어야 했다.

집으로 돌아오는 길에 내일 철거되면 어떻게 할까 애를 태우다 왕십리에 사는 언니네 집으로 갈까, 생각도 하였지만 언니 신세를 지지 않겠다고 결심하고 결연히 맞서보기로 작정을 하였다. 다음날 법원에서 20명의 집달리가 와서 세간에 딱지를 붙이고 마당으로 내놨으며, 불상사를 대비하여 형사 2명도 끼어 있었다. 나는 집 앞에서 집달리를 상대로 울고불고하며 세간이 나가는 것을 막았지만 역부족이었고, 하염없이 울고 있는데 형사들이 소용없으니 차라리 김 변호사에게 매달리라고 권고하여 그들의 차를 타고 김 변호사 사무실로 갔다.

이제는 '도마 위의 고기이고, 죽기 아니면 살기이다.', 이왕 이렇게 된 것을 더 강하게 나가야 한다고 결심하고 사무실로 갔으나 직원들이 아예 들어오지 못하도록 막자 문 앞에서 버티는데 사무실 경리 아가씨가 나를 불쌍하게 봐서 그런지 여기는 잠깐잠깐 결재하러 오시는데 아주머니가 버티고 계시면 오지 않으므로 집으로 찾아가라며 주소를 슬그머니 건네주었다.

그날부터 6일 동안 저녁마다 김 변호사 집 앞에서 두세 시간을 기다렸으나 만날 수가 없어 애를 태우는데 동네 가게 아줌마가 보기에 딱했는지 "그 양반 집이 여러 채인데 여기에는 자주 오지 않는다."라고 하였다. 다음날 아들 3명을 앞세우고 다시 김 변호사 집으로 갔고 대문이 열리면 무조건 들어가서 버티려고 하는데 마침 대문이 열리면서 아이가 나왔다. 그래서 무조건 아들 셋을 대문으로 밀어 넣고 따라 들어가 김 변호사 나오라고 큰 소리를 치자 집사가 나와 나가라고 삿대질을 해가며 우리를 몰아내려고 하였으나 어머니는 이판사판이므로 우리와 함께 불쌍한 철거민 돈을 떼이고 거리에 나가게 생겼는데 이 집 마당에서라도 자야겠다면서 강하게 나갔고 아이들도 울기 시작하였다. 그러자 집사는 더 이상 말을 하지 못하고 오늘 주인이 들어오지 않으니, 다음날에 오라고 구슬렸다. 점점 밤이 깊어져 가자, 마당에서 있던 아이들이 "엄마! 졸려, 집에 가자."고 졸라대는 바람에 마음이 약해져 일단 그 집을 나와 집으로 돌아왔다.

집에 들어오니 술에 잔뜩 취한 남편이 그것도 해결하지 못하고 왔다며 밤새 욕을 하는 등 술주정을 부렸다. 나는 잠자리에 누워 곰곰이 생각해 보니 남편 때문에 이런 일이 벌어졌는데 오히려 나를 욕하다니 어처구니가 없었다. 그러나 당장 길거리에 나앉게 생겼는데 내가 왜 이런 욕을 먹어야 하는지 더욱 독기를 품게 되었다.

다음날 사무실로 찾아갔더니 역시 직원들이 나를 쫓아냈으며, 건물 입구에서 서있는데 경리 아가씨가 나와서 잠시 후 회장님이 결재하러 온다고 귀띔해 주었다. 그래서 건물 모서리 담뱃가게 옆에 숨어있는데 회장 차가 도착하여 차에서 내린 회장이 사무실로 올라가는 것을 확인하였다. 만일의 경우, 차 밑에 들어가 버틸 요령으로 접근하였으나 들어가기 쉽지 않아 차 앞바퀴에서 누워 버티자고 마음을 다잡고 사무실로 올라가 비서실을 통과하여 무조건 회장 방으로 뛰어 들어갔다.

　사무실에는 회장이라고 불리는 김 변호사가 자기 책상에 단정하게 앉아서 서류를 검토하고 있었는데 갑자기 내가 뛰어들자 놀란 눈으로 쳐다보았다. 이어서 뒤따라온 직원들이 나를 잡으며 끌어내리고 하자 나는 "회장님! 저는 장충동 철거민 김치호 씨 아내인 고복자입니다. 저는 이북에서 피난 내려올 때 문전걸식이나 하려고 온 것이 아닙니다. 지난번 남편이 잘못하여 길거리에 나앉게 생겼는데 술주정뱅이 남편을 버리라면 버리겠습니다. 그러나 어린아이들은 어떻게 합니까? 회장님께서 은혜를 베풀지 않으면 이 자리에서 죽겠습니다." 라고 내 입장을 빠른 어조로 말씀드리자, 회장은 직원들을 제지하며 내게 "아직까지 남편분이 그 일에 대해 사과하지 않았습니까?" 라고 물어 "물론 정중히 사과하였지만 전혀 반영되지 않았습니다." 라고 답하였다. 그러자 "남편은 뭐하는 분이며, 월급은 얼마나 받느냐?" 라고 하여 "수도피아노에서 목수로 일하는데 월급이 얼마 되지 않아 다섯 식구가 먹고 살기에 부족하여 내가 잡일을 하며 살고 있다." 라고 답하자, 회장은 나가서 기다리라고 하였다. 이에 나는 마지막이라는 심정으로 만약에 이주비를 주시지 않으면 회장님 차에 깔려 죽어버리겠다는 말을 남기고 직원들에게 끌려서 사무실을 나왔다. 밖에서 초조하게 기다리는데 회장이 나오면서 차에 올라탔다. 그래서 차량 밑으로 들어갈 생각으로 튀어 나가는데 직원들이 나를 만류하며 해결되었다고 하였다.

그 이야기를 듣고 눈물이 왈칵 쏟아져 주체할 수가 없었다. 남들처럼 아무 문제가 없었다면 두 달 전에 이주비를 받아 이사를 하였을 텐데 남편 술주정 때문에 일이 꼬여 이주비를 받기까지 한 달여간을 모진 고생 하며 길거리를 헤매고 울고 다녔으며, 어린 아들들을 앞세우기도 하였다. 직원들이 현금 5만 원과 약속어음 5만 원을 손에 쥐어 주었다. 나는 여러 번 머리를 조아리면서 고맙다고 말하고 집으로 돌아서 오는데 드디어 우리 식구를 살리게 되었다는 생각으로 날아갈 듯이 기뻤다.

집에 돌아오자, 남편은 물론 아이들도 환하게 웃으며 고생했다는 말을 듣자, 그간의 고통이 씻은 듯이 사라졌다. 동네에서 내가 돈을 받아왔다는 말이 돌자, 법원에서 집달리까지 나왔는데 그런 돈을 받은 사람은 당신밖에 없다고 모두가 혀를 내둘렀다.

이어서 어머니는 나와 관련된 이야기를 꺼내셨다. 네가 1975년 고3 때 공무원 시험에 합격하고 1년 가까이 발령이 나지 않아 빈둥거려서 너를 데리고 남산타워에 있는 체신부 전파관리국을 찾아가 "어째서 시험에 합격하고도 1년 가까이 발령을 내지 않아 돈벌이도 못 하고 허송세월해야 하느냐?"고 하소연을 하였더니 불과 2주일 만에 발령을 받았다고 하셨다.

나는 까맣게 잊고 있었는데, 지금 생각해 보니 어머니 말씀처럼 34년 전 내가 19살인 75년 10월에 체신부 기술직 시험에 합격하고 발령이 나지 않아 애를 태우며 막연하게 기다리고 있었다. 그러나 어머니는 더 이상 기다리다가 발령을 받지 못하면 큰일이라며 내 손을 잡고 발령 기관으로 찾아가 말씀드리자, 인사담당자는 서울을 비롯하여 지방의 전파감시국에서 충원이 필요하거나 결원이 발생하면 성적순서대로 발령을 낸다고 하였다. 하여간 어머니의 호소 덕분인지 알 수 없으나 1976. 9. 1 일에 가락동에 있는 서울전파감시국으로 출근할 수 있었다.

내 이야기가 끝나자, 어머니는 너는 어렸을 때 폐결핵으로 고생한 것 외에는 특별히 속 썩인 기억이 없다. 형은 고등학교에 진학하지 않겠다고 떼를 썼고, 군대 가서 애를 태웠으며, 동생은 고3 때 가출하여 애간장을 녹였는데 하시며 길고 긴 말씀을 끝냈다.

기부 천사 고복자 할머니
(KBS 인터뷰 다큐, 2010. 3. 6)

- 고복자 할머니의 인터뷰 녹음 -

<이미형 성우>

 인터뷰 다큐 '문화와 사람' 오늘은 행당동의 기부 천사 고복자 할머니를 만나본다.
 폐품을 팔아서 모은 전 재산 1억 원을 모두 병원에 기부한 고복자 할머니.
 올해 연세 77세에 장애 4등급 남에게 줄 만큼 가진 것도 없고, 인공심장, 인공관절에 하는 일은 폐품 줍기와 봉사 활동 생각해 보면 특별히 남을 도울 만한 형편이 되는 사람도 아니다.

<고복자 할머니>

 영감님 돌아가시고 우울증 증세가 왔는데 현재는 봉사 나가는 날이 있어요. 아무 날이나 가는 게 아니라 양로원에는 목요일날 가고, 우리 병원에는 월요일날 아침에 가고, 화요일날은 노인정 밥하는 담당이고, 현재 하는 일은 포천 모현의료센터에서 화초 담당입니다.
 꽃 장사가 동네에 꽃을 팔러 오면 전화 옵니다. 그러면 꽃 장사 일을 도와주고 재고를 얻어옵니다. 화초를 가꾸고 키워서 장애자 사무실 등에 드리고 돌보고 있어요.

<이미형 성우>

 함경도 억양의 말투도 어눌하다. 남들처럼 배운 것도 그다지 많지 않다.
 그런 고복자 할머니가 새벽부터 밤중까지 폐품을 주어 모으고 남들을 돕는 봉사 활동을 그치지 않는다.
 고복자 할머니는 15년 전인 1996년에도 3천만 원을 기부했었고, 이번에 또다시 전 재산 1억을 내놓은 것이다. 온갖 억측과 의심, 그리고 비방과 오해까지 받아 가면서도 할머니는 선행을 멈추지 않았다.

<고복자 할머니>

　처음에는 성당에서 옷을 모았어요. 87년, 88년 하다가 성당에서 그만하겠다 하길래 우리 집에서 혼자 했어요. 이거 해서는 내가 봉사가 다 안 돼요. 더 해야 되었어요.

　근데 하루는 뜬금없이 속상했어요. 울었어요. 어떤 자매님이 고마리아가 열심히 하는 거 보니까 병이라 주어서 팔아먹고 사는가 보다, 그렇게 말했어요.

　모인 돈은 10원짜리 하나 안 썼습니다. 처음에는 가장 고통스러운 게 배고팠어요.

　11시에 일어나서 기도하고 밥 먹고, 새벽 1시면 신발을 신고 나가서 일하다가 늦은 점심 먹으려고 하면 무지하게 배고파요.

　배고파서 어떤 때는 쓰러졌어요. 그렇지만 하느님 돈이라고 생각해서 그 돈을 절대 안 썼어요. 안 먹고 안 쓰고 보일러도 안 때고, 그러면서 모은 폐품을 팔아 제 욕심만 채우려는 노인네라고….

　때로는 이런 구설에 마음도 아팠고 속도 상했어요. 세상은 남이 안 하는 일을 하는 사람에게 괜히 이러쿵저러쿵 제멋대로 입방아를 찧기 마련이던가요.

　나이 열여덟에 오빠를 찾아 38선을 넘어왔을 때 그때 뼈저리게 와닿는 아픔이 있었어요. 부모님께 아무것도 해 드린 게 없으니 평생 남을 도우면서 봉사로 대신하자.

　내가 요새 곰곰이 생각해 보면 내가 어떻게 그런 생각

을 했는지 나도 모르겠어요. 누구를 때리면은 잊어버려요. 생각할 필요가 없거든요.

　반드시 가야 할 자리를 갔기 때문에 난 생각 안 해요. 내가 알뜰히 모은 것뿐이지 옷은 절대 안 사 입어요. 옷을 주워 입고요. 신발도 주어 신고요. 노인정과 점심 한 끼 먹으면은 집에서 밥을 안 해요.

　그렇지 않으면 돈을 모을 수가 없어요. 안 먹고 안 쓰고 보일러도 안 때고 하지 않으면 모을 수가 없더라고요. 그러면 내가 꼭 모은다고 결심하면은 꼭 책임지고 하거든요.

<u>〈이미형 성우〉</u>

　처음엔 동네 환경미화원 아저씨들이 도와주고 뼈가 으스러지게 궂은 일마다 하지 않았고, 몸을 아끼지 않았으며, 병원이고 어디고 다니면서 봉사하고, 평생 옷이나 신발은 돈 주고 사 본 일이 없고, 자신을 위해서는 한 푼도 안 쓰면서 폐품 팔아 모은 돈 할머니에겐 1억은 너무나 큰돈이다.

　이제 그 돈을 아낌없이 남을 위해 쓰라고 병원에 내놨다. 그리고 그 환자들을 위해 화단을 가꾸고 시각장애인을 찾아서는 그들의 지팡이가 되어주고,

<고복자 할머니>

　나는 봉사를 안 하면 사는 날이 재미없어. 어떤 날 분 갈이할 때는 대단해요. 일이 많을 때는 여름에는 그 많은 거 하고 집에 와서 가만히 생각하면 저거를 어떻게 했는지 이해가 안 가요.

　이 허리가 무시무시 아프거든요. 이 아픈 허리를 갖고 어떻게 했나? 집에 와서 내 자신을 생각해 보면은 나에게 무엇인가 있더라고요.

　머리에 봉사 정신이 박혀 있는 것 같아요.

<이미형 성우>

　우리는 가끔 천사라는 말을 한다.
　날개가 달리고 고운 옷을 입고 아름답고 우아하게, 과연 천사는 그런 모습뿐일까?
　늘 그렇게만 나타날까? 천사는 때론 새우젓 장사 할머니로도 나타나고, 가난하고 착한 환경미화원으로도 나타나고, 병들고 늙은 몸으로 쓰레기를 뒤져 모은 돈을, 남을 위해 써달라고 미련 없이 맡기고, 정작 자신은 이름 없이 봉사하면서 늙어가나니 정말이지 천사는 어떤 모습으로 우리 곁에 머물고 있을까?

〈고복자 할머니〉

　이제는 사회에다 환납하고 하늘나라에 가려고 그래요. 사회에다가 내 돈만을 환납하고 가요. 아들들에게는 도와달라고 안 해요.
　내 힘과 내 능력으로 사회에 다 환납하고 가고 싶은 그 목적이 있었어요.
　다른 사람은 모르겠지만 나는 그렇게 살았어요.

〈이미형 성우〉

　비단 고복자 할머니뿐만 아니다. 어려운 형편에도 모든 것을 던지는 기부 소식을 이따금씩 들을 때마다 혹시 이런 생각을 해본 적은 없는지 천사는 과연 있긴 있는 것인가 진짜 천사가 있다면 어떤 모습일까?
　평소에는 거룩하게 보이지 않을지도 모른다. 그저 하찮은 모습으로 변신해 있을지도 모른다.
　신분을 감추고 우리 곁에 머무는 가난한 이웃은 아닐까?

〈이미형 성우〉

　인터뷰 다큐 문화와 사람. 오늘은 폐품을 팔아 모은 전 재산 1억 원을 이웃돕기 성금으로 기탁한 행당동 기부 천사 고복자 할머니를 만났습니다.
　낭독에는 성우 이미형이었습니다.

<인터뷰 전문>

　우리 엄마가 43세에 나를 낳았어. 낳은 고향은 장진이야. 장진에서 낳아서 기곡면 신풍리에 왔어. 엄마가 늦둥이 나를 누구에게 준다고 하여 아버지가 나를 안고 나왔대. 우리집에 딸이 다섯이나 되니까 엄마가 나를 중요하게 키우지 않았어.

　그러다가 큰오빠가 그러면 안 된다고 기집애도 배워야 된다고 말하여 국민학교 다녔어. 국민학교 다녔는데 그때 세월만 해도 가스나가 학교 다니면 집안이 망한다고 그랬는데 큰오빠가 나를 9살에 1학년에 입학시키고 오빠가 일본 지원병으로 갔어. 오빠가 지원병을 떠나고 보니까 공부 가르칠 사람도 없고 집안이 항상 변치 않았어. 그런데 8·15 해방하고 일본에 갔던 지원병들은 다들 집으로 왔는데 우리 오빠는 소식조차 몰랐어. 흥남 신구령 포부대에 있었는데 포부대에서 연락이 왔어. 그래서 가니까 오빠가 가까이 오지 말라고 하면서 보따리를 저 앞집에다 맡겼다고 해서 보따리를 찾아갔고 왔는데 그때 엄마랑 아빠랑 나도 갔어. 보따리를 찾아오고 그다음에 편지를 한 번 받았는데 일본의 요코하마까지 도착했다고 했어. 요코하마 도착하고는 지금까지 연락이 완전히 끊겼어. 살았다고 보기 어렵지. 그러고는 올케가 우리 집에서 떠나고 이제 세 식구 살다가 나 혼자 이남으로 나왔어.

내가 부모를 모시는 것이 힘들어서 서울에 있는 작은 오빠를 데리고 오려고 나온 거예요. 나올 때는 오빠 만날 수 있을 것이라는 기대가 다 어긋났고, 이제는 그 오빠마저 돌아가시고 이 세상에 없고, 나는 시골에서 성장했고, 그래서 내가 '사과나무는 살았나' 노래 부르는 거야. 고 병장의 오빠가 사과나무 한 그루를 딱 심어놨는데 그렇게 사과가 잘 열리더라고. 그리고 우리집에 과일나무 많아. 우리 집에 사과 사과와 온 동네가 과일이야 앵두나무, 살구 등 그래서 지금까지 살았나 궁금하고 물론 집은 없어졌겠죠.

그러고는 내가 함흥에 내려가서 인민군이 하는 피복공장에서 시다를 했어. 하루 종일 서서 시다하다가 다림질하다가 이남에서 폭격을 무지하더라고, 그래서 공장도 이사를 갔어. 어느 학교에 가서 일했어.

그러다가 후퇴할 때 나는 안 따라갔어. 아버지 엄마 때문에 절대 안 따라갔는데 어떤 애들은 따라갔어. 쌍둥이 작은아버지가 있었는데 쌍둥이 작은아버지 따라갔다가 호국대야. 그게 말하자면 그러니까 인민군 따라갔다고 인민군이 아니야. 남한 국군이 데리고 가서 호국대에 갔다가 그 장진이란 곳은 엄청 추운데 그곳에서 돌아가셨다는 소식을 들었어.

 그러고는 사촌 오빠가 지트 들어갔으니, 이남에 가자, 주소가 너한테 있으니, 너한테 있는 주소를 갖고 찾아보자 했는데 이게 온다 온다 하다가 민간이니까 올 수가 없었어. 걔는 어디로 어디로 갔는지 남한에 나왔는지 소식은 아직 지금도 몰라. 어디 있는지를 모르겠어. 이남이 나온 거 분명히 나왔을 것 같은데 못 만났어. 그러고는 이제 흥남 부두에 가서 사촌 오빠를 만날 생각했지. 나는 부두에 가면 나를 찾겠지 했는데 지금까지도 연락이 끊겨서 살았는지 죽었는지 알 수가 없어.

 그러고는 이제 부두 배를 타야 되는데 작성국민학교에 피란민을 가두었어. 악선전이 돌기를 옷 보따리 있으면 못 갖고 가고 돈도 있으면 못 갖고 가고 해서 옷을 다 버렸어. 마당에서 하얗게 버렸어. 그리고 돈은 다 찢어버리고 이북 빨간 돈으로 하긴 못 쓴단 말이야. 찢어버리고 이제 허리에다 감았고, 들고 가는 것은 안 되니까. 근데 그게 악선전이더라고. 배를 타보니까 아구리를 여는 배인데 어마어마해. 커서 차도 타는데 맥없이 짐을 못 싣는다고 악선전이 돌더라고. 그래서 타고 왔는데 그 배 탈 때도 많이 배고팠어.

백봉식이 따라왔는데 백봉식이는 남자니까 아래층이 가 있더라고. 나 죽었나 한 번씩 올려다보고 학수 아버지 나 되게 배고파요. 배고파 죽겠어요 그랬더니 어디서 나 무 쪼가리 주워다가 배 꼭대기서 밥해 먹었어. 냄비를 하 나 빌려서. 배고파서 살 수가 없어. 만 사흘을 굶겨서, 먹 을 거라고는 생각조차 못하고 그냥 배를 탄 거야. 무조건 배를 타니까 먹을 거 준비를 해야 하는데 나는 독신자라 그랬어. 가족 있는 사람은 먹을 거 준비했는데 나는 독신 자라 먹을 거 생각조차 못 하고, 철이 없으니까 먹을 거 가져가야 사는지 그 생각 못 했어.

그렇게 배에서 세 밤 자고 도착한 게 장승포야. 장승포 에 와서는 주먹밥을 주더라고. 주먹밥을 그때 하나 얻어 먹었어. 거기서 고향 사람 많이 만났어. 고향 사람이라고 여자는 아주 극히 드물고, 맨 남자들이 모여서 마당에서 밤을 꼬빡 샜어. 교실에 넘쳐서, 나는 젊었기 때문에, 교 실에 들어가면 안 된다고 노인네나 애기 달린 사람이나 교실에 들어가고 마당에서 밤을 샜어. 새다가 나 아팠어. 그날 밤에 되게 아팠어. 되게 아프니까 고향 동네 사람들 이 몇이 있었는데 홍남이 죽는다 어떻하니 나는 엄청 아 프더라고. 그래서 하도 아파하니까 교실에 들어갔어. 교 실에 들어가고 거기서부터 그 이튿날 아침에 깡통에다 밥해 먹고, 이제 볕이 드는데 하필 우리 동네 기곡 사람들은 여자가 없으니까 제일 멀리 내보냈어. 장덕면이라는 데 장승포에서 백 리를 보내더라고. 하루 종일 걸어도 걸을 수가 없어. 다리 아파 죽겠어. 가다가 쉬다가 가다가 이잡이를 하다가 이를 잡을 시간도 없어요. 또 대열을 쫓아가야 되니까 보리알 같은 이를 잡을 시간도 없고 털다가 따라가고, 따라가고.

그래서 나는 그날에 둔덕면에 도착했어. 마중 나온 남자들 따라서 장동면에 도착했어. 도착하고 그날 밤에 또 앓는 거야. 생전 백 리를 안 걸었으니까 또 죽는다고 난리여. 그러니까 고향 사람이 어떡하겠는가? 의사도 없지. 피란민이지. 아프다고 난리인데 어떻게 방법이 없죠? 아침에 눈 떠보니까 밝았더라고. 그래서 밝아서 보니까 서울 피란민들이 한 번 피란 왔다가 갔다는데 돼지 움막도 못 돼요. 짚을 위에다 덮고 울타리도 짚으로 치고 한 방에다 7명씩이 넣었어. 옛날에 서울 피란민이 있던 자리래. 그래도 옆에 개울물은 있어. 그래 갖고는 나는 밥하는 담당, 백봉식이가 너는 가서 나무 해오고, 너는 주민 동네에 가서 된장 얻어오나 너는 가서 김치 얻어오나 그래서 이제 아침에는 각자 빌리려고 떠나, 하나도 없으니까 뭘 먹을 수가 먹을 게 없으니까.

그래서 이제 된장도 얻어오고 김치도 얻어오고 그렇게

살 때는 괜찮았어. 고향 사람끼리 해서 이산가족이랑 같이 있었어. 그때 수원 조카랑 그런데 교육대 나가는 바람에 그때 되게 한심하더라. 이제 고향 사람 다 가버리고 나 혼자 남았어. 이제 방법이 없고, 자꾸 우니까 서울 피란민 가족 있는 사람이 나하고 아가씨 자꾸 이렇게 울다 어떡하겠어. 서울 피란민 가족 있는 사람하고 같이 살라. 그러면 덜 울 것 같아요. 그래서 서울 피란민하고 같이 살았어. 내가 혼자니까

그리고 움막을 지었어. 움막이래도 불을 땔 수 있게 구들을 놓았어. 거기서 살다가 난 본 주민 집에 배치했어. 본 주민 집에 배치해 놓으니까 이제 피난민 배급은 그때 3홉인 것 같은데 3홉을 갖고 아침에 해서 그 집의 불에 냄비를 얹어놓으면 세 끼를 먹어야 하는데 세끼를 죽어도 못 먹겠어. 배고파 죽겠어. 어떤 날은 너무 배고파서 산에 가서 진달래꽃 뜯어 먹어도 요기가 되더라고.

그렇게 하루하루 살고 있는데 우리 고모 아들이 찾아왔어. 장승포 피난민 명부를 보니 네가 왔더라. 근데 내가 너를 보호하지 않으면 내가 어떻게 외갓집으로 가겠니? 큰엄마나 큰아버지 얼굴을 어찌 쳐다보겠니? 그래서 고모 아들이 나를 보호했어. 살았는지 죽었는지 현재는 연락이 끊겼어. 그런데 이제 고모 아들하고 있는데 둘 다

못 버니까 무지하게 가난했어. 또 굶어서 나는 직조 공장에 찾아갔어. 도저히 살 수가 없어. 피난민 배급이 파도가 치면은 배가 못 들어오니까 굶어야 해. 그러니까 이렇게 해갖고는 굶어 죽겠구나 생각해서 직조 공장에 찾아갔어. 내가 이북에 있을 때 의복을 짰거든 기계로 딱까닥 딱까닥해서 동네 사람 거 짰어. 근데 내가 짜는 기계는 두 발인데 이거는 네 발이라서 조금 어려워 그것만 습관되면 할 수 있다고 생각했어.

하루는 김치호 너 아버지 찾아왔더라고. 18살에 나와서 아버지를 19살 여름에 만났어. 19살 여름에 만나서 부산 고모네로 갔는데 원숙이(작은아버지)는 지금 돌아가신 큰아버지 집에 있고, 또 너 아버지는 부산 고모네 집에 있고 하나씩 배치됐더라고, 춘하는 군대에 가서 말뚝 박아서 안 왔어. 또 원식이는 옌병을 앓았대요. 그래서 큰엄마가 욕봤어. 큰엄마가 이가 버글버글해 삶으며 그때 춘만이가 그랬지. 신촌 삼촌이 우리 집에 있었어. 바로 큰집에 있었어. 그러고는 그다음에 살림하려고 하니까 학고방인 텐트는 미제 보로박스는 까맣게 들었어. 까맣게 들어서 비가 안 새 이제 그걸 갖고 집을 조그맣게 하나 지어갖고 왔는데 올라가 보니 살 수가 없어. 쌀이 한 톨 있어 그릇이 하나 있어 있는 것이 없어. 그럼 어떻게 살아야 돼? 큰엄마가 큰아버지 보고 야단하더라고 저렇게 작은 집에 하나도 없는 거 옆에 데려다 놓고 바로 옆에 데려다 놨죠. 어떻겠는가 그래 큰아버지가 큰엄마에게 쌀 한 대박과 솥이나 하나 사주라고 그러더라고. 그래서 나보고 동서 가자고 해서 솥 하나 사고, 보리쌀 한 대박하고 하얀 쌀 이북에서는 입쌀이라 그러네. 한 대박을 사줬어. 그런데 그거 먹고 떨어지니 또 굶어 죽게 생겼네.

그래서 장승포로 가서 내 있던데 내가 거기에서도 역할해서 나는 고향의 형제간 이름을 다 해서 일곱 사람 배급 탔어. 일곱 사람 배급 타는데 너 아버지는 혼자 배급 타고, 나는 거기서 그 일곱 사람 배급을 포기하고 오니까 무진장 가난한 거야. 그냥 굶는 길이야. 그래서 안 되겠어. 배급을 타러 장승포로 갔어. 걸어서 갔어. 먼 친척이 있어서 지금 어디 있는지 모르겠어. 중국의 용변에서 살았다 하던가. 그런데 우리 오빠 벌이 되는 이가 돌아가시고 올케가 애들하고 사는데 며칠 거기에 있었어. 바람이 불면 파도가 심하면 쌀이 못 들어와. 그래서 쌀을 타고 7명이니까 많이 걸어왔어. 40리 걸어오니까 응집이 여동생이 "야! 너 신랑이 부산에 갔다," " 부산에 왜 갔대요? 그러니까 매형 따라서 부산에 가고 없다. 그래서 그냥 혼자니까 이제는 생활이 까딱없어. 장승포에서 이고 와서 살고 나무를 해서 걸어와야 되는데 혼자 가면 머리에 일 수 없어. 그래서 소나무 부질러서 거기에다 올려놓고 이고 와서 나무 많이 해다 놨어. 아버지는 돈 벌러 나간다고 하는 게 고향 사람이 부산에 많은 거야. 고향 사람이 많으니까 자기 죄도 있고, 이 사람 술 사 먹고 저 사람 술 사 먹고 오징어 한 축을 갖고 들어왔더라고. 그러면 겨울에 어떻게 살아 오징어 한 축 갖고 이만 잔뜩 갖고 들어왔어. 그러고는 겨울에 또 살 수가 없었어. 나누가 다 떨어졌어. 너 아버지 하루 나가 나무 해오면은 썩은 나무나 죽은 나무나 끊어오면 며칠을 땠는데 나는 여자라서 하루 해오면 얼마 못 때. 그래서 나무 좀 해달라고 그랬어. 아무래도 남자가 해야 많고 나야 가면 조그맣고 혼자 일 수도 없고 그런데 그러면 아프다고 거짓말해요. 나 아파서 나무하러 못 간다고 거짓말하면서 막 앓아요. 그래서 저녁할 때 다 돼서 산에 올라가서 낙엽을 긁어서 이고 와서 밥해 먹고 있는데 삼촌과 아버지 친구 형설이가 와서 나에게 형수 우리 미군 부대 38부대에서 사람 쓰는 데 갈래요 가고 말고요. 나 따라갈래요. 따라가니까 나이 먹은 아줌마도 왔고 젊은 아줌마도 왔는데 내가 젊었어. 이제 지금 남대문에서 딸라하는 국자 애미하고 나하고 거기서 일했어. 거기서 일하니까 이제 안 굶어.

아버지 개인 세탁소 조금 하다가 고현에서 민간인을 쫓아내는 바람에 그다음 계속 놀았어. 계속 놀고 내가 버니까 안 굶었어. 안 굶었는데 이제 큰 집, 고모, 우리 세 집이 살았죠. 물 내려가는 개울 둑에다가 피란민 집을 쪼로이 지어놓고서는 세 집이 살았어요. 큰아버지는 얼마나 생활력이 있는지 톱하고 망치하고 대패하고 갖고 다니면서 집집마다 찾아갔어. 큰아버지 말하면 눈물 나온다. 집집이 댕기면서 목수인데 일할 게 있으면 나를 시키라고 당장 애들이 배고파서 그런다고 그래서 이제 큰아버지는 그렇게 벌어서 큰엄마 굶기지 않았어요. 근데 우리 할아버지는 술 먹는 게 일이에요. 그때도 엄청나게 먹었어요. 먹고 먹기만 하면 괜찮은데 먹고 와서 학고방 때려 부수고, 집에 불 놓는다 그러고 나 때리고 그러다 보면 닭이 꼬끼오하면 자더라고. 그럼 그다음에 아버지 밥해놓고 나는 식당에 가 밥 타 먹으려고 빈 벤또를 들고 갔어. 벤또를 들고 가서 미군 부대 밥 타 먹고, 38부대라는 게 뭐 하는가 하면 미군 사람이 쥐를 잡더라고. 그런데 여자는 둘이야. 근데 미국 사람은 훔치는 것을 엄청 싫어하니까 하나도 훔치지 않고 착실히 하니까 어느 날에 창고 문을 활짝 열어 맘마상 들어오라고 여기서 가지고 싶은 거 다 가지래. 그래서 옷을 한 보따리씩 안고 나왔어. 싸전이 창고 문을 열어줘서 옷을 갖고 왔어. 그러고는 거기서 이제 추천장을 써주는 거야. 맘마상들이 도둑질도 안 하고 일 잘하고 그러니까 이 추천장을 미군 부대에 내밀면 취직하게 돼 있고 해서 추천장을 갖고 있다가 아버지는 한

산도에 갔거든. 한산도에 10만 원 벌려고 갔는데 술집에서 술을 다 먹고 단돈 100원이 없는 거야. 그러면 살 길이 또 없어. 그래갖고 큰집 따라 속초로 올라갔어. 아버지는 약속 안 지켜 10만 원 벌러 갔다 백수건달이야 다 먹고 없지, 술 먹고 여자 집 댕기고 없죠. 그래갖고 속초로 올라갈 때 진짜 간신히 차비를 만들어 가는데 속초는 나는 무사 통화했는데 아버지는 남자라 38선에 있을 때라 산으로 도주를 해서 넘어오고 나는 그냥 들어가고 그러니 큰 집도 답답한데 큰아버지가 가방에다 망치하고 대패하고 톱을 넣고 다니며 이 집 저 집 말했어. 그런 사람이 어디 있겠니? 이 집 가서 여기 목수 일할 게 있으면 나를 좀 시켜주세요. 우리 피란민인데요. 배고파서 그래요. 이집 저집 다니다가 일이 있으면 하고 그래도 내가 조금씩 벌어왔어. 그러다가 우리는 살 수가 없어. 그래서 큰아버지가 어떡하겠니 두 집 식구 다 굶어 죽겠다고 아버지는 큰아버지 데모도를 다녔어. 나는 큰집에서 살림하고 그때 춘애가 애기 때 살림하고 너 아버지는 데모도 하고 그랬는데 저 옛날 기찻길에 뚝에다가 학고방를 큰아버지 지어주었어. 방 한 칸에 구멍가게 하나야. 신촌 삼촌이 아버지보다 훨씬 나아. 아버지와 원숙이를, 장사를 시켰어. 거기서 장사를 시키니까 되게 잘하더라고. 찐빵 쪄서 팔았고, 주로 군인 상대야 그게 8군단인가 있었어. 군인이 엄청 많았어. 그래서 장사를 했는데 동생과 아버지가 장사만 계속해서 까딱 없이 사는데 큰아버지 또 우리 집에 오셔서 그래요. 안 되겠다고 내가 저 동생을 데리고 나와 죽이면 안 되니까 원숙이를 군속에 밀어 넣겠다 그래야 군인은 안 가니까. 그때는 전쟁 때니까 군인 가면 무진장 죽어 나왔어. 동생을 죽이기 싫다고 큰아버지가 원숙이를 군속에 넣었어. 그래서 아버지가 장사를 맡았는데 그날로 개판됐어. 이틀도 안 갔어. 그날 또 군인들이 와서 돈 꿔달라면 형님 이거 장사 밑천이요 이거는 이제 사지 바지도 사고 군인들이 와서 옷을 파는 것을 사서 되팔면 남는단 말이에요. 이거는 형님이 장사 밑천이요 하고 맡겼는데 다 꿔주었어. 군인들이 꿔달라고 하면 주었고, 외상을 주고, 하루에는 도 선생이 들어와서 다 털어갔어. 구멍가게도 이제 완전히 거지 됐어. 이제 직업도 없어 할 것도 없어 완전히 거지 됐는데 내가 미군 부대 다녔는데 춘근이 배서 8개월이니까 미군들이 자꾸 놀려서 성가셔 죽겠어. 애기 안 뺐다 그래도 뺐다 그러고 놀려주고 빨래를 빨자면 앞에 아기가 받쳐서 엄청 힘들어. 그래서 8달 만에 그만두고 나와서 그때부터 아버지는 오징어 잡으러 가는 거야. 오징어잡이 가면은 처음에는 먼바다에 가서 토하다 토하다 그냥 산 송장이 되어 들어왔어. 오징어 만져도 못 보고 그렇게 몇 번 해야 이제 멀미하는 거 적응되는 거야. 마지막에는 괜찮더라고. 그런데 첫해는 오징어 잡아 와서 말렸어. 그래도 엄청 힘들어. 부두에 내려가서 오징어가 오면 손질해서 말려야지. 첫해는 말렸는데. 거기에서 어디로 이사하러 갔는가 하면 봉녀네하고 같이 살았어. 우리는 길 사이를 놓고 살았거든. 아버지가 자꾸 주정하고 나를 때리니까 이사 가라 그랬어. 우리 아들이 배울까 봐 겁난다고 밤마다 주정하니까. 그래서 어디로 이사를 갔는가 하면 경찰서 뒤에 땅이 조금 있는 데다 거기다 흙을 붙이고 집을 지었어. 방 하나는 수리하고 하나는 온돌을 못놨어. 일을 미처 못해서 그럴 때 아버지 뭐 하러 갔는가 명란젓을 만드는데 댕겼어. 거기서 우리가 이북 사람인데 거기와 만난 사람이 사진사고 딸이 둘하고 엄마하고 있었어. 큰엄마가 아파. 내가 큰엄마였는데 큰엄마가 많이 아파. 그런데 꿈에 많이 아팠어. 꿈에 행상이 나가더라고. 내가 얼른 기어가서 만져보니까 배가 땅땅해 큰일났네. 큰엄마 죽었어. 큰엄마 죽었어! 어떡하지 너 아버지 거짓말 한대요 개 같은 소리한데 어제까지 살았는데 오늘 왜 죽었느냐? 그래서 어떡해? 나 무서워 죽겠더라고. 죽었는데 안 죽었다고 아버지 눈도 깜짝 안 해서 어떡해 그래서 아 무서워 죽겠어요. 한번 일어나서 만지나 봐요. 나 어떻게 해야 해요? 그러니까 일어나 보더니 가슴을 만져봤더니 벌써 죽은 지가 한참 되었어. 그래서 거기서 초상 치렀어. 우리 집에서 초상 치르고 나니까 죽어도 못 살겠어. 그런데 저녁때는 무서워서 붙잡고 앉아서 무서워 죽은 사람이 들어오는 것 같아요. 무서워 죽겠더라고. 그러다가 이제 못 살겠어. 그 집에서 죽어도 못 살겠어. 아버지가 서울에 큰 집에다 편지해서 나 죽어도 여기서 못 살겠고 우리는 굶어 죽으니까 형님 우리 삼척 탄광에 간다고 편지했네. 큰아버지는 동생이 탄광 간다고 하니 큰엄마 졸라서 그러지 말고 올라와서 노동일이라도 해 먹게 하지. 탄광에서 굴이 무너져 죽으면 어떡하라고 내가 피난 데리고 나왔는데 저것들이 탄광 무너져 죽으면 안 된다고 그래. 큰엄마는 속상하지. 한 집에도 생활이 안 되는 상태로 우리를 무조건 오라 그랬으니까 그때 김장철이오. 배추를 몇 개를 얻어놓고 그거 팔고, 돈이 한 개도 없어 차비를 간신히 만들어서 그때 오징어 잡으러 댕겼어. 아버지가 오징어 잡으러 다녔는데 로프를 바다에 처박아서 선장이 와서 오징어 몇 개 말린 거 다 가져가고, 그때 그럼 차비를 어떻게 했는지 모르겠어. 그런데 또 이사 갈 때마다 너 아버지 나 따라 못 다녀. 꼭 떨어져. 라디오를 자기가 친구라고 줬으면 끝내고 서울에 올 일이지 그 집에 가서 라디오를 꺼내와서 그 사람이 고발해서 경찰서에 잡혔어. 나는 역전에서 만나기로 되어있어 춘근이를 업고 무조건 떠났죠. 무조건 떠나니까 죽은 큰 조카가 나왔더라고. 따라 들어가서. 근데 너 아버지는 그전에 전화가 있어. 애가 타 죽겠어. 절대로 안 오는 거야. 속초에서. 그래서 내가 큰어머니 보고 큰엄마 나 차비 조금만 주면 내가 아무래도 가서 가봐야겠어요. 경찰서에서 오래 있으려는지 아무래도 불안해 죽겠어요. 그러니까 큰엄마 차비 조금 줘서 내려가다가 차에서 스치는데 너 아버지 앉아 있어서 기사님 날 내려주세요. 우리 신랑이 저기 앉았어요. 나도 속초 안 갈래요 서울로 갈래요 기사가 하도 야단치니까 내려서 아버지를 만나서 데리고 간 거예요. 그러니까 아버지가 한두 주 경찰서에서 구류를 살았어. 그러고는 서울에서는 뭘 해 먹겠어 큰엄마는 나 있을 때는 안 그랬지만 아버지만 보면 따지는 거야. 삼촌! 눈이 허연데 서울에서 어떻게 살려고 왔는가 대책이 없이 오면 어떻게 하는가 하고 큰엄마는 시동생 붙잡고 그렇게 말하네. 내 안 들을 때마다 그러면 또 너 아버지는 나보고 먹으라고 하는데 형수는 별났대요. 내가 쌀이 없고 굶으니까 왔지, 있으면 속초에서 미쳤다고 왔냐고. 내가 먹을 게 없으니까 왔는데 큰형수는 저렇게 말한다고 그러고 또 형수는 싫어하는 거야. 왜 왔는가 하고 자꾸 따지니까 그래서 안 되겠어. 거기 집 짓는 데서 노동일 했어. 큰엄마가 저거라도 가서 하라고 해서 큰엄마가 남대문시장에서 텐트 사다 오장동에다 텐트를 큰엄마가 쳐줬어. 그때부터 살림이 큰 집에서 나왔는데 너 아버지는 한 일주일이고 나는 2주일인가 3주일 얻어먹었거든. 오래 안 있어서 대신 좁아서 있을 수가 없어. 큰 집이 우리가 잘 잘 자리가 없어. 그래도 나오니까 그래도 맏동서 눈치도 안 보고 어렵지도 않고 낫기는 낫는 데 문제가 추울 때 이사 나왔으니까, 바닥에 물이 내려가는 꼬랑 옆에다 텐트를 쳐놓으니까 바닥이 차서 잘 수가 없었어. 근데 내 못 자는 괜찮은데 춘근이가 밤새 우네 밤새 울어. 아이고 어떡해요? 큰아버지요 우리 춘근이 밤새 자지 않고 울어요. 바닥이 차서 그래요. 어떡하면 좋을까요? 그러니까 일하는데 찾아가서 그러면 대팻밥을 주면서 대팻밥을 위에다 깔래 진짜 그 대팻밥을 까니까 되게 좋더라고 아주 뜻뜻해서 되게 좋은데 푹썩푹썩 들어가 그렇지 대팻밥을 깔고 나니 그해 난로를 댕기면 주어서 나무꼬챙이 주어서 불 때고 그 겨울을 났어. 옆에 숙경이네 집에 가서 많이 살았어. 김치도 없고 먹을 것도 없고 그래갖고 아버지 내가 털오바 있었는데 미군이 준 털오바는 이북에는 엄청 춥거든 그래서 그거는 우리 아버지 가져다드리려고 내가 보관했다고 그랬는데 그거 자꾸 팔라고 해. 내가 빵 장사 하겠대요. 그래 천일극장 앞에 가서 춘근이를 씌워 갖고 가서 파니까 얼른 사더라고 아줌마들이. 그래 팔아갖고 빵 기계하고 저기 밀가루하고 사놨는데 아버지가 내일 나간다 내일 나간다고 장사를 못 나가 엄두를 못 내. 엄두를 못 내니까 장사 못하고 밀가루로 수제비 해 먹고 다 먹지 못했어. 너 아버지는 장사 하루도 안 했어. 그러고는 그 동네에다가 집을 지었어. 온돌도 놓고 벽도 그래도 좀 탄탄하게 졌는데 거기 가서 엄청 굶었네. 춘근이는 앉으면 이래요. 엄마 오늘은 된장도 없고 간장도 없고 쌀도 없고 엄마 나무도 없고 굶어 죽었다. 노래를 불러. 내 말을 배워서 그래 사실은 그랬어. 그때 나무를 뗐는데 겨울에는 나무를 어디가 얻어올 데가 없어. 그리고 아버지는 그때 너무 곤란해갖고 우리 시동생은 큰 집에다 맡겼어. 우리는 아버지까지 먹고 살 쌀이 없으니까. 근데 저 아버지는 안 굶었어요. 큰 집은 한 번도 안 굶었어요. 큰 아버지 오렌지 주스 장사하고 그때 그랬어요. 그래서 자기 아버지랑 같이 장사했어. 근데 이제 우리만 되게 답답한 거야.

* 이후에도 장시간 인터뷰가 진행되었으나 대부분 방송에 포함되어 생략한다.

 ## 명지대학교 세족식 (2010. 3)

♡ CGN Today 뉴스(2010. 3.30)

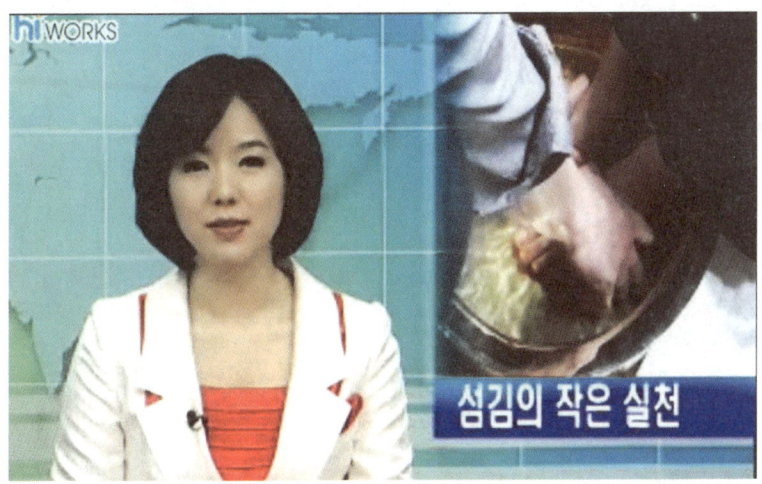

<앵커> 명지대가 제자들의 발을 씻겨주는 부활절 세족식 행사를 10년째 이어오고 있습니다.

이날 행사에는 고물 수집을 통해 평생에 걸쳐 모은 1억 원을 기부하신 고복자 할머니도 함께 의미를 더했는데요. 김용민 기자가 취재했습니다.

<김용민 기자>

제자들의 발을 씻겨준 교수님들이 학생들을 위해 기도합니다.

보는 이들의 눈시울도 붉어집니다. 미션스쿨 명지대가 예수님의 부활절을 맞아 최근 세족식 행사를 가졌습니다.

<유병진 총장>

부활절을 저희가 매년 새롭게 맞이한다는 이런 마음가짐을 갖기 위해서 이 세족식 행사를 하고 있습니다.
제자들의 발을 씻겨주시는 그 마음과 그 사랑과 그 희생으로 우리 모두 돌아가자 바로 씻기는 사람이나 씻김 받는 사람이나 그 예수 그리스도의 그 사랑을 본받자 이런 뜻에서 이런 행사를 가지고 있습니다.

<김용민 기자>

이번 행사에는 특별히 보이지 않는 곳에서 섬김과 봉사를 실천한 고복자 할머니도 함께했습니다.

호스피스 병원에서 봉사하고 고물 수집으로 10년 동안 모은 1억 원을 기부한 고 할머니는 예수님의 삶을 따르는 것이 섬김이라고 말합니다.

<고복자 할머니>

나는 사실 배운 것도 없고, 20년 동안 봉사한 것밖에 없는데 예수님을 섬겼으니까 예수님께서 하라는 대로 따라가려고 무지 노력해.

예수님이 그렇게 높으신 분께서 제자들은 발을 씻겨주시는 나라는 존재는 아무것도 아닙니다.

<김용민 기자>

지난 1일까지 사흘 동안 서울과 용인 캠퍼스에서 실시된 세족식에는 8천여 명의 학생들이 지켜본 가운데 100여 명의 교수님들이 800여 명 제자들의 발을 씻겼습니다.
성경이나 영화를 통해 간접적으로만 경험했던 세족식을

직접 체험해 본 학생들은 마음가짐을 새롭게 하는 시간이었다고 입을 모았습니다.

< 이자영 학생 >

항상 성경으로만 접했었는데 실제로 교수님들이 닦아주시고, 지금 힘든 일이 있어도 같이 기도해 주시면서 앞으로 담대하게 나아가서 유연하게 행동하라고 하시면서 힘을 주셨습니다. 너무 좋았던 경험인 것 같아요.

감사하고 또 어려운 분이신데도 이렇게 특별히 찾아오셔서 좋은 말씀해 주시고 또 저에게도 또 특별히 믿는 사람으로서 좀 더 행실을 바르게 했으면 좋겠다고 당부해 주시는 말씀 듣고요.

좀 더 새로운 느낌이었고 또 감사하게 생각합니다.

〈김용민 기자〉

세족식의 의미는 예수님의 섬김과 사랑입니다. 학교는 세족식을 단순한 일회성 행사가 아니라 진정한 의미를 전하고 섬김을 실천할 수 있는 작은 기회로 삼겠다는 방침입니다.

이런 사랑을 학생들에게 보여줌으로 해서 학생들이 예수 그리스도의 사랑을 조금이라도 교수님들을 통해서 느끼고 또 변화되고 또 그것이 당장 변화되지 않는다고 하더라도 마음 밭에 씨로 뿌려지기를 기대합니다.

스승에 대한 존경심이 사라지고 제자에 대한 사랑이 식어가는 요즘 10년 동안 지속된 명지대의 세족식은 치열한 경쟁 사회를 준비하는 학생들에게 잔잔한 감동을 주고 있습니다.

CGN 투데이 김용민입니다.

중앙일보 2010년 3월 31일 수요일 사회 19

학생 발 씻어주는 '폐휴지 장학금' 할머니 섬김과 사랑의 중요성을 되새기고 제자들에게 용기를 북돋워주기 위한 '세족식'이 30일 서울 남가좌동 명지대학교에서 열렸다. 4월 1일까지 유병진 총장을 비롯한 100여 명의 교수가 800여 명 제자의 발을 씻어줄 예정이다. 이날 세족식에는 폐품을 모아 10여 년간 저축한 돈 1억원을 기부한 고복자(77·앞줄 오른쪽)씨도 참석했다. 세족식을 마친 고 할머니는 양말을 신겨주고 유 총장은 학생과 포옹하고 있다.
박종근 기자

제2부 명지대학교 세족식 203

♡ 중앙일보 기사 내용

학생 발 씻어주는 '폐휴지 장학금 할머니'

섬김과 사랑의 중요성을 되새기고 제자들에게 용기를 북돋워 주기 위한 '세족식'이 30일 서울 남가좌동 명지대학교에서 열렸다. 4월 1일까지 유병진 총장을 비롯한 100여 명의 교수가 800여 명 제자의 발을 씻어줄 예정이다. 이날 세족식에는 폐품을 모아 10여 년간 저축한 돈 1억 원을 기부한 고복자(77·여·앞줄 오른쪽) 씨도 참석했다. 세족식을 마친 고 할머니는 양말을 신겨 주고 유 총장은 학생과 포옹하고 있다.

박종근 기자

사랑과 섬김의 아름다운 교육 전통 '수난절 채플 세족식' 거행

- 유병진 총장 비롯한 100여명의 교수 참여, 8000여명 제자들에게 스승의 사랑 전달

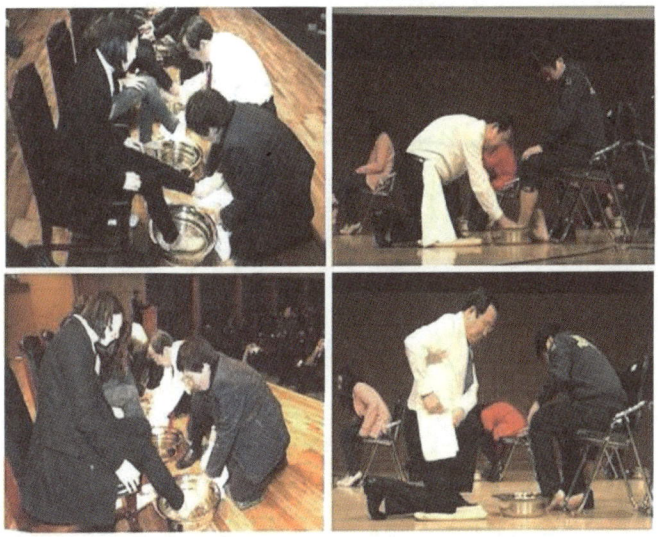

우리대학교의 아름다운 교육 전통인 '세족식'이 3월 30일 화요일 인문캠퍼스 본관 10층 대강당과, 31일 수요일 자연캠퍼스 60주년 채플관에서 각각 열렸다.

수난절을 맞아 '섬김'의 정신을 되새기고 '사랑'을 몸소 실천하기 위해 거행되는 우리 대학교의 세족예식은 예수 그리스도가 최후의 만찬에서 제자들의 발을 손수 씻기시며 섬김 의 도를 보여주고 가르치신 것을 본받아 2001년부터 매해 유병진 총장을 비롯한 교수 및 교 직원들이 학생들의 발을 씻기는 특별순서로 진행되고 있다.

10회째를 맞는 올해 세족식은 3월 30일부터 4월 1일까지 3일 동안 양캠퍼스에서 12회에 걸쳐 열린다. 유병진 총장을 비롯한 100여명의 교수 및 교직원들은 8천여명의 채플 참여 학 생들이 지켜보는 가운데 8000여명 학생들의 발을 손수 씻김으로써 제자들을 향한 스승의 사 랑을 전한다.

행당동 기부천사 고복자 할머니도 참여, 세족식 사랑 실천

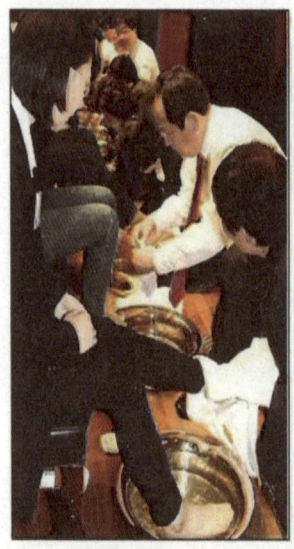

3월 30일 오전 11시부터 시작된 인문캠퍼스 세족예식은 구제홍 교목실장의 집례 하에 ▲김도종 사회과학대학장의 기도 ▲성경봉독 ▲정한솔(청소년지도학과 06), 송다희(영어영문학과 08) 학생의 특송 ▲설교 ▲특별출연 ▲세족식의 순서로 진행되었다.

구제홍 교목실장은 설교를 통해 "진리를 전함에 있어서 서로 존중하고 섬기는 사랑의 마음이 있어야 한다"며 자신을 낮추고 서로를 섬기는 세족식의 의미를 전했다.

올해는 특히 세족식에 앞서 행당동 고물 할머니로 잘 알려진 기부천사 고복자(77) 할머니가 특별출연해 구제홍 교목실장과 문답형식으로 봉사하는 삶의 가치에 대해 이야기했다. 고복자 할머니는 우리대학교 학생들에게 "봉사는 행복과 재미를 준다. 작은 일부터 실천하고 시작해 사회에 꼭 필요한 사람이 되라"고 당부했다. 고복자 할머니는 이어진 세족식에도 참여해 평소 이웃을 향해 실천하던 사랑과 섬김을 우리대학교 학생들의 발을 씻김으로 몸소 실천해 보였다.

세족식에서는 유병진 총장, 김영순 부총장, 유현옥 교육대학원장, 현영아 인문대학장, 김도종 사회과학대학장, 서필교 경영대학장, 이기헌 법대학장, 주상호 기획실장, 이성구 학생처장, 구제홍 교목실장 등이 단상에 나와 손수 학생들의 발을 씻어주며, 제자들을 향한 스승의 깊은 사랑을 전했다.

# '세족식' 특별 출연

〈사회〉

세족식에 오신 여러분을 환영합니다.

오늘은 특별한 분을 모셨습니다.

행당동 고물 할머니라고 알려졌고, 기부 천사라고도 알려진 고복자 할머니를 모셨습니다.

<사회>

할머니 말씀을 듣기 전에 할머니에 대해 아드님이신 김춘석 한마음문화사 대표의 말씀을 간략하게 듣겠습니다.

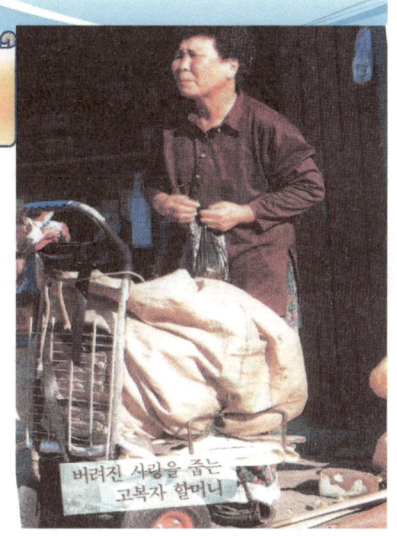

행당동 고물 할머니 - 1 -

- ✓ 2010.1.29 KBS 8시 뉴스
- ✓ KBS 9시 뉴스
- ✓ 2010. 2. 1 평화방송
- ✓ 2010. 2. 7 평화신문
- ✓ 2010. 3.13 KBS 1라디오

행당동 고물 할머니 - 2 -

행당동 고물 할머니

KBS 8시 　　　　　평화방송

행당동 고물 할머니 - 3 -

평화신문

"제 작은 힘으로
남을 도울 수
있을 때 가장
행복합니다.
남을 도울 수
있는 힘이 있는
그날까지 봉사를
하며 살고
싶습니다."

행당동 고물 할머니 - 4 -

KBS 1라디오 청취

- 프로그램 : 생방송 토요일 오후
- 방송일시 : 2010. 3. 6, 15:25
- 연출 : 오장환PD
- 구성 : 신상일 작가

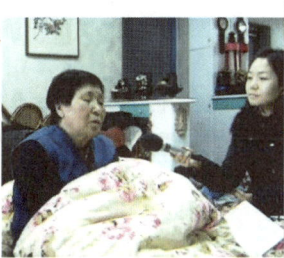

고복자 할머니에게 묻는다

- 질문 : 할머니께서 오랜 세월 봉사하신 계기는?
  - ❖ 이북에 두고 온 부모님과 하느님의 뜻
- 질문 : 할머니께 봉사는 어떤 의미인지?
  - ❖ 내 삶의 모든 것, 죽는 날까지 봉사를 원함
- 질문 : 하느님은 할머니에게 어떤 분이신지?

<고복자 할머니>
나는 믿음을 이렇게 생각해요. 믿음에는 반드시 실천이 필요합니다. 신앙생활에서 실천을 안 하려면 믿을 필요가 없어요.
실천은 조그만 데서부터 해야 합니다.
처음부터 되는 일은 없습니다.
그리고 내 생각에는 말이나 행동, 봉사 등을 함부로 하면 안 되거든요.
하느님을 욕먹게 하거나 하느님을 욕되게 하면 절대로 안 됩니다. 모든 일을 자제해야 합니다. 그렇지 않으면 봉사할 필요가 없어요.

<사회>
지금까지 어떤 봉사들을 주로 해오셨는지 조금 더 소개해 주세요.

<고복자 할머니>
시간이 짧으니까. 처음에는 한마음 운동본부에서 옷 모이는 것을 하다가 성당에서 수거 작업을 종료한 후에 내가 맡아서 했거든요. 옷을 모아 놓으면 수녀님들이 실어 갔어요. 그다음에는 6년간 3천만 원을 모아서 복지시설과 어려운 이웃에게 돌리고, 또 쌀을 사서 환자에 돌렸어요. 하여간 엄청나게 힘들어요. 그때는 엄청나게 힘들어서 제

가 곰곰이 생각하면 내가 이 많은 일을 어떻게 하고 왔나 하고 생각해 보면 물론 힘에 부치는데 결론은 강한 정신력으로 해냈다고 생각해요.

근데 내 생활에서는 봉사하는 게 가장 즐겁고 행복한 날이거든요. 그럼 봉사를 못하면 죽은 목숨이니까 내가 나이 먹을수록 내가 왜 끝까지 강하게 버티는 이유는 내가 예수님처럼 십자가의 고난을 같이 겪어야 하거든요.

하느님 믿는 사람이 오만하게 생각하면 안 되거든요. 고난을 같이 겪어야 되니까 예수님이 겪으신 일에 동참해야 하니까요.

그래서 고난을 같이 겪어야 하고, 또 내가 늙었지만 80세 가까이 가지만은 내가 사회에 필요한 사람이 되고자 애를 써요.

가정에는 누구나 필요하지만 사회에 필요한 사람이 되고자 노력하고 그것이 되게 재미있어요.

그리고 최근에는 직장이 되게 많아요. 봉사하는 데 다섯 곳이나 되고요.

그러고 또 오후 2시부터 4시까지 공공근로에 가요. 왜냐하면 우리 할아버지가 돌아가신 지 17개월 됐거든요. 근데 그동안에 못 견디게 괴로웠어요. 그러다 우울증 증세가 있어서 하느님이 또 부르시나 생각했어요. 공공근로를 하면서 이제 많이 회복되었어요.

그래서 이제 약도 뗐어요. 이제 화초 장사가 오면 화초 장사를 도와주고 팔리지 않은 화초를 주면 가져다가 살리고 가꾸어서 우리병원, 송우리 신협, 장애인의 집 등에 화초를 전달하고 가꾸는 일을 합니다.

그래서 그게 유일한 낙이고, 이거 봉사 못 하는 날은 신앙생활이 나태하지 않을까 하는 생각이 들고 여하튼 어떠한 봉사를 할 수 있는 날까지 하려고 합니다.

제 두서없는 말이 여러분에게 도움이 됐으면 좋겠네요.

〈사회〉

이렇게 아픈 몸으로 오랫동안 봉사해 오셨는데 특별히 봉사하시는 데 어떤 의미가 있습니까?

〈고복자 할머니〉

봉사 활동하면 의미가 있는 것이 내가 움직여서 더 어려운 사람을 돌보아주니까 엄청 행복하고 재밌어요.

그리고 저는 남들이 하는 일반적인 봉사를 안 하거든요. 꼭 필요한 사람이 되고자 하니까 어려운 일이나 남이 하지 않은 일만 골라서 해요.

배우지도 못하고, 인공심장도 끼고, 인공관절도 넣고 해서 남들은 위험하다고 쉬라고 그래요. 그럼에도 의정부 성모병원에서 만 10년간 봉사했어요.

그리고 이제 동네에서 봉사하고 있어요. 그런데 그게 재밌으니까, 본인이 행복하고 재미있으니까. 되게 재밌어요.

엄청 재밌어요.

〈사회〉

마지막으로 우리 젊은이들에게 봉사가 왜 중요한지 또 봉사하는 삶이 얼마나 가치가 있는지? 강조하고 싶은 얘기 있으시면 해주세요.

〈고복자 할머니〉

봉사는 일단 성경에 있거든요. 실천을 해야 해요.
나는 실천하느라고 했어요. 성경 구약과 신약, 레지오 교본을 다 썼거든요. 다 썼어요.
그러니까 실천해야 했고, 작은 데서부터 시작해야지 한꺼번에 큰일을 하면 안 돼요.
저는 길을 가다가 길에 있는 쓰레기를 잘 주어요. 보기 싫으니까, 마음에 걸리니까 그렇게 조금씩 작은 것부터 실천해야지 한 번에 나처럼 1억 원을 못 갖고 가거든요. 나는 봉사한 지 20년 세월에 처음으로 1억 원 기부했어요. 나는 그러한 노력과 끝까지 노력하고 애쓰면서 성공을 위해 기도하고, 그리고 하느님께서 이루어주신다고 생각하고 실천했어요.
여러분들이 꼭 조심해야 할 건 봉사한다고 하느님을 욕되게 하면 안 돼요. 우리가 행동이나 "이 새끼야! 이 자식아" 하는 말도 다 하느님을 욕되게 하는 거예요.

그럼 안 믿는 사람이 뭐라고 그러겠습니까? 믿는다는 사람이 저따위로 행동한다면서 소용없다고, 예수 믿는 사람이 소용없다고 그래요.
나의 말과 행동을 굉장히 조심해야 돼요.
두 번째는 사랑을 실천해야 해요.
이웃을 내 몸같이 사랑하라는 것이고요. 사랑을 실천하는 것이 신앙생활이에요. 그렇지 않으면 죽은 신앙이에요.
내가 고생하면서 행복한 이유가 딱 하나 있죠. 예수님께서 고난받으신 사순절에 고난에 동참하기 위해서 고생을 합니다.
돈 없어 헌 옷을 주워 입고, 먹을 거 안 먹고 내가 고난에 동참해야 나는 행복하니까 저도 잘 먹고 잘 쓰면 다 예수님의 고난이 생각나지 않거든요. 내가 모든 생활이 아끼고 그렇게 해야만 돈이 모여 있어요.
돈을 모이는 방법이 딱 하나 있어요. 안 써야 모여요. 모인 돈은 시설에 가져갈 때는 얼마나 재밌는데요. 100만 원씩 서울에서 많이 가져갔어요. 복지시설을 많이 쫓아다녔어요. 음성 꽃동네 등으로...

<사회>
예, 우리 할머니에게 크게 박수 한 번 쳐 주시길 부탁드립니다.
학생들 의자에 앉아주시고요.

학생들은 신발을 벗고 양말을 벗어주시기 바랍니다.
이제 우리 할머니와 총장님, 교수님들께서 학생들의 발을 씻어주는 세족식을 시작하도록 하겠습니다.

제3부 성모님과 함께 봉사와 기부
(2020년대)

'1억 원, 신학생 장학금 기부' 보도자료
(2023.12)

2010년 1월, 어머니(당시 78세) 모현의료센터에 1억 원을 기부하고, 13년이 지난 2023년 12월 19일, 신학생 양성을 위해 1억 원을 장학금으로 기부할 예정이다.

어머니는 2010년 이후 또다시 목돈을 모은다는 것이 쉽지 않았지만 그럼에도 아끼면서 모으다 보니 점차 목돈이 되어갔다. 어머니는 1억 원을 모으면 어떤 용도로 기부할 것인지를 고민하셨다. 어머니 마음속에는 이태석 신부님의 선행을 보시면서 아프리카 사람들이 사는 모습이 불쌍하다면서 그곳에 학교나 성당을 건축하는데 기부하고 싶다고 내게 말씀하셨다. 그래서 정의덕 바오로 신부님과 상의하여 아프리카에서 봉사하는 수녀님들을 통해 기부하는 것을 검토하였다.

어머니는 적금 만기일 다가오자, 솔모루성당 교우들에게 기부 이야기를 하였고, 여러 가지 방안들이 거듭 검토되었으며, 실제로 아프리카의 신부님께서 한국을 방문하기도 하였다. 그럼에도 선뜻 결정을 못 하고 있는데 솔모루성당 최일호(라우렌시오) 주임신부님께서 어머니의 숭고한 뜻을 실현하기 위해서 신학생들에게 장학금으로 기부하는 것이 좋겠다는 말씀을 듣고 결심하기에 이르렀다.

'1억 원' 신학생 장학금으로 기부
- 고마리아 할머니(90세)의 13년 전, 기부에 이어서 -

문의 / 한마음문화사 김춘석 대표(둘째 아들)

오는 2023년 12월 19(화) 16:00, 고복자(마리아) 어머니는 천주교 춘천교구(교구장 김주영 시몬 주교)를 방문하여 신학생을 양성하는데 써달라고 1억 원을 기부할 예정이다.

2010년 1월 29일, 어머니는 경기도 포천 모현의료센터에 생애 마지막이라고 생각하고 1억 원을 기부하였다. 이후 심장박동기 시술 등 우여곡절을 넘기고, 하느님의 도움으로 13년 동안 어려운 이웃을 위해 봉사하고 있다. 13년간. 한푼 두푼 모은 재산을 이번에는 코로나 이후 침체한 교회와 급감하고 있는 교회의 미래인 신학생들에게 도움을 주기 위해 기부하는 것이다.

어머니는 6·25전쟁 중 1951년 1·4후퇴 당시 열여덟 살의 어린 나이에 흥남 부두에서 철수하는 미군을 따라 홀로 월남하여 70여 년을 사시면서 이웃사랑을 실천하셨고, 기부할 때가 가장 보람되다고 하셨다.

또한, 어머니는 레지오 행동 단원으로서 40여 년간 레지오의 봉사 활동을 왕성하게 하고 계시며, 2021년 말 10년 개근상을 받기도 하셨다.

어머니는 자신이 걸어 온 '사랑과 봉사'의 삶을 국가 경제가 어려운 이때, 세상에 알려서 고통받는 어려운 이웃들에게 따뜻한 정이 베풀어지기를 희망하면서, 후손들에게도 기부의 참된 의미를 일깨워주고 싶다고 하셨다.

※ 붙임 : 고복자(마리아)의 봉사 기록(생략)

 **90세 고복자 마리아 할머니,
30년 넘게 기부와 선행** (평화방송, 2023.12)

[앵커]

1990년대부터 폐지, 빈 병 등을 주워 모은 수입을 기부하기 시작해 2010년 포천 모현의료센터에 1억 원에 이어,

13년 만에 또 1억 원을 신학생 양성 장학금으로 기부한 할머니가 있습니다. 30년 넘게 선행을 베풀어온 고복자 할머니를 만났습니다.

[앵커]

13년 만에 또다시 1억 원을 기부한 90세 할머니가 있습니다.

병원비와 관리비 납부 외엔 돈을 모은다는 고복자 마리아 할머니.

기부 현장에 송창환 기자가 다녀왔습니다.

[기자]

보행기를 밀고 들어오는 고복자 마리아 할머니.
신학생 양성 장학금을 기부하기 위해 춘천교구청을 찾았습니다.
김주영 주교를 만난 고마리아 할머니는 행운목을 선물하며 웃음을 선사합니다.

<고복자 마리아 / 춘천교구 솔모루본당>

"앞으로 많은 세월에 행운이 오라고. 그리고 이거 볼 때는 고마리아 생각하고 기도해달라고."

[기자]

고마리아 할머니는 2010년에도 경기도 포천 모현의료센터에 1억 원을 기부했습니다.

당시에는 마지막 기부라고 생각했던 할머니.

이후 13년간 쓰지 않고 모은 재산을 신학생에게 도움을 주기 위해 선뜻 내놓았습니다.

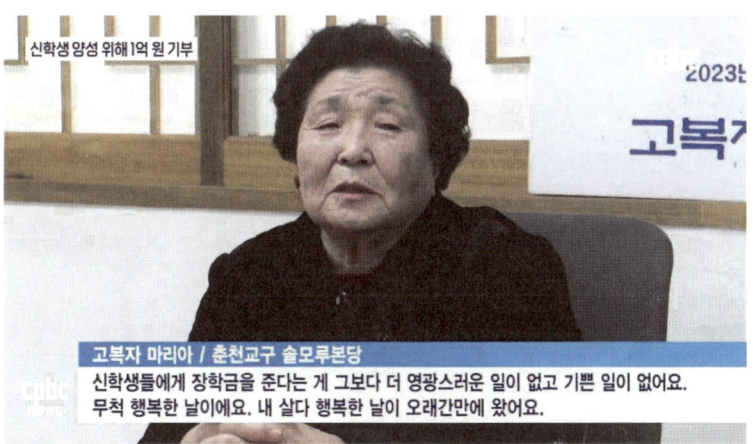

<고복자 마리아 / 춘천교구 솔모루본당>

"신학생들에게 장학금을 준다는 게 그보다 더 영광스러운 일이 없고 기쁜 일이 없어요. 무척 행복한 날이에요. 내 살다 행복한 날이 오래간만에 왔어요."

[기자]

할머니의 선행은 90년대로 거슬러 올라갑니다.

폐지, 빈 병 등을 주워 모은 한 달 수입 40만 원 전부를 6년 넘게 기부했습니다.

이후로도 계속해서 봉사와 기부를 한 고마리아 할머니는 선행이 본인의 직업 같다고 말합니다.

〈고복자 마리아 / 춘천교구 솔모루본당〉

"59세부터는 전적으로 봉사했어요.
이제 30년이 넘었잖아요. 봉사가 몸에 뱄어요.
몸에 배서 직장이라고 생각해요.
나는 필요한 사람이 되고자 노력하는 것뿐이에요.
필요한 사람이 되고자 몹시 애를 써요."

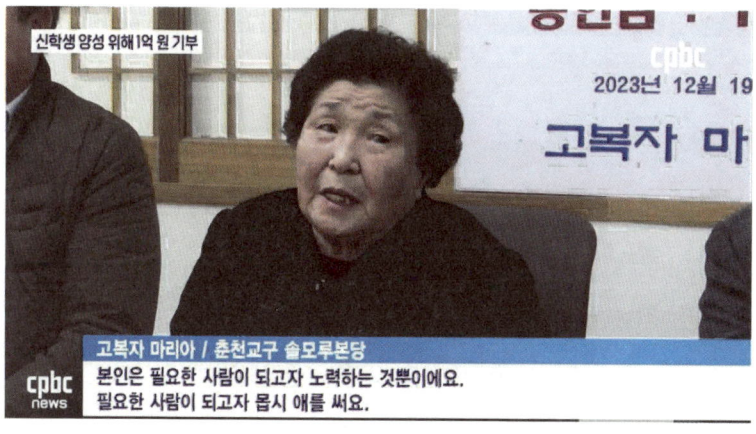

[기자] 할머니의 둘째 아들 김춘석 씨는 선행을 하는 어머니가 자랑스럽다고 말합니다.

〈김춘석 / 둘째 아들〉

"처음에는 이제 반대도 했고 그랬지만 지금 저도 교인으로서 보면, 아주 잘하고 계신 것 같고요. 90 넘어서까지도 이런 일을 하는 게 자랑스럽습니다."

[기자]

함경남도가 고향인 할머니는 북한에 있을 가족을 생각하면 가슴이 미어진다고 말합니다.

<고복자 마리아 / 춘천교구 솔모루본당>

"북한이 몹시 (마음에) 걸려요. 북한에 우리 식구들이 굶는 것 생각하면 목이 메요. 근데 북한에 보낼 기회가 없어서 그래요."

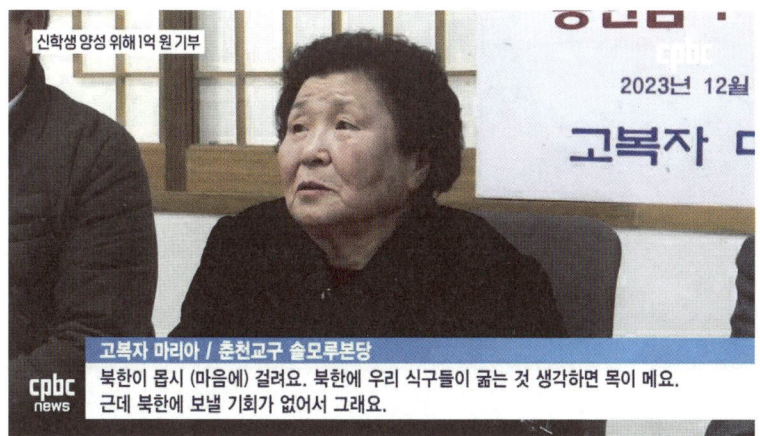

[기자]

시간이 허락하는 마지막 순간까지 선행을 베풀겠다는 마리아 할머니.

가톨릭 신앙인은 선행을 베풀어야 한다고 강조합니다.

<고복자 마리아 / 춘천교구 솔모루본당>

"다 참고 가면 좋은 날이 있을 거니까, 여러분도 꼭 봉사하고 선행하고 돈도 봉사하시면 고맙겠습니다. 이상입니다."

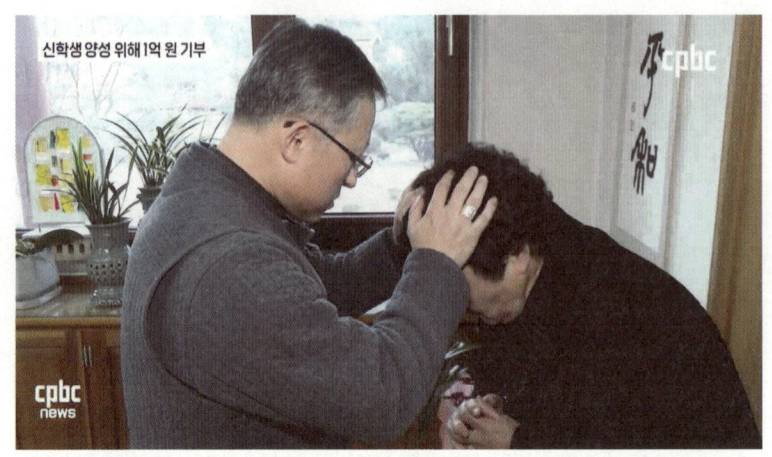

- 김주영 시몬 교구장님으로부터 안수받으시는 고복자(마리아) -

김주영 (시몬) 주교님, 천주교 춘천교구장(좌)

고복자 (마리아) (중앙)

최일호 (라우렌시오) 주임신부님, 솔모루성당(우)

 **행당동 고물 할머니, 사제 양성에 1억 기부** (평화신문, 2024. 1)

가톨릭평화신문

2024년 1월 7일 | 주님 공현 대축일

서울 행당동 고물 할머니, 사제 양성에 1억 기부

고복자(맨 오른쪽) 할머니가 12월 19일 춘천교구청에서 열린 기부금 전달식에서 김주영(맨 왼쪽) 주교와 인사하고 있다.

아흔의 할머니가 **"사제 양성을 위해 써달라"**며 성금 1억 원을 춘천교구에 기부했다. 평생 삶을 나눔 자체로 살아온 고복자(마리아, 춘천교구 솔모루본당, 90) 할머니다.

할머니는 둘째 아들 김춘석(마르코) 씨의 손을 잡고 12월 19일 춘천교구청을 방문했다. 자식들에게도 "이빈이 마지막 기부일 수 있다"라고 한 할머니는 13년 동안 자식들에게서 받은 용돈과 개인연금을 아끼고 아껴 모은 성금 1억 원을 교구장 김주영 주교에게 전하며, 연신 교회 미래인 신학생들을 위해 써달라고 청했다.

할머니는 "춘천교구가 우리 교구이기도 하지만, 제 고향인 함경남도 지역 복음화의 일꾼이 될 사제들을 양성하고 있다는 이야기를 듣고 기부를 결심하게 됐다"라고 밝혔다.

고복자 할머니는 젊은 시절부터 평생 나누는 삶을 살아왔다. 1985년 세례를 받으며 스스로 "여생을 봉사를 위해 살겠다"라고 한 결심을 한 번도 어긴 적이 없다. 넉넉지 않은 형편에도 자식 키우고 생계를 위해 일한다는 생각에 그치지 않고, 폐지와 빈 병, 각종 고물을 주워 팔아 모은 돈을 허투루 쓰지 않았다. 그 돈은 고스란히 성모자애원, 프란치스코의 집 등 교회에 봉헌했다. 6년간 고물 가득한 무거운 수레를 끌고 다니며 모은 3,000만 원을 기부한 것이 알려지면서 '행당동 고물 할머니'로 불리기도 했다.

1990년대 말 고물 팔아 거금을 나눈 할머니는 이후 의정부 성모병원과 경기 포천 모현의료센터에서 오랫동안 봉사했다. 그리고 2010년 모현의료센터에 1억 원에 달하는 성금을 전달했다. 할머니는 "늘 내가 가진 것이 없어서 어려운 이들을 도와주지 못하는 것이 너무 가슴 아프다"라고 했다.

할머니는 오랜 봉사와 기부의 원동력에 대해 "신앙 덕분"이라고 말했다. 할머니는 "주님의 자녀라면 당연히 봉사와 기부에 앞장서야 한다고 생각했다"라고 했다.

아들 김춘석 씨는 "건강도 생각하지 않고 남을 돕는 모습이 안타까울 때도 많았지만, 지금은 가족 모두 어머니의 봉사를 돕기 위해 노력하고 있다"라고 말했다.

이번 기부는 할머니에게 더욱 남다르다. 고향을 위한 사제 양성에 힘을 보태는 의미가 컸기 때문. 할머니는 "한국전쟁 중 홀로 피란 온 뒤 70년 동안 한 번도 고향을 잊은 적이 없다"라며 "심장박동기 시술을 받고, 양 무릎에 인공관절 수술을 하면서 더 기부하지 못하고 세상을 떠날까 봐 불안했지만, 하느님이 도와주셔서 기부할 수 있었다"라고 눈시울을 붉혔다. 김주영 주교는 "할머니께서 바라신 대로 침묵의 교회를 위해 일할 사제를 잘 양성하도록 노력하겠다"라고 화답했다.

할머니는 다시 다음 기부를 생각하고 있다고 귀띔했다. "이제 연금과 용돈이 제 수입의 전부이지만, 열심히 모아서 물 부족으로 고생하는 아프리카에 우물을 만드는 데 돕고 싶다"라면서 새 희망을 전했다.

장현민 기자 memo@cpbc.co.kr

가톨릭평화신문

2024년 1월 7일 | 주님 공현 대축일　　　제1743호

출근한 아들은 끝내 돌아오지 못했다

끝나지 않는 산재사망 노동자 가족의 고통

2022년 산업현장서 644명 사망
업무상 재해 인정받기 쉽지 않아
재발 방지, 유가족 고통 함께해야

한 해 수백 명의 노동자가 집으로 돌아오지 못하고 일터에서 죽음을 맞고 있다. 산업재해 사망 사고를 근절해야 한다는 목소리가 높지만, 기업들은 여전히 산업재해 예방조치 의무를 지키지 않는 등 무리 사례는 반년 흘러중인 만큼이다.

끊이지 않는 산재사망 사고, 대책은

고용노동부가 발표한 2022년 재해조사 내 사망 사망사고 발생 현황에 따르면 2022년 한 해 산업현장에서 644명이 사고로 목숨을 잃었고, 2023년 3월까지는 458명이 사고로 목숨을 잃은 것으로 집계됐다. 고용노동부는 2022년 한 해 중대재해에 산업재해 사망자 수가 최근 9~8년대간 즉 2명이 의미 작은 500건대를 기록한 것으로 전망했다. 기업들이 사후적으로 사고를 예방하도록 파격적으로 적용했던 경우, 고용노동부의 성과이지만, 생명을 앗아가는 노동 환경은 아직 바뀐 건 없음이 여전히 많은 기업이 산업에 예방조치 의무를 위반하고 있어 우리의 목소리가 높다. 고용노동부의 최근 발표를 보면, 안전보건 예방조치 의무를 해결하는 사업장은 원치 못하다.

사고 근절 위한 정부의 적극적 개입 필요

산재사망 노동자 가족들은 더는 자신들과 같은 분용이 되풀이되지 않도록 안전해야 일할 수 있는 권원이 간들이 받아 한다고 한국실스러운...

단현이다. 대인협력반은 소아사 과정, 능사주 인지 2022년 12월 세상을 떠난 고 김동균씨 어머니 김정숙씨(임귀리르타) 이정령는 "성용의 의주을 떡시 인정받는 것이 아니라 오히려 주변서 정황의 하지 모두 이면에 신경을 쓰지 않게 되는 것이 매우한다"면서도, "아들 '중대재해 재판원이' 만드는 것은 아닌가 있었던 아빠가 시작이라며 '산재대비 시상사고가 시도의 노동자들이 안해 변치 않을 수 있는 환경이 만들어지고 한다"고 강조했다. 그러면서 "여전히 많은 기업이 산업재해 시상사고 예방에 국제 의심이 늦추지 않면, 판사이 이제 없는 아버지로 차지 않을 수 있고, 산업재해 사망사고 근절을 위한 관심이 노부분했다.

경기도안에 이루트 공사 현장에서 하청노동자로 일하다 2023년 6월 세상을 떠난 고 강보경씨 누이 장보라씨는 "자신업체 사망제도가" 이 가족에 그 중에 가당쓰라고 지적했다. 고의 정권의 관련자에서 아이스타를 한다구고 "노동자들이 일자 문제 기업에 불법 신처. 어머니 중반기에만 가보지 않을 몸이 자고 이석진다. 코스트러 경장 여천에 이 다양한 2000년이 '성'된 사항을 때난 그 김남호씨 여동생 김리숙심(박시원리) 여시 "어로 쓴 언박 사망 시 업무상 재의 안정을 받는 순서는 유가쪽이 나지가 이번 어서 사망원인이 조사하고 하며, 2000번 위는 정문가 결국에 지원되고 언어가 유가족 지원만이도 정부의 관심이 가정해야 한다고 호소했다.

부치는 셋째 세포함을 공하에 기후한 마감으로 실하고 떠나진 자취와 가족의 생진 따나보면이 먼지나 인시로 그림 뿐이 고를 소년을 즐길 수 있게 되는 것이 아니다. 아빠 가속이 성계 자녀들이 아이들을 나는 것은 듣기 생각을 나오는 단진이 부과 교회가 사회나 사람이 대부어 기능은에만 있다.

▶ 관련 기사 8면

도재진 기자 djin@cpbc.co.kr

서울 행당동 고물 할머니, 사제 양성에 1억 기부

고복자씨, 춘천교구에 전달 "교회 미래인 신학생 위해 써달라"

고복자 할머니가 12월 19일 춘천구청 재무국장 7급 신정권에게 삼속양원 양도 취기와 감사하고 있다.

아픈 과정이 가세 양성을 위해 빠져 업 나 참금 1억 원을 춘천교구에 기부했다. 평생 삶은 나눔 자세로 살아온 고복자씨(마리아, 84)씨도 춘천교구 수원전주부자, 86)씨도.

알머니는 늘에 마는 건주천어보기 3세의 순숙 전니 12월 19일. 춘천교구를 이곳과 모아 자신들에게는 "미래에 역사에 기부를 수 있다니 한 말마다 나는 높은 자라는에서 서년 유용 과거 숨은 거래의 마리가 이러 온 종자 1억 관련 교구의 공장이 보람이 몰려가 없음이 되고 연자 교회 내계인 실험인들을 위해 써달라고 공급했다. 함께는 "춘천교구가 쓰고 관-어떠든 대한번. 재 교수의 전에 신자 대역 독점부의 이끌어 될 사제들로 활성하시다고 배음이네야 물관 1억 기부를 결정했다"고 안했다.

고복자 할머니는 전을 시절부터 평생이 나누는 실을 살아왔다. 1960년에 세곡 다리에서 손으로 "여성은 봉사물 위해 샤았다"고 더 결심을 한 때도 7년 뒤에 일을 나누는 삶은 생각하면 지치지 않고 매진해야만 다는 생각으로 그지지 않고 퍼져 손 반, 가장 우드을 꾸지 앉아 작은 등은 구르는 주지 앉아, 그 모은 고을 원이 원이 원이 전, 프링시 스크와 복음 교회에 현감됐다. 여성간 가는 부평 수쳐께 열심 다니면서도 300만 원을 기본할 사이 원있어.

서 "행동동 고불 할머니"로 알려지는. 1950년대 말 기부 젖도이 사실을 밤이도 얻다 보사이도 신용공과 형 경기 보이 의학생에서 의료보너 설심 있다. 그리고 2014년 한민주범건피에 1억 원이 담긴 등 급급 손발했고. 그 전에도 "신가 인이 얼마 없어서 의견이 남부을 도와주지 못한다. 그 너무 가슴 아파다"라고 했다.

이천 기부는 할머니에게 다욱 나머웠다. 고달은 위한 사제 장실에 필요 때리는 예방이 걸음이 나면. "한국공회의 곁 운대 모든 도 된 것 신처 단체 한 다시로 끌다로 겪게 있는 감이 있다"며 "경령에 얼기 시키든을 닫고. 암 근원에 인공문자 수울을 하다면 도 기부 되지 것 찾다고 세상을 대관한 매 의된 것 같다고 하지만. 오늘이 도우지 못하까 기부만 수 있지 않느냐"고 눈시울을 보였다. 신부천경 꾸리아 중재는 함머니께서 변경에 이번 전부여 교구처에 어떤 사제 양성 학교로 쏟아지며, 주일고까고 학회했다.

할머니는 다시 다음 기부를 생각하고 있어 가는 밝혔다. "9억 연금과 건속이 저 수인다 기부하더라도, 일심이 154이 넘으려고 노여자도는 아직보다 약 원을 받는다고 늘기 싶어 따라서 새 마음을 말했다"

정성인 기자

 춘천교구청에 1억 원 기부한 서울 행당동 고물 할머니 (서울시정일보, 2024. 1)

[기부] 춘천교구청에 1억 원 기부한 서울 행당동 고물 할머니

기자명 김한규 기자 입력 2024.01.25. 18:41 수정 2024.01.25. 18:43

고복자(가운데) 할머니가 춘천교구청에서 열린 기부금 전달식에서 김주영(맨 왼쪽) 주교와 기념사진을 촬영하고 있다. (사진=김춘석 씨 제공)

[서울시정일보 김한규 기자]

아흔의 할머니가 "사제 양성을 위해 써달라"며 성금 1억 원을 춘천교구에 기부했다. 평생 나눔 자체로 살아온 고복자(마리아, 춘천교구 솔모루본당, 90) 할머니다.

할머니는 둘째 아들 김춘석(마르코) 씨의 손을 잡고 지난해 12월 19일 춘천교구청을 방문했다. 자식들에게도 "이번이 마지막 기부일 수 있다"고 한 할머니는 13년 동안 자식들에게서 받은 용돈과 개인연금을 아끼고 아껴 모은 성금 1억 원을 교구장 김주영 주교에게 전하며, 연신 교회 미래인 신학생들을 위해 써달라고 청했다. 할머니는 "춘천교구가 우리 교구이기도 하지만, 제 고향인 함경남도 지역 복음화의 일꾼이 될 사제들을 양성하고 있다는 이야기를 듣고 기부를 결심하게 됐다"고 밝혔다.

고복자 할머니는 젊은 시절부터 평생 나누는 삶을 살아왔다. 1985년 세례를 받으며 스스로 "여생을 봉사를 위해 살겠다"고 한 결심을 한 번도 어긴 적이 없다. 넉넉지 않은 형편에도 자식 키우고 생계를 위해 일한다는 생각에 그치지 않고, 폐지와 빈 병, 각종 고물을 주워 팔아 모은 돈을 허투루 쓰지 않았다. 그 돈은 고스란히 성모자애원, 프란치스코의 집 등 교회에 봉헌했다. 할머니는 "늘 내가 가진 것이 없어서 어려운 이들을 도와주지 못하는 것이 너무 가슴 아프다"고 했다.

할머니는 오랜 봉사와 기부의 원동력에 대해 "신앙 덕분"이라고 말했다. 할머니는 "주님의 자녀라면 당연히 봉사와 기부에 앞장서야 한다고 생각했다"고 했다. 아들 김춘석 씨는 "건강도 생각하지 않고 남을 돕는 모습이 안타까울 때도 많았지만, 지금은 가족 모두 어머니의 봉사를 돕기 위해 노력하고 있다"고 말했다.

이번 기부는 할머니에게 더욱 남다르다. 고향을 위한 사제 양성에 힘을 보태는 의미가 컸기 때문. 할머니는 "한국전쟁 중 홀로 피란 온 뒤 70년 동안 한 번도 고향을 잊은 적이 없다"며 "심장박동기 시술을 받고, 양 무릎에 인공관절 수술을 하면서 더 기부하지 못하고 세상을 떠날까 봐 불안했지만, 하느님이 도와주셔서 기부할 수 있었다"고 눈시울을 붉혔다. 김주영 주교는 "할머니께서 바라신 대로 침묵의 교회를 위해 일할 사제를 잘 양성하도록 노력하겠다"고 화답했다.

할머니는 다시 다음 기부를 생각하고 있다고 귀띔했다. "이제 연금과 용돈이 제 수입의 전부이지만, 열심히 모아서 물 부족으로 고생하는 아프리카에 우물을 만드는 데 돕고 싶다"면서 새 희망을 전했다.

1933년 함경남도 함주군 기곡면에서 태어난 고복자 씨는 한국전쟁 당시 흥남 부두에서 가족을 두고 미군을 따라 홀로 월남했다. 1953년 속초에 와서 장남을 낳은 후에는 서울 천막집에 정착했다. 1985년 세례를 받은 뒤부터 넉넉지 않은 형편에도 '여생은 나보다 더 어려운 이들을 위해 봉사하며 살겠다'는 생각으로 평생 봉사를 실천해 왔다.

1990년부터 서울 행당동에서 고물을 주우며 '행당동 고물 할머니'로 불리기 시작한 그가 1996년까지 100kg이 넘는 수레를 끌고 병원, 양로원, 환경미화원 등에 전액 기부한 돈은 3,000만 원에 달했다. 고질적인 심장질환과 디스크 등을 앓으면서도 1998년에 고물 줍기를 재개, 지난 2010년에는 경기 포천 모현의료센터에 성금 1억 원을 전달하기도 했다.

이후 13년 만에 다시 고액 기부를 위해 찾은 곳이 바로 춘천 효자동 춘천교구청이다. 고 씨의 지론은 "사람은 움직일 수 있을 때까지 가난하고 불쌍한 이웃을 도와야 하며, 사회에서 필요한 사람이 되어야 한다"는 것이다. 그는 90세가 넘은 나이에도 아프리카 마을에 우물을 기부하고 싶다는 일념으로 다시 기부금을 모으고 있다.

〈 고복자 씨의 둘째 아들 김춘석 씨 〉

"사제 양성을 위해 써 달라." 어머니의 마음 이해돼요.

　성금 전달을 하러 함께 춘천교구청을 찾은 차남 김춘석 씨는 남들이 쉽게 하지 못하는 일을 어머니께서 하신 데 대한 마음을 털어 놓았다. "처음에는 왜 저렇게 하시는지 이해가 가지 않았는데, 저도 나이가 점점 들어가면서 사회생활을 통해 도움이 필요한 사람들이 눈에 띄었고, 도움을 주고 싶은 마음이 생긴 건 모전자전인 거 같습니다." 하면서 고복자 할머니를 이해하고 적극적으로 지지한다고 소회를 밝혔다.

※ 저작권자 ⓒ 서울시정일보 무단전재 및 재배포 금지

제4부 한국전쟁의 고난과 만남

 **한국전쟁과 피난 시절 (1950년대)**

6·25전쟁이 터지고 미군이 함흥을 통과하여 압록강에 이르렀으나 중공군의 개입으로 강력한 반격에 부딪힌 한국군과 미군은 38도선 이북에서의 대대적인 철수를 계획하였다. 이후 1950년 12월, 평양을 철수하고, 12월 말 동부 전선의 한국군 12만과 피난민 10만 명이 흥남 부두에서 해상으로 철수하였다.

국군이 함흥으로 입성하면서 그동안 소식을 알 수 없던 오빠로부터 부모님의 안부를 물으며, 자기는 서울 중구 오장동에 있다는 반가운 편지가 날아들었다. 부모님은 나에게 편지를 주면서 잘 보관하라고 당부하셨다.

나는 60세가 넘은 부모님을 혼자 모시고 있었는데 전쟁이 장기화하자 공장에 나갈 수도 없어 도저히 내 힘으로 모시기가 어려워 남한에 있던 오빠를 찾아오기로 결심하였다. 마침 군 정보 계통에 근무하는 친척 오빠가 작별인사차 우리 집에 오셨기에 부모님 모르게 내 뜻을 밝히자 그렇다면 내일 아침에 여자 군복을 가져와 네게 입혀서 부산까지 데려다주겠다고 하였으나 다음날 하루 종일을 기다려도 오지 않았다.

  그래서 혼자라도 서울로 내려가기 위해 집을 나서 버스를 타려고 정거장에 서있는데 길을 가시던 작은 엄마와 마주쳤다. 나는 지금 서울에 있는 오빠를 찾아서 길을 떠나며 부모님께는 걱정하실 것 같아 말씀드리지 못했다고 하자 작은임마는 겨울에 우물이 마르면 물을 길어 와야 하는데 연로하신 부모님이 너 없이 어찌 겨울을 날 수 있단 말이냐? 하시면서 내 치마를 움켜잡으며 가지 말라고 매달렸다. 그래서 나는 "작은 엄마, 고생스럽겠지만 3개월만 우리 부모님을 모셔주시면 반드시 오빠를 데리고 오겠다"라고 간곡히 부탁드리고 버스에 올라탔다. 그 후 아버지가 나를 찾아 함흥에 내려오셨다는 말을 듣고 한참을 울었다.

  나는 함흥에 와서 처음으로 흑인 병사를 보았는데 어찌나 무섭게 생겼는지 나도 모르게 몸서리를 쳤다. 그들을 피하면서 큰언니 집으로 내려갔다. 형부는 몸을 피해 숨었고, 스무 명의 식구가 한 방에 모여 앉아 있었다. 저녁 무렵, 미군이 집에 들이닥쳐 중공군이 내려와 원자폭탄을 투하하여 사람들을 몰살시키려고 하니 오늘 중으로 모두 피난하라고 하였다. 국군과 연합군이 후퇴하면서 철길을 끊었고, 발전소도 폭파하였는지 함흥 시내가 암흑천지로 변했으며, 중공군이 함흥으로 진격하였는지 포탄 소리도 요란하여 더 이상 버틸 수가 없었다.

그러자 언니 가족들은 피난 보따리를 싸서 집을 나서며 나도 같이 가자고 종용하였으나 눈치가 보여 따라나서지 못하고 이웃집 작은 언니 집에 두고 온 옷 보따리를 찾아야 한다는 핑계를 대고 빈집에 남아 날이 밝기를 기다리고 있었다.

점차 대포 소리가 커졌고 인적이 없는 칠흑 같은 어두운 집에서 혼자 있기도 겁이 나서 집을 나와 둘째 언니네로 갔더니 거기도 대부분 피난을 떠났고, 언니가 같이 가자고 하였으나 싫다면서 집을 나와 셋째 언니네로 갔다. 빈집에서 내 옷 보따리를 찾아 흥남 부두 쪽으로 가면서 엄청나게 많은 피난민 행렬과 합류할 수 있었다. 나는 흥남 부두에 가면 작은아버지나 사촌 오빠를 만날 수 있을 것으로 기대하였다.

흥남 부두에는 보따리를 이고, 지고, 멘 많은 피난민이 북적거리고 있었으며, 군인들이 오늘은 배가 없으니, 임시수용소로 지정된 인근 학교에서 있다가 날이 밝으면 다시 오라고 하였다. 학교로 가보니 교실과 운동장에는 많은 사람들이 들어차 있었고, 운동장에서 벌벌 떨며 밤을 지새우는데 군인들이 나타나 내일 배를 탈 예정인데 인민 화폐와 짐을 실을 수 없으니 모두 버리라고 하여 사람들은 옷을 몇 겹씩 껴입거나 몸에 칭칭 둘렀다. 그리고 컴컴한 밤에 저마다 품에 있던 인민 화폐를 꺼내 찢고, 짐을 버리자 마치 하얀 눈이 내린 것처럼 보였다.

다음날 어린 나이에 아무 생각 없이 배를 탔는데 먹을 것이 없고 가진 짐이 없어 추위에 떨었고, 쫄쫄 굶어 탈진하여 아래층 선실에 웅크리고 누워 있었는데 동네 오빠가 나를 찾아와 갑판으로 올라가 이틀 만에 밥을 지어 먹고 겨우 원기를 회복할 수 있었다. 홍남 부두를 출발한 수송선은 3일간을 항해하여 장승포에 도착하였다.

지금 생각해 보면 인민 화폐는 남한에서 소용이 없었지만, 이불과 옷 보따리를 왜 버리라고 했는지 잘 모르겠다. 아마도 사람 탈 자리도 모자라는데 많은 짐을 실을 수 없었기 때문이라고 생각하지만, 맨몸으로 피난 내려오다 보니 배에서 추위에 엄청나게 떨었고, 수용소에서도 죽 끓여 먹을 그릇도 없어 고생했다.

장승포에 도착하니 먼저 피난 온 조카 고종용 등 기곡리 사람들을 만날 수 있었다. 피난 내려올 때의 고향 소식을 전하면서 그들을 따라 장승포에서 백 리 길인 둔덕면 거제도 수용소로 이동하는데, 온몸에 보리알처럼 생긴 이가 잔뜩 붙어 있어 툭툭 털면서 터벅터벅 걸어갔다.

나는 수용소에 도착하자 완전히 녹초가 되어 뻗어 버렸다. 배에서 3일간 굶으며 뱃멀미에 시달렸고, 장승포에서부터 백 리를 걷다 보니 온몸을 몽둥이로 맞은 듯이 아프고 정신도 멍해 나 죽는다고 난리를 부렸으나 의사도 없고 구급약조차 구할 수 없어 달리 손쓸 방법이 없었다.

다음날 그래도 젊은 나이라서 그런지 운신할 수 있게 되자 한 방에 7명씩 배정하였는데 대부분 남자고 나만 처녀라서 마땅치 않자 조카와 동네 남자들이 기거하는 6인방에서 지내라고 하였다. 남자들 틈에서 지내면서 나는 밥과 빨래를 담당하였고 남자들은 밥벌이하여 그런대로 지낼 만 하였다.

그런데 어느 날, 수용소에 있던 남자들이 일명 보국대로 차출되어 가버리자 홀로 남아 외롭고 먹을 것도 없어 그때 엄청나게 울었다. 눈을 감으면 북에 두고 온 부모님이 생각나고 찾을 수 없는 오빠가 원망스러워 울며 지내다 도저히 살 수가 없어 민가로 가서 사정 이야기를 하고 뒷방에 묶을 수 있게 되었다. 민가에서 생활하면서 고향에서 먹던 물이 바뀌어서 그런지 며칠을 설사하고 끙끙 앓았더니 주인 할머니가 내가 죽으면 무섭다고 죽으려면 나가 죽으라는 말을 듣고 또 얼마나 울었는지….

얼마 후, 고향 이종사촌 오빠가 나를 찾아와 장승포에서는 식량을 배급하니 가자고 하여 따라갔다. 그러나 움막집에서 기거하면서 배급 식량을 타서 먹는데 그것도 파도가 심하면 배가 접안을 하지 못해 빈손이므로 먹는 날보다 굶는 날이 더 많았다. 나는 앉아서 굶어 죽기보다는 일거리를 찾아다니다 우연히 직조 공장을 발견하고 이제 살았다는 안도감이 몰려왔다. 그 이유는 나는 이북에서 직조 공장에서 수년간 근무하였기 때문에 여기서도 직조라면 자신 있었기 때문이다. 직조란 수동 또는 전동 직기(직물을 짜는 기계)를 이용하여 2군의 실을 직각으로 서로 교차하도록 엮어서 직물을 생산하는 것을 말한다. 공장 책임자를 만나 직조 공장 경력을 이야기하자 몇 차례 질문과 테스트를 거쳐 취업할 수 있었다.

그렇게 조금씩 생활이 안정될 무렵, 예비 남편이 찾아왔고, 그는 사촌 형님 가족을 따라 동생과 함께 나왔다고 하였다. 그는 내게 여기서 처녀 몸으로 혼자 지내지 말고 나와 같이 가자고 하여 따라갔다. 오랜만에 고향 사람들을 만나 고향 소식을 들을 수 있었다. 남편은 형님네 판

잣집에서 기거하고 있었는데 너무 비좁아 나까지 신세를 질 수 없어 미군에서 사용하던 포장용 종이상자를 주어 움막집을 지었다. 미군 종이상자는 기름칠이 되어있어 비교적 단단하고 어느 정도 방수와 보온도 되어 인기가 좋았다. 간신히 거처할 곳을 마련했으나 가진 것이 아무것도 없어 막막해하고 있는데 아주버님이 쌀과 보리 한 되씩과 솥을 사주었고 깡통을 주워 밥을 끓여 먹을 수 있었다. 얼마 후, 형님이 아주버님에게 우리도 먹고 살기 힘든데 괜히 나를 오라고 했다는 말을 듣고 눈물을 흘려야 했다.

남편과 살림을 시작하였으나 남편이 전혀 벌이를 못해 혼자 있을 때보다 살기가 어려워 또다시 일자리를 찾았는데 미군 부대의 여자 잡역부 모집에 응모하여 젊고 건강하며, 체격이 좋다는 이유로 빨래꾼으로 채용되었다. 오전 내내 빨래하고 오후에는 말려서 개고, 다림질하면 하루해가 저물었다.

내가 직장을 다니면서 생활이 조금씩 나아지자, 남편은 본격적으로 술주정을 부리기 시작하였다. 밤늦게 집에 온 남편은 나를 쫓아내려고 움막집에 불을 지르고 때리다가 새벽녘에 잠이 드는 일이 매일 반복되었다. 나중에 그 이유를 알아보니 내가 연주창에 걸려있었는데 시누이가 저러다 죽으면 우리만 곤란해지니 남편에게 쫓아내라고 사주하였고 온순한 남편이 그 말을 곧이곧대로 행동으로 옮긴 것이었다.

밤바다 폭력이 계속되자 드디어 동네 어른들이 나서 남편에게 당신 아내가 하루 종일 마군 빨래를 하고 있을 뿐만 아니라 한 푼이라도 아끼려고 아짐마다 빈 도시락에 배급 밥을 타러 다니고 있는데 왜 아내를 때리고 괴롭히는 것이냐? 아이들에게 나쁜 영향을 줄 수 있으니, 앞으로 한 번 더 그런 일이 있으면 동네에서 추방하겠다고 강력하게 경고하자 누그러졌다.

얼마 후 남편은 돈을 벌어 오겠다며 슬그머니 한산도로 가버렸다. 달포가 지나도록 연락이 없어 수소문을 해보니 동네 한 아주머니가 "새댁, 남편에게 가봐라. 소문에 의하면 밤마다 술집에서 여자와 술을 마시며 흥청망청한다"라고 하여 한산에 가보니 남편은 술에 절어 있었고, 주머니에는 동전 한 닢도 없었다.

남편을 데리고 거제도로 오려고 하는데 갑자기 특무대가 찾아와 빨갱이 혐의가 있다고 체포하였다. 당시 빨갱이로 인정되면 포로수용소에 구금되었다가 북송하였다. 나는 만약 남편이 북송되면 생이별할 수밖에 없어 무조건 특무대로 찾아가 통사정을 하자 남편이 빨갱이가 아닌지를 증명하라고 하여 동네 사람들이 증언하여 간신히 풀려날 수 있었다.

어느덧 전쟁이 끝나자, 미군이 철수하는 등 거제도에서 더 이상 돈벌이가 없어 어디론가 떠나야 했지만 우리는 신분증이 없어 옴짝달싹 못 하고 거제도에 있었고, 형님네는 조금이라도 고향 가까운 속초로 올라갔고 동네 사람들은 저마다 부산과 서울 등 일가친척을 찾아 떠나갔지만 우리는 이러지도 저러지도 못하는 신세가 되었다.

우리는 형님네가 있는 속초로 가기로 작정하고 길을 나섰으나 남편이 신분증이 없어 불심검문에 걸릴 것을 우려하여 따로따로 속초로 올라가야 했다. 속초에서 형님네에서 의탁할 수밖에 없었는데 나는 청소와 빨래 등 살림하였는데 형님네 갓난아기의 기저귀가 왜 그리 싫었는지 침을 탁탁 뱉어가며 빨래를 하였다.

나는 형님네 눈치를 보며 똥 기저귀 빨래가 싫어 속초에 있는 미군 부대를 찾아가 추천장을 보여주었더니 그 자리에서 합격하여 다음 날부터 출근할 수 있었다. 내가 거제도를 떠나올 때 미군 세탁소에 이직 인사를 하자 미군은 내가 일을 잘한다고 추천장을 써 주면서 어디 가든지 미군 부대를 찾아가면 쉽게 일자리를 구할 수 있다고 하였다. 미군 부대에서 세탁하는데 빨랫감이 너무 많아 힘에 부쳐 책임자에게 고충을 털어놓자 그렇다면 나보고 한 사람을 추천하라고 해서 동네 언니와 같이 다닐 수 있었다.

당시 첫째를 임신하여 조금씩 배가 불러오자, 미군들이 나를 보고 "마마, 베이비 베이비"하며 놀려대곤 하였다. 그렇지만 그들과 점차 친해지자 내게 친절하게 대해 주었으며, 눈이 많이 오는 날이면 지프차로 집까지 태워 주곤 했다. 그때마다 동네 사람들은 나를 양갈보라며 쑥덕거렸다.

속초에서는 아주버니와 시동생이 함께 생활했는데 남편은 목수인 아주버니를 따라다니며 거들었고, 시동생은 작은 가게를 차리고 빵 장사를 하였는데 야무지게 장사하여 그럭저럭 먹고 살 수 있었다.

그러나 아주버니는 20대 초반인 시동생이 징집될 우려가 있어 군속으로 취직시키자 시동생은 빵 장사를 남편에게 넘겨주었다. 남편은 가게를 인수하자마자 오가는 사람들을 불러 술을 퍼마셨고, 동네 건달들이 돈을 꿔달라고 하면 빌려주는 등 불과 일주일 만에 어이없게도 장사 밑천을 거덜 내고 말았다.

　나는 배가 불러오자, 미군들도 놀려대고 세탁하기도 힘이 들었지만, 남편이 구멍가게를 들어먹는 바람에 일손을 놓을 수가 없어 동네 산파에게 약을 사서 먹고 일을 다녀야 했다. 남편은 오징어잡이 배를 타기 시작했는데 뱃멀미에 시달려 일도 못 하고 배에서 누웠다고 귀가하곤 했다. 일주일을 고생하고 나서 어느 정도 적응이 되자 오징어 열댓 마리씩 들고 왔다.

　그러던 어느 날, 선장이 찾아와 그동안 오징어 말린 것을 전부 내놓으라고 하였다. 남편이 가져온 오징어가 얼마 되지 않은데 왜 그러시냐고 묻자, 남편이 배에서 술을 진탕 마시고 일을 하다가 그물을 바다에 빠트려서 그물 값을 받으러 왔다는 것이다. 참으로 난감하였다. 그래서 집에서 말리던 오징어를 모두 선장에게 주고 말았다.

　도대체 나보고 어떻게 살라고 남편은 하는 일마다 그 모양인지, 도저히 속초에서도 버틸 재간이 없었다. 내가 출산과 산후조리를 위해 집에 있자 먹고 살기가 더욱 막막해졌다. 이미 형님네는 속초에서 일감이 없다고 서울로 올라간 직후였다.

남편도 속초가 싫은지 서울로 가야 하는데 형님으로부터 올라오라는 소식도 없자 형님에게 탄광에 들어가겠다고 협박조로 편지를 보냈고, 이에 형님은 동생이 탄광에서 들어갔다가 사고라도 당하면 고향에 가서 작은아버지 볼 면목이 없다면서 서울로 오라는 편지를 보내왔다.

우리는 속초 생활을 정리하고 아이를 둘러업고 서울로 가려는데 난데없이 형사들이 들이닥쳐 남편을 도둑 혐의로 연행해 갔다. 나는 하늘이 무너질 것 같았으나 서울역에서 조카들과 만나기로 약속되어 있어 어쩔 수 없이 출발하였고, 조카를 만나 중구 오장동에 도착하여 형님께 자초지종을 설명드리고, 얹혀 지내야 했다.

서울로 올라온 지 보름이 지나도록 남편에게 소식이 없어 형님에게 속초에 가서 남편 소식을 알아보겠다고 사정하여 차비를 빌렸다. 버스를 타고 가다 어느 정류소에서 밖을 내다보니 남편이 앉아 있는 것을 발견하고 황급히 내려서 다시 서울로 올라왔다.

남편에게 어찌 된 일이냐고 물었더니 예전과 구멍가게에서 장사할 때 이웃 사람에게 라디오를 빌려주었는데 서울로 이사를 가야 하겠기에 이웃집을 찾아갔더니 사람이 없어 그 집에 들어가 라디오를 들고나왔는데 누군가

경찰에 신고하였고, 하필 서울로 이사하는 날 그리되었다고 하면서, 일주일 동안 조사받고 풀려나 차비가 없어 걸어서 서울로 올라오는 중이라고 하였다. 그래서 나는 어찌 되었든 한번 주었으면 그만이지 그것을 찾겠다고 빈 집을 들어갔으니….

남편이 서울로 올라오자, 형님네 텐트에서 같이 살기 곤란해지자 아주버니께서는 중부시장에서 텐트를 사와 공터에 세워주었다. 텐트에서 잠을 자는데 아이가 춥다며 밤새 칭얼거렸다. 그도 그럴 것이 땅 위에 텐트를 치고 바닥에 비닐과 종이 박스를 깔았으나 한기가 올라왔던 것이다.

밤새 칭얼대는 아이를 품에 안고 있다가 날이 밝자 아주버니에게 말씀드렸더니 자기가 일하는 공사 현장으로 데리고 가서 밀가루 부대에 대팻밥을 넣어 주어서 가져와 텐트 바닥에 깔고 그 위에 비닐과 종이상자를 덮었더니 얼마나 따뜻하던지 살 것 같았다. 물론 텐트 안에서 걸음을 옮길 때마다 푹푹 들어가서 불편하였지만 그래도 추운 것보다는 훨씬 좋았다. 그리고 허름한 난로도 주워서 깡통에다 밥을 지어 먹을 수 있게 되자 그런대로 서울 살림을 시작할 수 있었다.

이어서 나는 둘째를 임신하였고, 남편은 아주버니를 따라 목수 보조로 일을 하였지만 세 식구가 밀가루와 좁쌀 등으로 하루에 두 끼 먹기도 어려웠다. 그러자 남편은 풀빵 장사라도 하겠다며 내게 장사 밑천을 마련해 보라고 하여 속초 미군 부대에 다닐 때 얻은 아끼던 털옷을 시장에 내다 팔고 풀빵 기계와 밀가루 등을 사서 집으로 왔다. 그러나 남편은 큰소리를 쳤지만, 막상 풀빵 장사가 엄두가 나지 않았는지 차일피일 미루다가 결국 포기하고 말았다.

이래저래 아무 일도 하지 못하고 가진 것도 바닥나자 굶기를 밥 먹듯이 하였으며, 중부서의 김순경은 매일 찾아와 무허가 건물이라고 텐트를 쓰러트리곤 했다. 그렇게 아무런 희망도 없이 하루하루를 살고 있을 무렵, 내가 월남한 목적인 오빠가 나를 찾아왔다. 10여 년 만에 만난 오빠는 훨씬 어른스러워졌고 아버지를 많이 닮아 있었다.

나는 너무나 반가워 오빠를 부둥켜안고 한동안 서러움이 북받쳐 엉엉 큰 소리로 울었다. 오빠에게 아버지, 엄마 소식을 들었느냐? 언제 부모님을 만날 수 있느냐? 오빠는 결혼했느냐? 그동안 무엇을 하며, 어디서 사느냐? 등 많은 질문을 던졌지만, 오빠는 전쟁이 끝나자 나도 고향 소식을 듣지 못했으며 그럭저럭 살고 있다고 짤막하게 답변하였다.

　그러나 반가움과 혈육의 정을 나눈 것도 잠시, 오빠는 연락처도 남기지 않은 채 다시 오겠다며 발길을 돌렸다. 멀어져가는 쓸쓸한 오빠의 뒷모습을 보면서 나는 고향생각에 잠겼다. 나는 7남매의 막내딸로 태어났고, 내가 어렸을 때 오빠들은 이미 청년으로 성장해 있었다. 그래서 큰오빠와는 별다른 추억이 없지만 나와 9살 터울인 작은오빠는 친절하고 싹싹하여 나와 자주 놀아 주었고, 내 응석을 다 받아 주었다.

　큰오빠는 명석하고 공부도 잘하여 전문학교를 다니고 있었으며, 아버지가 우리 집 장손이자 대들보라고 추켜세우며 존중하였다. 이에 반해 작은오빠는 머리는 좋았으나 공부를 게을리하였고, 가라는 학교는 아니 가고 친구들과 어울려 투전판이나 기웃거려 엄한 아버지에게 붙잡혀 자주 매를 맞았으며, 아버지가 무서워 집에 들어오는 것을 기피하였다.

　그러나 자상한 어머니는 그런 아들이 못내 안쓰러워 오빠가 집에 오면 아버지 눈을 피해 가며 따뜻한 밥을 챙겨주고, 밖에서 굶지 말라시며 용돈을 주곤 하였다. 한번은 작은오빠가 노름하다 아버지에게 들키자 걸음아 나

살리라며 만주로 도망친 일도 있었다.

　일제는 아시아의 침략전쟁을 본격화하면서 조선의 값싼 노동력을 '모집'이라는 형식으로 일본의 토목공사장이나 광산에 집단 동원했다. 1937년의 중일전쟁 이후에는 조선인에 대한 징용을 본격적으로 추진하여 '국가총동원법'을 선포하였으며, 또한 학교 근로보국대를 조직하여 학생들까지도 전시 근로동원체제로 편입시켜 나갔다.

　큰오빠도 일제의 강제징집을 피하지 못하고 끌려가게 되자 아버지는 장손이 전쟁터에 나가 대가 끊기게 되었다며 만주로 도망가라고 하셨으나 큰오빠는 "저 혼자 살겠다고 도망가면 부모님께서 크게 봉변을 당하시므로 자식 된 도리가 아닙니다. 제가 전쟁에 나간다고 해서 다 죽는 것이 아닌 만큼 반드시 살아서 돌아오겠습니다."라는 말을 남기고 일본으로 떠났다. 큰오빠가 떠난 지 한 달여 만에 일본 오키나와에 도착했다는 편지를 받았고, 부모님은 아들의 편지를 부여잡고 목 놓아 우셨다.

　그렇게 큰오빠가 징집되어 가버리자, 작은오빠는 고향에 있다가 징집될 수 있고, 아버지도 무서워 집에 들어가지 못하므로 그럴 바에는 차라리 남한으로 내려가기로 작정하고 어머니에게 인사차 들렸었다.

어머니는 오빠 말을 듣고 나서 주머니에서 쌈짓돈을 꺼내 손에 쥐어주면서 "어디 가든지 배곯지 말고 잘살아야 한다. 내려가면 꼭 편지해라." 신신당부하시며 배웅하셨다.

어머니는 아들이 떠나는 모습을 보시면서 총칼 찬 일본 놈이 저승사자와 같고, 호랑이 같은 아버지가 무서워 집에 있지 못하고 도망치듯 떠나는 어린 아들이 불쌍하여 한없이 눈물을 흘리시며 망연자실, 그 자리에 장승처럼 굳어 버리셨다.

방금 헤어진 오빠의 멀어져가는 뒷모습이 10여 년 전에 고향을 떠날 때와 크게 달라지지 않은 것 같아 안타까웠고, 정처 없이 떠도는 나그네 같은 오빠를 언제 다시 볼 수 있을는지 기약할 수 없었다.

 **이산가족 찾기 (1983년)**

　1983년 여름의 일이다. KBS 특별 생방송 '이산가족을 찾습니다.' 라는 방송이 날마다 반복되면서 전국을 울음바다로 만들고 있었다. 1983년 6월 30일 밤 10시 15분부터 11월 14일 새벽 4시까지 방송 기간 138일, 방송 시간 453시간 45분 동안 생방송을 한 이산가족 찾기 기록물은 2015년 유네스코 유산으로 등재되었다.

　부모님은 1·4후퇴 당시 흥남 부두에서 피난 내려오셨기 때문에 지대한 관심이 있었으나 피난 나온 가족이 별로 없어 찾고자 하는 노력 없이 매일 방송을 보시면서 부모·형제가 30여 년 만에 만나서 울고 웃곤 하는 애잔한 모습을 지켜보았다.

7월의 둘째 일요일, 어머니는 이산가족을 찾으시겠다면서 내게 달력 뒷장에 어머니의 인적 사항과 부모 형제 이름을 크게 적어달라고 하셔서 말씀대로 기재한 후 어머니께 드렸더니 여의도로 가셨다.

나는 27살 공무원으로서 체신부 산하 서울전파감시국에 근무하고 있으며, 방송통신대학교 행정학과 4학년과 동국대학교 전산원 2학년에 재학 중이어서 주경야독이라는 말과 같이 직장을 다니면서 대학 두 곳에서 공부하느라 매우 바쁘게 지냈으며, 방통대 하계 출석 수업을 앞두고 시험공부에 여념이 없었다.

11시경 어머니로부터 전화가 왔다. "춘석아! 찾았다. 여의도로 빨리 와라." 하고 전화를 끊었다. 나는 택시를 타고 여의도로 출발했으며, 강변도로를 지나 여의도에 접근하였으나 너무 많은 인파로 택시가 더 이상 진입할 수 없어 걸어서 함경남도 천막을 찾아갔는데 바닥이며 천막이며 온통 이산가족 찾기 글자판 천지였다.

어머니는 함경남도 천막 앞에서 나를 반기며 조카를 찾

았다고 하셨다. 조카분은 고씨 가문의 장손으로서 어머니보다 한 살 위지만 종손 오빠 아들이며, 피난 내려와서 거제도 난민수용소에 같이 있었는데 조카가 돌림병에 걸리자, 수용소에서 쫓겨나 죽은 줄 알고 찾지 않았는데 요행히 살아남아서 수원에서 살고 있으며, 연락되어 지금 여의도로 올라오고 있다고 하였다.

  우리는 천막에서 이산가족 상봉을 기다리고 있는데 KBS 방송사 직원이 우리를 방송국 안으로 안내하여 간이 스튜디오에서 대기하라고 하였다. 우리는 정문을 통해 오가는 이들을 살펴보고 있는데 드디어 수원 조카 내외분이 들어서고 있었다. 내가 어머니께 "저기 오시는 분들 같은데 기억나세요?"라고 물었다. 어머니는 옛 기억을 더듬으며 쳐다보고 있는데 초로의 노신사가 어머니 앞에 이르자 어머니는 "네가 고종용이냐?" 하고 물었고, 그는 "예"라고 대답하자 어머니는 갑자기 조카를 끌어안고 "대한민국 만세!"를 힘차게 외치면서 울기 시작하였다. 그 감동적인 장면이 KBS 방송으로 전국에 메아리처럼 퍼져나갔다.

  세월이 지나서 미국에 사는 지인으로부터 미국 신문에서 어머니의 상봉 장면이 나왔다면서 신문을 사진으로 찍어서 집으로 보내왔다.

- 어머니와 수원 형님의 상봉을 전하는 미국 신문 -

그러나 그토록 흥분되고 안타까운 이산가족을 만났지만 서로의 환경과 거처가 달라 지속적인 만남이 어려운 것도 현실이었다. 그래서 어머니와 수원 형님은 이번 만남을 어떻게 이어갈지를 고심하였다.

형님은 거제도 난민수용소에서 쫓겨나 외롭게 살다가 결혼하였고, 수원에서 유용진 공군 준위와 의형제를 맺고 호형호제하며 살고 있는데 그분의 따님 유영란 양과 나와의 혼사를 주선하기에 이르렀다.

1984년 2월 4일, 어머니는 나에게 내일 일찍 수원 형님 댁에 가서 선을 보고 오라고 하셨다. 2월 5일, 아침 일찍 응봉역을 출발, 수원역에서 세류동 가는 버스를 타고 09시쯤 형님 댁에 도착하였다. 나는 형수님에게 아침밥을 청하여 정신없이 먹고 있는데 "형님! 저 왔습니다." 하며 장인과 장모님, 유영란 양이 방으로 들어왔다. 나는 밥을 먹으며 영란 양을 흘깃 쳐다보니 샛별처럼 초롱초롱한 눈망울과 시원해 보이는 이마, 건강해 보이는 뺨, 미소를 머금은 입술, 사슴같이 목이 길고 아름다웠다.

　형님은 내가 식사를 마치자 "영란아! 물을 가져다주어라." 하고 말하자, 그 여인은 내 뒤로 방을 나가 물을 떠서 다시 내 뒤를 돌아와 내게 물을 건넸다. 그때 내 눈에 비친 그녀의 손은 너무도 하얗고 손가락이 길었으며, 손톱도 잘 다듬어져 있었다.

　나는 식사 후 장인 장모님께 정식으로 인사드렸고, 현재 9급 공무원이며, 공부하고 있다는 말씀을 드렸다. 그러자 영란이도 잠업시험장 공무원이라고 하셨고, 자신은 강릉 비행장에 근무하고 있어 영란이가 동생 둘과 함께 수원에서 야무지게 살림한다면서 둘이 나가서 이야기를 나눠보라고 하셨다.

그래서 나는 영란 양과 이야기한 후 서울로 올라간다고 말씀드리고 집을 나왔다. 세류동 형님 댁에서 수원역으로 가다 다방에서 이야기를 나눴다. 나는 나의 꿈과 미래 계획 등을 이야기하고, 현재 대학 두 곳을 다니고 있어 매우 바쁘게 지내고 있으므로 결혼 여부를 하루빨리 결정하는 것이 좋을 것 같다면서 금주에 매듭짓자고 말하고 서울로 올라왔다.

어머니가 "색싯감이 어떠냐?"고 묻기에 "매우 아름다우며, 예의 바르고, 조용한 성품으로 사슴 같은 여인이라고 생각합니다."라고 말하였더니 어머니는 "그러면 다되었다."라고 말씀하셨다. 어머니는 선을 보고 나서 신부 측의 입장을 확인해 보니 장래가 촉망되는 젊은이로서 쾌활하고 씩씩하여 마음에 든다고 하셨다. 그래서 우리 아들도 마음에 든다고 하므로 혼사가 성립되었으니, 신부가 서울로 올라와 인사하라고 하셨다.

1984년 9월 16일, 나와 아내는 결혼함으로써 이산가족 찾기의 결실을 맺을 수 있었다. 아내는 수원 형님을 큰아버지 대신 시아주버님으로 불러야 했지만 결코 그렇게 부르지 못 하였다.

제5부 92년간 함께한 사람들
(1933년 ~ 2024년)

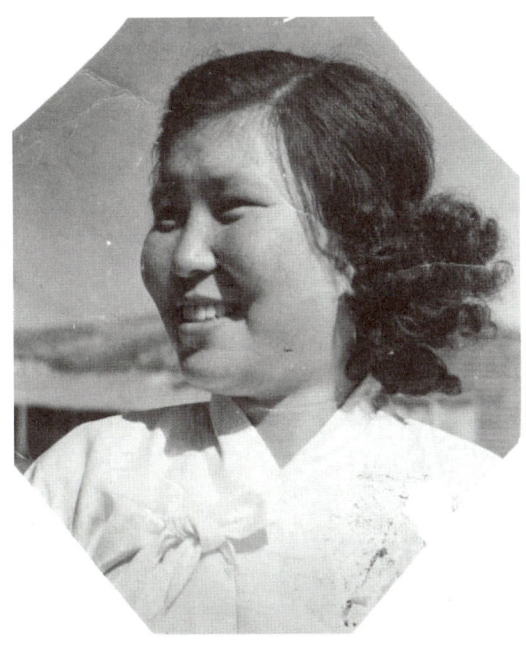

- 1951년 거제도의 피난 시절 (19세) -

- 1951년 거제도의 피난 시절 (김치호(우측 2번째), 26세) -

- 김춘원, 고복자, 김춘석, 김치호, 김춘근 -

- 김춘원(3남), 고복자, 김춘근(맏이), 김춘석(차남) -

- 1965년, 김치호, 고복자의 결혼식(행복예식장) -

- 결혼식 당시 김춘원(3남, 좌측 어린이) 참석 -

- 1960년대 뚝섬 유원지, 한강 해수욕장 -

- 장충단 공원 -

- 1974, 우이동 (고복자. 왼쪽 첫 번째) -

- 1975년 어린이대공원 가족 나들이 -

- 1975년 어린이대공원 가족 나들이 -

- 1975년 어린이대공원 -

- 1976, 가족사진(컬러) 김춘근 김춘석 김춘원 -

- 1979년, 응봉동 집 -

- 1981년, 김준근 결혼식 -

- 1984년, 김춘석 유영란 결혼식 -

- 김춘석 유영란 폐백 -

- 1989년, 김춘원 강향남 결혼식 -

- 1985년, 김치호 고복자 세례식(행당동성당) -

- 김춘원(좌) 김춘근(좌 2) 김춘석 유영란 -

- 1986년, 김치호 회갑연 -

- 1992년, 김춘석 대통령 표창 수상식(정부종합청사) -

- 1994년, 김춘석 서울산업대학교 졸업식 -

- 1995년, 온 가족 오천 바다낚시 -

- 1995년, 유럽 성지순례 -

- 1995년, 로마 베드로 성당 -

- 1996년, 김준석 서울산업대학교 석사학위 수여식 -

- 2004년, 김기열(손자) 고려대학교 입학식 -

- 2008년 의정부 성모병원 10년 봉사상 수상 -

- 김춘석·유영란(둘째 아들 부부) -

- 김춘근(맏아들) -

- 2008년 설날, 가족 모임 -

- 2008년 김춘석 마르코·유영란 엘리사 세례식(하계동성당) -

- 2009년 김치호 요셉(84세) 선종 -

제5부 92년간 함께한 사람들

- 2009년 김기열 요한·김재열 제노 세례식(하계동성당) -

- 2010년 모현의료센터 1억 원 기부 -

- 2010년 명지대 세족식 특별 출연 -

- 2011년 김춘석 방송대(교육학과) 졸업식 -

- 2011년 포천시장 감사패 수여식 -

- 2011년 포천시장 감사패 -

- 김춘원 김경환 ♡ 김춘석 유영란 -

- 2011년 단양 가족 나들이 -

- 2012년 팔순 잔치 -

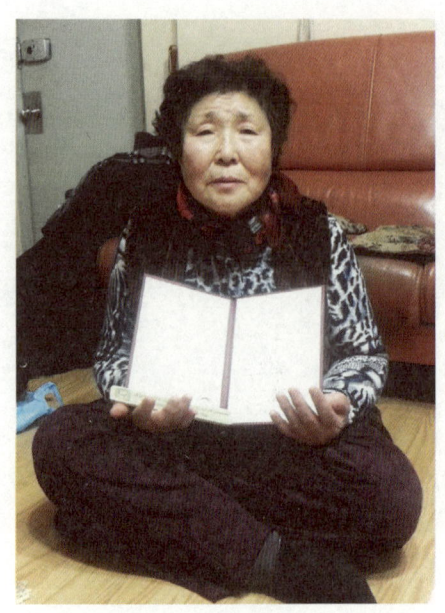

- 2014년 성경 완필증 수상 -

- 2015년 솔모루성당 바자회 -

- 2016년 모현의료센터 11년 봉사 감사패 수여식 -

제5부 92년간 함께한 사람들

- 2016년 솔모루성당 은경축(25주년) 감사장 수상 -

- 2016년 솔모루성당 은경축(25주년) 미사 -

- 2018년 모현의료센터 화초 봉사(김재열 제노) -

- 송우리 복지관 화초 봉사 -

- 2018년 레지오 마리애 7년 개근 -

- 2018년 홍천 별장, 가족 나들이(오랜 친구분들) 별장) -

- 2018년 김기열 요한·배상경 로사 혼배성사 -

- 2018년 김기열 요한·배상경 로사 결혼식 -

- 2019년 대전현충원 유영란 부친(유용진) 묘소 -

- 2020년 정의덕 바오로 신부님 모친과 함께(석관동성당 사제관) -

- 2020년 나봉순(수양딸) 칠순 잔치 -

- 2020년 꽃동네 오웅진 신부 방문 -

- 2021년 김춘근(맏아들) 1억 원 모교 기탁 -

- 2021년 김춘근(맏아들) 1억 원 모교 기탁 기념 -

- 2021년 레지오 마리애 10년 개근상 수상 -

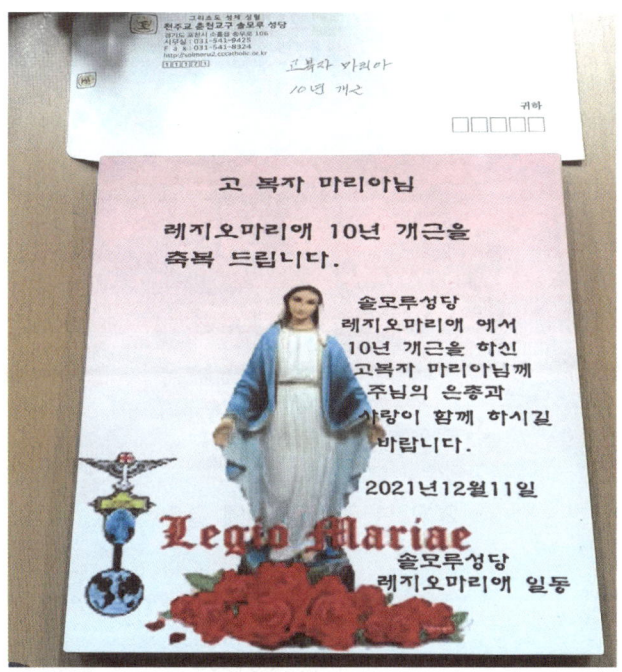

- 2021년 김춘화(조카) 병문안(요양병원) -

- 2022년 김춘근·박영애 결혼 -

- 2022년 구순 잔치(아파트 노인 음식 대접) -

- 2022년 구순 기념 화분 증정 -

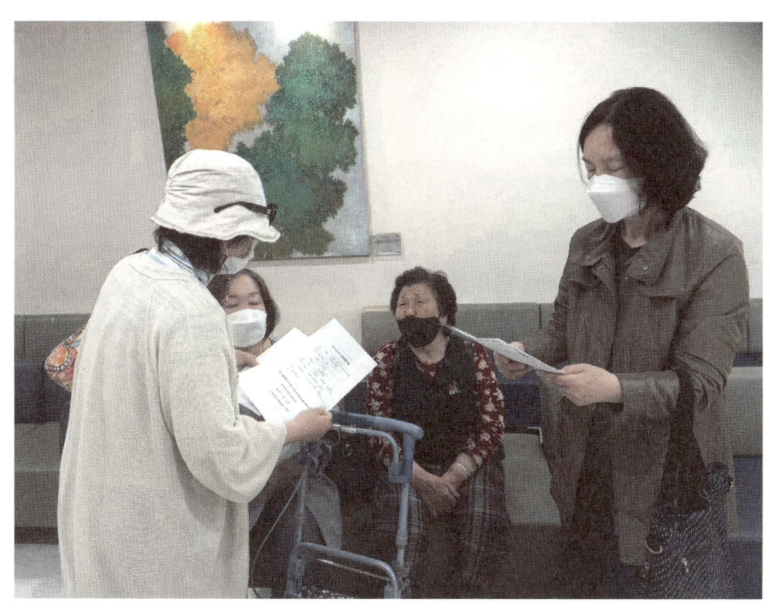

- 2022년 고대병원 입원(심장박동기 4번째 이식 수술) -

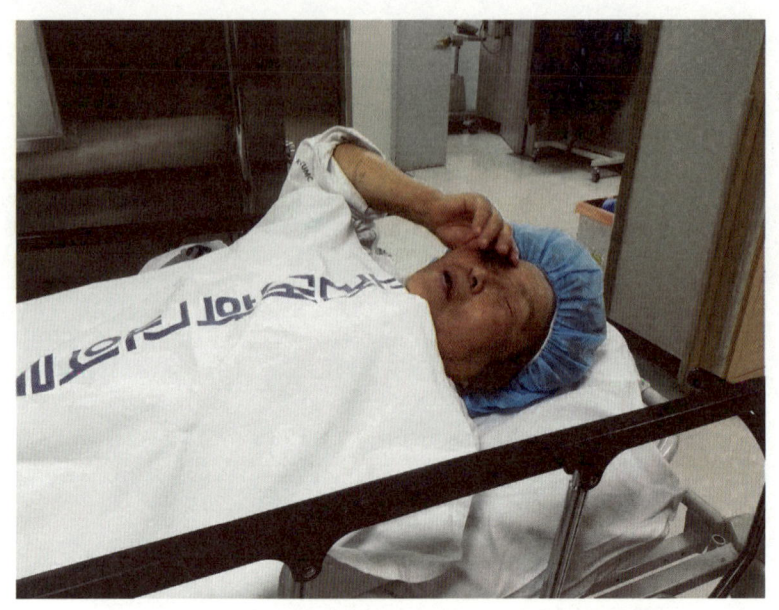

- 2022년 유영란 엘리사 선종(둘째 며느리) -

- 2023년 포천 노인회 화초 봉사 -

- 2023년 솔모루성당 화초 봉사 -

- 2024년 로사리오의 모후Pr. 1,500차 기념식 축사 -

- 2024년 호은선 이사벨라 세례식(정릉성당) -

- 김찬열(막내 아들의 늦둥이) -

- 2024년 호은선 이사벨라 세례식날 정릉성당에서 분갈이 -

- 2024년 정정자 여사 장례식(1970년대 옥수동 함께 생활) -

- 2024년 추석, 김춘석 한마음문화사 대표 가족 -

제6부 각종 표창, 상장, 감사패
(1992~2024)

제09224호

표 창 장

소 속 : 행당신용협동조합
성 명 : 조합원 고 옥자

위 사람은 평소 투철한 신협 이념과 정신을 바탕으로 자조.자립.협동의 생활화를통해 신협운동 발전에 기여해왔을뿐만아니라 근검.절약.저축에 남다른 모범을 보여 우리 신협성장에 협조함이 타의귀감이됨으로 이에 표창합니다.

1992년 2월 24일

행당신용협동조합
이사장 조 일 천

제 406호

표 창 장

행당제1동 새마을부녀회

회 원 고 복 자

귀하께서는 평소 투철한 국가관으로 지역사회와 구정발전에 헌신봉사하여 오셨으며 특히 근면. 자조. 협동의 새마을정신을 통한 국민운동 활성화에 기여한 공이 크시므로 이에 표창장을 드립니다.

1992년 7월 25일

성동구청장 조 남 호

제 7 호

감 사 장

성동구 행당1동 128-998

고 복 자

귀하께서는 평소 지역사회 발전에 헌신적인 참여와 노력을 하였을 뿐 아니라 특히 '93년도 쓰레기 줄이기 및 재활용품 수집활성화에 기여한 공이 크므로 이에 감사장을 드립니다.

1993년 12월 30일

성동구 행당제1동
동장 이 석

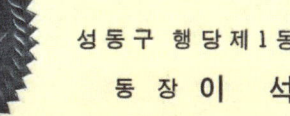

제 95-9호

표 창 장

서울특별시 성동구 행당1동

고 복 자

위 사람은 성동지역 발전과 주민의 화합을 위하여 헌신적으로 봉사하셨을 뿐만 아니라 사회의 도덕성 회복을 위해 크게 이바지하시었으므로 이에 그 업적을 높이 기리기 위하여 표창장을 드립니다.

1995년 2월 7일

민주자유당 성동구을지구당

위원장 김 학 원

제 80 호

표 창 장

성동구 행당동 128-998

고 복 자

귀하께서는 평소 지역사회와 구정 발전에 헌신적으로 참여하여 왔으며 특히 불우이웃돕기에 이바지한 공이 크므로 이에 표창장을 드립니다.

1995년 4월 29일

성동구청장 이 호 조

성동구민 대상 수상을 축하 드리며
오늘의 영광이 더욱 빛나기를 기원 합니다

새정치 국민회의 총재 김대중

발신국: 서울(002)   동대문   127J2342630084   10/26 11:08
경   154 - 0221

주 소 : 서울시 성동구 행당동 128-998.

발신인 ☎ : 0002-298-6245

수신인 : 고복자 님 귀하

뜻깊은 날을 맞이하여 입상하게 됨을 진심으로
축하드립니다.

새정치국민회의 총재권한대행
조 세 형

제6부 각종 표창과 상장, 감사패

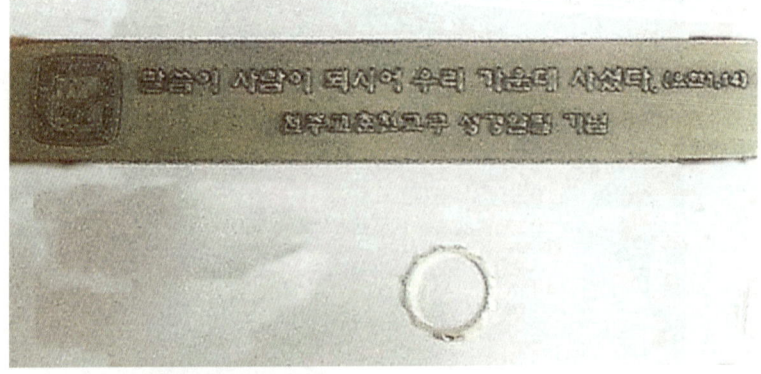

제 14-89호

완 필 증

성 명 고복자
세례명 마리아
본 당 솔모루

위 교우는 말씀에 대한 깊은 사랑으로 신·구약성경 전체를 필사하였기에 믿음 안에서 보여주신 뜨거운 열정과 노력을 치하하고 하느님의 은총을 기원하며 이 완필 증서를 드립니다.

2014년 11월 23일

천주교 춘천교구장
+ 김운희
김운희 루카 주교

감 사 장

성 명 : 고 복 자   세례명 : 마 리 아

　위 교우분은 솔모루 성당의 25주년 은경축 동안 한결 같은 사랑과 정성으로 솔모루 성당을 아끼고 돌보셨으며 성당이 성장하는데 큰 도움을 주셨습니다. 이에 솔모루 성당 본당 승격 25주년 은경축을 맞이하여 공동체 모두의 마음을 모아 작은 답례의 선물을 드립니다.

2016년 8월 15일 성모승천 대축일
솔모루 성당 본당승격 25주년 은경축에

배 광 하 치리아꼬 주임 신부 드림

- 거실 -

- 거실(우측) -

- 거실(좌측) -

제7부 감사의 글과 기부 내역
(1991~2010)

1991. 4. 14(제6호)   '한마음 한몸'운동 본부

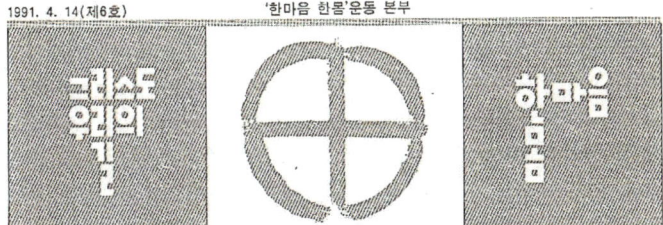

'한마음 한몸'운동은 성체성사의 깊은 뜻을 실제 삶과
연결시켜 생활로써 실천하려는 운동입니다.

▲ 세족례(라우버 Lauber 作, 1976년)
"스승이여 주인 내가 너희의 발을 씻어 주었으니 너희도 서로 발을 씻어 주어야 한다. 내가 너희에게 한 일을 너희도 그대로 하라고 본을 보여 준 것이다." (요한 13, 14-15)

"한마음 한몸" 운동의 이념

"한마음 한몸" 운동은
역사속에 신비로이 살아계시고 일하시는
예수 그리스도의 현존을 믿고
현양 함으로써 세상 모든 인류가
온갖 종류의 장벽을 넘어
평화를 이룩하고 회심과 나눔으로
형제적 일치를 이루도록 이바지하며
나아가 자연계의 모든 피조물과도 화합하여
하느님 아버지의 뜻에 따라
세상을 새롭게 재창조 하는
생활 쇄신 실천 운동이다.

생활실천부

폐자원 재활용 어디까지 왔나

폐자원 재활용과 환경보전의 일환으로 헌옷모으기를 시도하고 있는 생활실천부는 보관장소와 일손의 부족으로 즐거운 비명을 지르고 있다. 그 동안 풍부해진 물자(특히 의류)와 정보교환의 신속함 때문인지 폐의류 재활용 운동은 큰 호응을 얻고 있다. 특히 남에게 주고도 욕을 먹을것 같아서 주지도 버리지도 못해 공간만 차지하던 헌옷들은 특수 분쇄·가공을 거쳐 비닐 하우스 덮개 등 농업 및 산업용 펠트 원단으로 재생산 된다. 산업용 펠트 원단을 만들기 위해서 원료인 폐품을 수입해야 할 실정에 있는 우리나라에서 헌옷모으기는 자원 재활용의 차원에서도 바람직한 일이다. 다만 헌옷은 특수처리가 가능한 공장으로 이송되기 전에 일단 분류작업을 거치게 되는데 수송수단, 잠시의 보관 장소와 일손의 부족으로 큰 어려움을 겪어 왔다.

그래서 폐의류 임시 집결 장소를 본부에서 이전, 상도동에 있는 "사랑의 공동체"(588-1598)로 옮겨 작업을 하기로 하고, 가능하면 본당 생활 실천부 차원에서 가져다 주기를 바라고 있다. 지금까지 수집되어 재생산되기 위해 공장으로 보내어진 헌옷은 베스타 2대분, 타이탄 트럭 2대분이며, 쓸 수 있는 옷은 지방교구로 보냈다. 의류 분류 작업과 수집에 도움을 주신 여러분들 특히 남데레사, 홍루시아, 고마리아, 신마리아 자매님들 인영안 형제님께 감사 드린다.

생활실천부

생활실천부 전문위원들(부장, 안경렬 신부)은 생활실천부 요원 교육 및 91년도 활동 사항을 다음과 같이 결정하였다.

■ 교육의 주제

1. 환경보전
   과학적 접근··· ① 자연파괴(현황, 실태조사)
                 ② 자연 보전 실천 방법
   종교적 접근··· ① 자연 속에 깃든 하느님
                 ② 자연 보전을 위한 신앙인의 과제-신앙생활

2. 검소한 생활과 나눔, 폐자원 재활용
   • 아껴쓰기: -자원절약(수돗물, 전기 등)
              -물품절약(물건의 지나친 소유는 물품의 귀중함을 모르게 된다.)
   • 덜쓰기: -일회용 물품 덜쓰기
            -냉·난방기구 덜쓰기
            -자가용 덜타기 등
   • 다시쓰기: -종이 양면사용, 볼펜 재사용
              -쓰레기 분리 수거, 폐자원 수집, 재생으로 다시 쓰기에 협조하기
   • 나눠쓰기: -나눔시장을 통하여 공동체가 서로 나눔과 교환을 실천한다.

■ 나눔시장

• 의의-당장 쓰지 않는 생활용품(가전제품, 가구, 의류) 등을 이를 보다 필요로 하는 이웃에게 주거나, 서로 바꾸어 활용하는 생활의 터전을 마련한다.
1차시범지역(명동, 천호동, 역촌동, 대방동, 상계동 지역)

■ 폐자원 재활용

수집 및 연락처: • 각 본당 빈센시오회
              • 한국 자원 재생공사
(서울본사: 780-4616, 서울동부: 908-7476, 서울북부: 381-9360)

각 단체 및 동네의 반 단위로 수집하여 연락. (반 트럭(소형)분일 때 항시 출동)

수집내역: (단위는 각 1kg)
폐 지: 30원~50원   폐비닐: 50원
폐수지류: 250원   고 철: 50원~1,500원
음료수병: 시중의 보상가 잡병: 30원

※ 폐자원 수집으로 생긴 이익금은 이웃돕기나 각기 정한 특정목적을 위해 사용한다.

■ 도·농 직거래 연결

생활 실천부는 한국 가톨릭 농민회와 서울대교구 본당들을 연결, 농촌의 생산자와 도시 본당 공동체가 상부 상조할 수 있도록 준비하고 있다. 즉 가톨릭 농민회로부터 생산한 무공해, 저공해 농산물을 본당 공동체에서 소비함으로써 올바른 먹거리를 통하여 건강한 삶, 서로 돕는 삶, 토지를 살리는 삶, 유통구조질서를 바로 잡는 삶에 참여하도록 하려는 것이다.

찬미 예수

마리아 자매님! 안녕하셨어요?

싸늘한 가을 날씨에 감기나 없으시며 오늘 건강은 어떠
신지요? 가족 모두 편안하시며 주님의 은총과 기쁨이 가득
하시길 기도 드립니다.
오셨을 때 뵙지도 못했어요.
사랑이 많으신 자매님 감사합니다 후원금은 조심스럽고 소중하게
잘 사용 하겠습니다.
감사 합니다.

1991. 11. 6
성가복지병원 수녀 일동드림

+ 찬미 예수 마리아 모십

고 마리아 자매님께 주님의 평화를 빕니다!

안녕하십니까? 그렇게 귀한 돈을 손수 수집하시며 깊은 사랑과
희생의 마음으로 모아 오신 20만원 너무나 감사합니다.
항상 주님의 은혜로 그 따스한 마음에 기쁨이 넘치고
천상적 변화에 대한 희망으로 행복한 나날 되십시오.
매일 저녁기도때 축복을 빌며 기도해드리겠습니다.

'91. 12. 성가복지병원
수녀일동드림.

제7부 감사의 글과 기부 내역 | 353

† 찬미예수 마리아 요셉

안녕하십니까?

전화 감사합니다. 저희 성가복지병원의 가난하고 병든 형제들을 위해 사랑과 관심을 가져주신 다정한 마음에 새로 태어나신 아기 예수님의 풍성한 축복을 빕니다. 기쁜 성탄절 되셨는지요? 부탁하신 자료 보내드립니다.

새해에 더욱 충만한 평화중에 행복하시길 빕니다.
여러분의 고마운 마음에 막득 더욱 열심히 일하겠습니다.
여러분의 작은 정성이 모여 소외된 이웃의 마음에 위안과 병든 육신의 치료에 요긴한 도움이 됩니다.

감사합니다.

'91. 12. 성가복지병원
수녀일동드림

하느님의 나라가
하늘에서와 같이
땅에서도 이룩하소서.

　고 마리아 자매님께
믿음에 행동이 함께 해야함은
우리 믿는 이들의 의무입니다.
사랑은 말로서 완성되지 않고
실천하므로서 완성된다는 것을
예수님의 십자가에서 확인할수
있듯이 말입니다.
전달해 주신 성금 주님의 뜻에
맞갖게 사용하겠습니다.
애고픈 이들에게 가슴 뿌듯한 사랑을
나눠줄수 있어서 기쁩니다.
　　92. 2. 23　　프란치스꼬의 집
　　　　　　　　박 사베론 수사 엷.

✝ 주의 평화.

안녕하세요?

서로 어울려 사는 생활안에서 주님의 사랑이
깊이 우리에게 와 있음을 느낍니다.
성모님의 사랑과 이웃과의 나눔이 아이들에게
기쁨의 생활을 하게하고 항상 감사의
마음을 갖게 해 줍니다.
두 가정을 통하여 보내주신 의류와 현금(₩100.000)
을 잘 받았읍니다.
은총안에서 평화를 엮어가는 가정 되시고.
기쁨의 생활 되시길 기도 드립니다.
다시한번 감사의 인사를 드립니다.

1992년 5월 20일.

성심원장 김의경 프란치스카 데레사 수녀

✝주의 평화

회원 여러분 가정에 주님의 은총이 충만하시기를 기원드리며 보내주신 사랑의 마음에 기부금월분 *100,000* 원 진심으로 감사드립니다.

따뜻한 마음들이 모아져, 저희 공동체 식구들은 회원 여러분들을 위해 끊임없이 기도 드리며 열심히 살아가고 있습니다.

회원 모두를 위한 미사가 아래와 같이 정기적으로 봉헌되오니 많이 참여하셔서 기쁨을 함께 나누며 주님 안에 하나 되기를 기도해 주시기 바랍니다.

— 아　　래 —

1. 화요철야기도회 및 금요철야기도회 : 매주 화·금요일
2. 상주피정 : 매일 4회 (1부에서 4부) 06:00 ~ 22:00
   장　소 : 경기도 현리 형제공동체
   버스운행 : 매일 오전 10시(건대후문 민중병원 앞) 출발
   　　　　　매일 오전 9:30분 (뉴코아신관 주차장) 출발
3. 목요 성령의 날 : 오전 10시(건대후문 민중병원 앞) 출발
   미사시간 : 오후 1시 30분부터 4시 30분
- 회비 수납방법
  * 은행지로 : 7517703
  * 우편대체 : 010017-31-1092790

● 주소, 전화번호 기타 변경사항이 있으신 분들은 회비납부시 또는 전화로 알려주셔야 모든 우편물이 정확히 우송됩니다.
　* 문의 : (02) 269-1364 · 1365

작은예수회 회장 박 성 구 (요셉) 신부

+ 그리스도 우리의 평화!

그리스도는 우리에게 희망이며 평화를 가져다 주십니다.
안녕하세요!
가을을 더욱더 빛나게 해주는 한들한들 거리는 코스모스들,
태양을 따라 고개숙인 해바라기들, 이렇게 가을의 풍요로움속에 마음을
묶고 보면 감사와 행복의 나래를 펴고 맑고 높은 하늘로 오름을 느끼지요.
오늘도 후원자님들께서 보내주신 사랑의 손길을 받으며 활기차게 생활하고
있습니다. 몇일전 곱슬머리에 예쁘게 생긴 4살짜리 남자 아이의 새로운
발걸음이 시작되어 우리 모든 식구의 관심과 시선집중이 되고 있지요.
엄마 품을 떨어진 아이의 울음이 간혹 들리긴 하지만 보모 선생님들의
따뜻한 손길과 사랑속에서 잘 적응하고 있답니다. 많이 기도해 주십시오.
누우렇게 물들어가는 맹아원 뜰앞 잔디밭에 모여 앉아 고사리 손안에서
부딪히는 묵주알 소리를 들으며, 성모님을 통해 아버지께 전달될 순수한
소망들, 사랑의 열매 맺어 우리를 사랑해 주시는 후원자님들 각자에게
전달되리라 믿습니다.

주님의 축복속에 행복한 나날들 되십시요.

성심맹아원 가족 드림.

천주의 성 요한 수도회
St. JOHN OF GOD BROTHERS

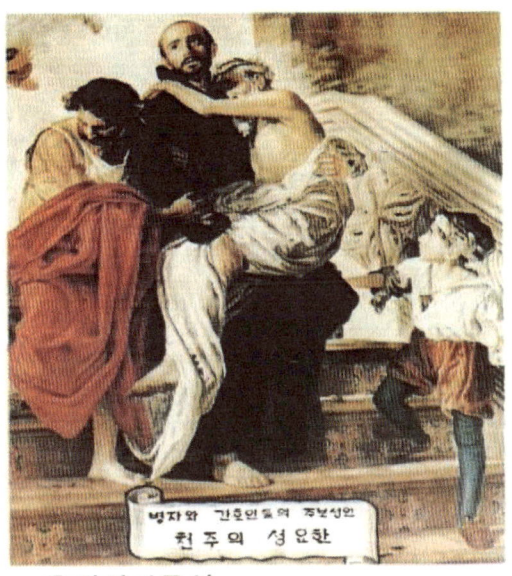

후원회사무실
서울특별시 은평구 대조동 84-8 (8/1)
TEL : (02) 355 - 3572
122 - 030

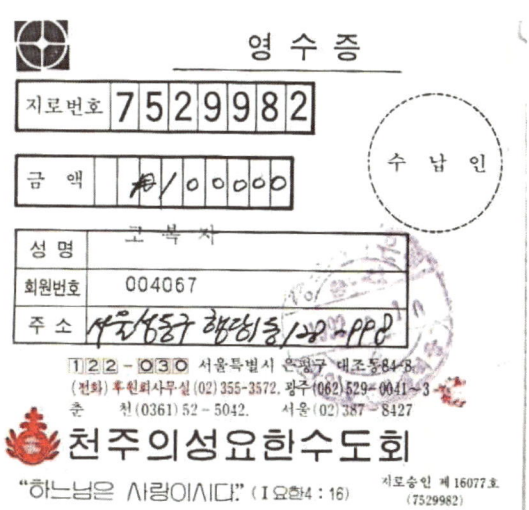

※ 제7부 감사의 글과 기부 내역

♡ 편경무사

　초록빛 생명이 마음마다에 즐거움을 갖아주고 열기를 식혀주듯 스쳐오는 서원한 바람결에서 2분의 마음을 닮은 고마리아 섬의 사랑을 생각케 합시다. 이렇듯 어디서나 볼 수 있는 하느님 사랑과 이웃 사랑의 손길이 되갖을 능력 없는 보잘것 없는 이곳 맹인가족들의 삶에 새로운 희망이며 힘이 되어 주심을 믿기에 그들과 함께 하는 저희은 또한 어려움 속에서도 절망하지 않고 용기를 얻읍시다. 진정고맙읍시다. 고마리아 섬의 거한 성금은 이곳 맹인가족들의 자립처전 미연에 하사의 벽돌이 되고 거반이 될것입시다.

　변함없으신 사랑과 기도 부탁 드리오며 거하신 하느님의 사랑이 고마리아 섬의 삶속에 늘 함께 하사에 즐거움고 기쁨 가득한 사랑 되시길 마음 모아 기도 드립시다. 감사드립시다!

　　　　　　　　　1993. 7. 27.
　　　　　　성모자애 재활원 (맹인)
　　　　　　　　원장 최베르모수녀 드림.

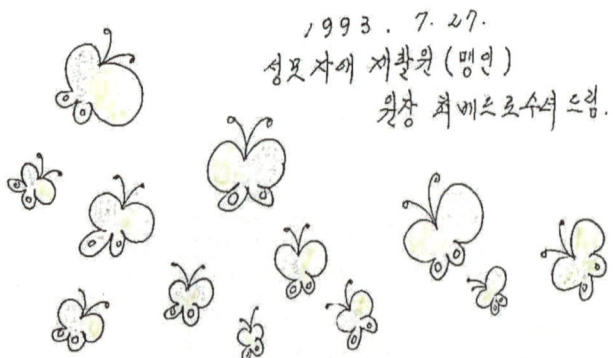

"너희는 잔치를 베풀 때에 오히려 가난한 사람, 불구자, 절음발이 소경 같은 사람을 불러라. 그러면 너는 행복하다. 그들은 갚지못할 터이지만 의인들이 부활할 때에 하느님께서 대신 갚아 주실 것이다." 루가 14:13~14

사랑하는 회원님!

감사의 마음을 담아 인사 올리며 평화를 전합니다.
회원님의 사랑 담긴 잔치상에 저희 맹인 가족들을 초대해 주심으로써 저희 맹인 가족들의 가슴에 사랑의 빛을 전해 주시는 "사랑의 빛"이 되셨습니다. 축하 드리며 진정 고마움을 전합니다. 회원님들의 사랑과 격려 속에서 희망이 꺾인채 섦은 삶을 역련 이웃 가족들이 생명에 대한 감사와 삶의 기쁨을 느낄 수 있게 되었습니다. 무엇보다도 생에 대한, 그리고 이웃에 대한 감사와 사랑을 지닐수 있게 되었다는 것이 가장 큰 보람이기도 합니다. 하나가 되게 하는 이 따뜻한 손길 안에서 자연의 아름다움과 사랑하는 이들의 얼굴 한 번 볼 수 없는 슬픔을 딛고 사는 이웃 가족들이 있듯이 회원님의 그 따뜻한 마음은 분명 이 세상의 숱한 어두움과 혼란을 깨는 "빛"의 역할을 할 것입니다. 회원님의 그 사랑이 함께 하시는 모든 이들 안에서 더욱 풍성해지기를 기도 드리면서 저희 모든 가족들의 고마운 마음을 담아 9일 기도와 매주 올리는 감사 미사때에 기억하겠습니다. 그리고 매달 회원님과 함께 올리는 찬양미사에 초대하고 싶습니다. 그 미사는 매달 둘째주 월요일 오후 2시에 저희 재활원 지하성당에서 있습니다. 사랑으로 올려지는 이 잔치에 주인이 되시기를 바라며 회원님의 가정에 주님의 축복 가득 하시길 빕니다. 감사합니다.

1992.

성모자애 재활원   최 베드로 수녀 올림.

✝ 평화와 선

늦더위가 기승을 부리는 가운데 회원 여러분들과 가족들 모두
건강하시고 평안 하신지요?
한동안 가뭄과 더위속에서 어려움을 겪던 성심원 가족들은 이제
완전히 가뭄에서 벗어났으며 조석으로 서늘해진 날씨에 하루하루
기쁘게 생활하고 있습니다.
 8월11일 부터 2박3일동안 가졌던 미라회원들의 피정을 통해 주님
께서 여러분들과 우리 환우들을 얼마나 사랑하고 계신지를 확인하게
되었고, 8월 27일에는 성심원 경로당 축성식과 그동안 추진해 오던
상수도 통수식을 갖는 큰 기쁨이 있었습니다.
 이로 인하여 우리 마을에는 노인들을 위한 쉼터가 마련되었고 가뭄때
불편정을 덜게 되었습니다.
 이 모든것은 언제나 하느님의 사랑안에서 삶을 나누고 계신 은인과
회원 여러분들의 정성과 사랑의 결과라 여겨지기에 환우들과 함께
감사와 찬미를 드리며 기도안에서 보답해 드리고자 노력하고 있습니다.
 얼마 남지 않은 날 가족과 친척도 없이 추석을 맞는 우리 환우들을
위해 저희 형제들은 여러분들의 정성과 사랑을 대신하여 조금이라도
마음의 부담을 덜어드리도록 최선을 다 할 생각입니다.
주님 안에서 여러분들을 기억하면서 여러분들의 가정에 평화와
축복이 있기를 환우들과 함께 기도 드리겠습니다.
즐겁게 추석을 맞이 하시기를 빌며 ...

1 9 9 2, 9, 1

성심인애병원 미라회 담당자
이 마르첼리노 마리아 수사

고 복자 님께

지난 한해도 성심원 나환우를 위해 많은 사랑을 나누어 주신 회원님께 감사드립니다.

사순절을 보내며 미라회원인 여러분을 모시고 하루 피정을 가질 계획이오니 많은 참석 있으시기 바랍니다.

일 시 : 1993년 4월 1일 (목)
　　　　오전 10시 - 오후 5시
장 소 : 정동 프란치스꼬 교육회관
회 비 : 5,000원 (점심 및 회관사용료)
준비물 : 미사도구, 필기도구

※ 참석하실분은 서울사무실 (778-0391)로 미리 연락 주시기 바랍니다.

1993년 3월 20일
성심인애병원 미라회 담당자
　이 마르첼리노 마리아 수사

✝ **알렐루야!**

긴 어두움을 지나고,
이젠 부활입니다.

보이지 않는 아이들에게
한알의 밀알이 되어주셨던
은인님들의 사랑에 힘입어
우리 아이들은 장애의 어두움을
빛으로 바꾸어가고 있습니다.

사랑의 빛이 되고자
애써주신 은인님들의 마음과 손길위에
주님의 은총과 평화가
길이 머무시기를 기도드리며
주님 말씀으로 부활 축하의 인사를 드립니다.

" 여러분에게
　　평화를 빕니다. "

감사의 마음으로
성심맹아원 가족과 함께
임 영 희 수녀 드림

영 수 증

주 소 : 서울 성동구 행당1동 287-11
성 명 : 신 대 선
기 부 금 : 일금 일백만 ― 원정

(₩ 1,000,000 ―)

상기 금액을 사회복지 기금으로
정히 영수합니다.

1993년 7월 10일

사회복지 법인 자애종합복지원
성모자애재활원장 최 선 옥 (인)

♥ 사랑하올 회원님!

맑은 하늘 오월 성모님의 달에 촛불 밝히며 성모님께 자신의 삶을 의탁하고 사랑을 드리며 잘 지내셨습니까?

저희 맹인가족들도 우선 가건물을 지어 이장을 해야 하는 큰 과제를 안고 있지만 회원님들의 많은 격려와 격려해 주심에 따뜻한 사랑을 느끼며 하루하루 하느님께 의탁하며 잘 지내고 있습니다.

지난 5월 16일에는 제 13회 장애인 주일을 맞아 등서학교에 함께 모여 축하기념과 함께 미사를 봉헌하면서 서로의 마음을 나누는 자리를 갖었습니다. 아울러 저희 맹인재활원의 노찬수(마커노) 형제님이 모범 장애인 상을 받는 기쁨도 있었습니다.

이제 곧 한 여름이 끝나는 대로 저희 맹인가족들과 경북이 모두 이사를 해야 하는 형편입니다.

앞 못 보는 이들과 함께 이사를 해야 하는 많은 어려움은 길 잃고 방황하는 양들을 측은히 여기신 예수 성심께 의탁하며 저희들 마음 모아 기도 드리기로 했습니다. 회원님들께도 저희 맹인재활원 건축을 위한 기도문을 보내드리오니 저희 가족들의 어려움을 같이 생각하시고 매일매일 기도해 주시기를 간곡히 부탁드립니다.

언젠가는 회원님들과 저희 가족들의 기도를 하느님께서 들어 주시고 저희의 모든 부족함과 어려움을 하느님께서 앞장 서 가시면서 이끌어 주시리라 믿습니다.

그리고 저희 맹인가족들이 우선 살아가야 할 보금자리인 사랑의 집 마련에 어려움이 많습니다. 다시한번 회원님들께 저희 맹인가족들을 도와주실 독지가를 부탁드리오며 애타게 찾고 있사오니 회원님들의 이웃에 '사랑의 빛'이 되어 줄 분이 있으신지 회원님들의 많은 관심 부탁드립니다.

7월의 후원회 미사는 12일(월) 오후 2시이며, 8월의 후원회 미사는 9일(월) 오후 2시입니다. (오후 1시부터 지하철 4호선인 노원역 고려당 앞에서 저희 25인승 버스가 대기하고 있습니다. 감사합니다.

예수 성심의 사랑이 함께 하시길 기도드리오며..

1993. 7.

성모자애재활원 장   최 베드로 수녀 드림.

감사드립니다!

♡ 주의 사랑

오마리아 님! 가족 여러분께!

긴 여름동안 땀가쁨 했었을 천여민 초목들이 물이며 산야의 그 선명한 수의 결실을 펼쳐줌은 가을인가 봅니다. 이 모든것을 속에 담겨 있는 하느님의 사랑이 오마리아 님과 가족 여러분과 함께 하시길 빕니다. 오마리아 님께서 계층수정의 힘든 넉넉요 어려 맹인가족들을 위해 보내주신 일백만원은 진정 감사한 마음으로 받고 감사한 마음을 맹인가족들과 함께 9일 기도에 봉헌 봉사. 진정 고맙습니다. 어렵듯 어렵 어려서서 볼 수 있는 하느님 사랑이 있고 사랑의 손길이 처갈을 능력없는 보잘것 없는 어렵 형제들의 삶에 새로운 희망이며 힘이 되어 주심을 믿기에 오늘과 미래에 함께 하는 처럼들 못한 어려움속에서도 절망하지 않고 용기를 얻습니다. 오마리아 님과 그 아름다우신 마음을 함께 하시는 모든분들 안에서 오래도 이 세상에서 좋은 빛을 밝히는 좋은 몫이심을 감사드리면서 계층 수정의 넉넉으로 보내주신 추첨금 일백만원은 여러 맹인들의 자립되전에 하사의 벗돌이 되는 커다란 힘이 될것입니다. 하느님의 사랑이 오마리아 님과 가족 여러분과 삶에 늘 함께 하시어 웃음이 가득 가득한 삶되시길 마음모아 기도 올립니다. 변함없는 기도와 사랑 부탁드립니다.
감사드립니다!

1993. 10. 5.
성모자매 재활원 원장 막데트로 수녀 드림.

+ 오! 얼마나 좋으신 하느님 이신가

신 래 선 귀하

    주님의 평화가 귀하의 가정에 함께 하시길 빌며, 보내주신 정성에 늘 감사를 드립니다.
이번에 자로를 통해 "노틀담장애자교육원"으로 보내주신 1,020,000 원을 잘 영수하여 정리하였음을 알려 드립니다.(일백 만원 정)
    항상 도움을 주시는 귀하의 정성은 장애자들의 교육을 위해 값진 밑거름이 될것이며 앞으로도 계속적인 도움을 부탁 드립니다.
    하느님의 풍성한 축복이 내리시길 기도드립니다.

19 94 년 7 월 16 일

노틀담장애자교육원드림

후원회 미사봉헌은
    월   일 오후 2시 입니다.

※ 고평화.

고 마리아 자매님!

지난번 저희 교육원을 방문하여 나눠주신 성원금
1,000,000원 잘 받았습니다.
자매님의 보이지않는 노력과 희생의 결실이 저희 장애아
학생들에게 큰 용기가 되어주었기에 감사다 사랑의
마음을 드립니다.
특별히, 성모성원 뒤에 성모님의 바램이
자매님을 통하여 느껴질수 있었던것 같기에
더욱 기쁘기만 하였읍니다. 학생들을 위하여
좋은곳에 사용되어 질수있도록 더욱 노력하겠읍니다.
계속해서 저희 소슬람 교육원을 잊지말고 사랑해주시며
자매님의 가정과 행복을 위해서도 저희모두 기도
드리겠읍니다. 감사드립니다.

1994. 5. 18.

후원회 박 마더피아 생활으짐

고마리아 님

변함 없는 성원에 깊은
감사를 드립니다.
건강과 행운이 가득 하시기를
빕니다.

보영금속

허 진 섭 드림

영 수 증

주소 : 행당1동 287-11호 1/3
성명 : 신 태 선
기부금 : 일금   원정
       (₩ 2,000,000   )

　　　상기 금액을 사회복지 기금
으로 정히 영수합니다.

　　　　　　　　　19   년   월   일

사회복지법인 자애종합복지원
성모자애재활원장 최 선 옥 (인)

영　수　증

주소　:

성명　: 고복자

기부금 : 일금 삼십만 　　　원정

　　　　(₩ 300,000　　　)

상기 금액을 사회복지 기금
으로 정히 영수합니다.

1994년 11월 18일

사회복지법인　자애종합복지원
성모자애재활원장　최 선 옥

영 수 증

고 복자(마리아) 貴下

一金 ₩1,000,000 원整

위 금액을 꽃동네 家族들을 위한 성금으로 잘 받았습니다.

감사합니다.

199[illegible]. 3. 1[illegible]

꽃동네회장 오 웅 진 신부

영수증

金壹百万원整

₩1,000,000

상기 금액을 불우이웃돕기

성금으로 정히 영수함

천주교 행당동교회

1996. 11. 3

빈첸시오회

고 복자 귀하

발행번호 : 1-96-6~3

<h1 align="center">영　　수　　증</h1>

＊기부자

성　명 : 조 복 자 귀하

기부목적 : 성가복지병원 위하여

기부금액 : ₩ 1,000,000↑↑ 원 (일금일백만원정)

귀하께서 기부하신 상기 금액을 사회복지법인 서울성가소비녀회에서 정히 영수하였습니다.
동 기부금은 귀하의 뜻에 따라 본 법인 목적사업인 성가복지병원 무의탁 환자들을 위하여 성실히 사용하겠습니다.
감사합니다.

199 6 년 12 월 4 일

 사회복지법인 서울성가소비녀회
　　　　　　　이　사　장　김　수　환

領收證

고복자 귀하

　　壹金壹百萬원

　上記金額을 奬學基金으로
　喜捨하여 正히 領收합니다

　　1996. 12. 5.

　　　杏元새마을奬學會
　　　　　理事長 金晟燁

　이 라면은 행당1동 주민 고복자씨와
신태선씨가 새벽 2시부터 낮 12시까지
폐품 및 빈 병을 수집해 모은 돈으로
마련한 것입니다.

1990년대 기부 내역

月 日	내 공	금 액	총 액
92. 6	미아 성가 복지 병원	60,000	
	〃	50,000	110,000
	〃	200,000	310,000
	행당 성당 빈첸시오	100,000	410,000
	작은 예수회 장애자	100,000	510,000
	경기도 도척동 성당	100,000	610,000
	행당동 성당 수위	19,000	629,000
	옆집 (배종철) 할머니	100,000	729,000
	사랑의 손 (장애자)	150,000	879,000
	등회 노인회	50,000	929,000
	성가 복지 병원	100,000	1,029,000
	안나. 우리 아픈 할머니	30,000	1,059,000
92.2.22	프란체스코의 집	100,000	1,159,000
3.5	중앙 의료원 (백승치)	100,000	1,259,000
3.22	화성군 정남면 문학리		
	성녀 루이제의 집 양로원	100,000	1,359,000
3.29	음성 꽃동네	100,000	1,459,000
4.29	성모 자애 재활원	100,000	1,559,000
5.4	성가 복지 병원	200,000	1,759,000
5.4	작은 예수회	100,000	1,859,000
5.7	행당동 성당	300,000	2,159,000
5.18	성신 기도원	100,000	2,259,000
5.20	성당 한마음 운동	10,000	2,269,000
	등회 (경운기) 농촌 거제보		
	내가 운동	200,000	2,469,000
5.28	등대 할머니	20,000	2,489,000
5.31	자매 아줌마 (소피아)	100,000	2,589,000
6.4	엠마우스 옷 운반비	10,000	2,599,000

월 일	쓴 곳	금액	비 고
93. 12. 2	행당동 성당 벤첸시오	100,000	
12. 10	행당동 본당 (노인회)	50,000	15,000
94. 1. 6	행당동 성당 벤첸시오	100,000	25,000
2. 8	청소부 (식용유 6병)	26,000	276,000
3. 13	음성 (꽃동네)	1,000,000	1,276,000

5.16 장애자 교육관 (부천) 1,000,000
노틀담
5월 13일 경노잔치 50,000
7월 9일 친구집 행당동교회 1,000,000
7월 14일 성모자애 재활원 1,000,000
11월 22일 사랑의 손 가정봉축제 300,000
11月

10,252,000

BUSINESS SCHEDULE ①

Item	Date	1	2	3	4	5	6	7	8	9	10	11
미아 성가 복지 병원						60.-	(大壽)					
〃						50.-	(중壽)					
〃						20.-	(去捨業)					
형당성당 변선 요소						10,-	(批孝)					
자손 예수회 장애자						10,-	(〃)					
도착동성당 안착동성당 (경기도오산)						10.-	(〃)					
비밀 헌금						7,000						
왕십리 성당 담배값						6,000						
행당 성당 수위 담배값						6,000	✓					
매몽전 모친						10,000	6月					
사랑의 손 (장애자)						150,000	7月					
동리 노인회						50,000	779.- 839,000					
강남구 성가복지병원						100,000	939,000					
재 만나						20,000	959,000					
2차 다리						10,000	969,000					
9.2.22 프란치스코의집						100,000	1,069,000					
11.3.- 중앙의료원 백승치 사안						10A-	1,259.-					
3.22 화성 홍성남면 문학리												
〃 성녀 루이제의집 양모원						10a-	1,359,000					
3. 29 꽃 동네						10a-	1,459,000					
4. 2P 성모자애가정회						100.-	1,559,000					
5. 4 성가복지병원						200.-	1,759,000					
11.〃 작은예수회						10a-	1,859,000					

BUSINESS SCHEDULE

Item	Date	1	2	3	4	5	6	7	8	9	10	11	12
주유마		10月8日						35,000		1,195,000			
옆집 아저씨 (배씨)		10月11日						100,000		1,295,000			
행당2동결핵환자의상민		10/24						100,000		1,395,000			
행당 성당 (빈첸시오)		11/4						200,000		1,595,000			
사랑에 손		11/17						100,000		1,695,000			
성당 빈센소		12/3						100,000		1,795,000			
성당 노인회		12/21						50,000		1,845,000			
소말리아 어린이 돕기 (부녀회)		12/21						100,000		1,945,000			
성당(행당) 빈첸시오 9가정		1/5						100,000		2,045,000			
프란치스코의집 (청능시장)		1/5						100,000		2,145,000			
배 존현(옆집) 아저씨		1/20						100,000		2,245,000			
똥광이 할머니 (밤.담배)		1/26						10,000		2,255,000			
성당(행당) 빈첸시오		2/3						100,000		2,355,000			
행당동 부녀회		2/8						100,000		2,455,000			
성당(행당) 빈첸시오		3/2 ✓						100,000		2,555,000			
행당3동 부녀회		3/8						100,000		2,655,000			
행당 꽃동네		3/20						200,000		2,855,000			
성당 (빈첸시오)		4/1						100,000		2,955,000			
벼룩(알뜰시장) 부녀회		4/1						120,000		3,075,000			
서울 라파엘의 집		4/14						200,000					
성 (빈첸시오)		5/5						100,000		3,275,000			
김 태안 (청소부아저)		5/9 ✓						200,000		3,475,000			
행당2동 3다 - 3번지 (전화)=975-1575													

③

13	14	15	16	17	18	19	20	21	22	23	24	25	26	27	28	29	30	31

행당성당 ~~5~4~~ ~~300만원~~ 2,157,000
행당 성당 5.7 30만원 2,457,000
성신 가구원 5.18 10만원 예 2,557,000
성당 한마음 운동 5.20 1만원 2,569,000
동희 (경운기) 5.28 20만원 2,769,000
불쌍한 할머니 5.28 1만원 2,779,000
최사라 5.29 1. ~~2,789,000~~ 2,789,000
형자매 아줌마 5.지 10만원 2,889,000
√ 엄마우스(못) 6.4 (운반비) 1만원 2,899,000
성 요한 수도회 6.9 10만원 2,999,000
성등 부녀회 6.27 13만원 3,129,000
소피아 장복 신경희 6.30 20만원 3,329,000 -300,000

√ 1992년 6월 30일 말 3,029,000

용봉동 결핵환자 7.8 김 다니엘 100,000
수녀님 (충북 의령동 한마음) 7.리 충북 제천시 의령동 8-각 학 이카스타 수녀 200,000
충 안나 할머니 8月4日 (10,000) 31,000
√ 행당1동 동인 장학금 8月 2日 200,000 5,000
√ 행당동 본당 9月 4日 행당동 반찬 시오 100,000 6,000
재단 법인 프란찬 꼬리 11 성심 인여 병원 미리히 100,000 7,000
사회 법인 명휘 위원상 ⑨ 9月 16日 강상숙 수녀 100,000 8,000
충북 충주시 호암동 42-8 9月 2일 함 영희 수녀 (10만원) 100,000 9,000
행당동 비천 시오 10月 내 100,000 10,000
·성동구 부녀회 9月 30日 (한 할매 알은 사랑) 15,000 115,000

(4)

항목	날짜	금액	누계
행당동 빈첸시오	6.2	100,000	3,675,000
행당동 빈첸시오	7.1	100,000	3,775,000
성모 자애원(서곡)	7.19	1,000,000 ✓	4,775,000
행당동 빈첸시오	8.5	100,000	4,875,000
행당동 빈첸시오	9.2	100,000	4,975,000
성모 자애원(서곡)	9.20	1,000,000 ✓	5,975,000
행당동 빈첸시오	10.#7	100,000	6,075,000
청소부 아저씨(대신동)	7	18,000 ✓	6,093,000
분틴(씨) 행당동	10.19	(200,000)	6,293,000
행당동 빈첸시오	11.4	100,000	6,393,000
성심 언어 병원 (프란치스코회)	11.4	100,000	6,493,000
사랑의손	11.6	200,000	6,693,000
빈대떡 씨 (행당동)	11.30	130,000	6,823,000
행당동 빈첸시오	12.2	100,000	6,923,000
행당동 본당(노인회)	12.10	50,000	6,973,000
행당동 본당(빈첸시오)	1.6	100,000	7,073,000
청소부 (용용이)(6%)	2.8	(6%) 26,000	7,099,000
음성(꽃동네)	3.13	1,000,000	8,099,000
장애자 교육원(부천)	5.16	1,000,000	9,099,000
행당 삼촌 헌금	7.9	1,000,000	10,099,000
〃	7.9	100,000	11,099,000
구르마 바퀴	7.20	16,000	11,105,000

MONTHLY PLAN

Wednesday (水)	Thursday (木)	Friday (金)	Saturday (土)
2 정심회 12月20 50,000 성모자애재활원 98년11月18日 700,000원 사랑의 집 94 " " 22日 300,000원 도성동 청소부 95 " " 14日 100,000원 와병환자 성당 건축헌금 600,000	3	4	5 (11.30)
9 우유 1000cc 추어탕 공기수둘 떡매리두부 생치 10개 칼치 3토막 양 콩가루 사과 오렌지	10 우유 200cc 밥 식혜 당 식혜 사과 3게 곶감 1봉 유자 약간	11	12
16 (12.1) 구두마 1994 성심회 성모 재활원 사랑의 집 도성동 청소부	17 수리비 1994년11月18日 1994년11月22日 1995.1月.14	18 48,000 50,000 700,000 300,000 두메인 봉사	19
23 성당건축금 풍기 성당건축 구두마 수리비 임마오루 토스트	24 1995. 3.12 1995. 6.10 1995. 6.14 1995. 12.14 1995. 6.22	25 500,000 100,000 15,000 160,000 30,000	26
30 (12.2) 도성동 청소부 이재씨 1995.9.7 11,200원 행당1동 봉사일 1995.12.1 1,000,000원 영세민 라면 계룡할머니 돌방 96.12.3 200,000원 ⟨자선병환자⟩			2/2

February 2

Sunday (日)	Monday (月)	Tuesday (火)
1/27 행동종회 쌀 이 네스 성당 선성희 ※도선동 정소박스수레 봉사 성모 자애원 사관에 손	1/28 1985. 12. 7. 1985. 12. 10 1985. 12. 31 1995. 12. 14 1985. 02. 15	1/29 740,000 200,000 50,000 50,000 1,000,000
3 도스도 아줌마 라면 2개 프란치스코년경 시모결핵화과	4 1985. 12. 15 " 1985. 12. 17 " " "	5 300,000 200,000 20,000 600,000 100,000
10 도희등 분우이웃돕기 (라면 BOX) 행영동 청소부(섣달) 1996.1.9 갓쳣소부아줌 도신도청소부 구름만바구	11 1996. 1. 7 1996 3.30 1996 5.20 " 6.10	12 100,000 37,000 200,000 200,000 20,000
17 유 알선 청소부 베 종철 도선동. 행영동 청소아줌 1986	18 7/5 " 8.12 8.16 8.24	19 85,000 100,000 60,000 200,000
24 (210) 행영동 전화번호	25	26

MEMO

1 January 1991

3 March 1991

2000년대 기부 내역

소울선당   200만원
평화의모친집 450만원
나정이   200만원
성부 재갑마버스 20만원
꼭잔수   16만원
대전   16만원
거노당   12만원
꼭잔수   8만원
첩목회   10만원
야노원   16만원
애시할머니   35만원
대리사   5만원

        1260만   29.01만

THEME 송우리

2009년 곡잔수 20만 9개225
성단거리금 2000○한원원 03 9日

2010년 1월29일   오현의교센터 1억원

제8부 어머니와 대화

 **내가 봉사하고 기부하는 이유**

(2019년 하계동성당 2구역 형제 모임에서의 말씀)

☞ 어떻게 봉사를 시작하게 되셨는지요?

나는 지금 가슴에 심장박동기가 들어있지만, 그때는 (1990년대) 없었어요. 그래서 힘들어 다른 것은 할 수 없었고, 길에 다니면서 고물을 주웠지요. 처음에는 사이다 병 등을 주었는데 교우들이 우리 집에 와서 공병을 가져가라고 하고, 우리 집에서 책과 폐지를 가져가라고 해서 처음에는 모두 지고 다녔어.

그러자 사람들이 왜 사서 고생하느냐고 물어서 보속한다고 이야기했는데 고마리아는 무슨 죄가 그렇게 많기에 그런 보석을 하느냐? 무슨 일이 있었는지? 물었지만 그건 말 안 했어.

나는 새벽 1시면 집을 나갔어. 왕십리 구역으로. 낮에는 주울 것이 없어, 밤에 주어야 돼. 남 잘 때. 낮에는 서로 줍겠다고 싸움해. 줍는 것도 아무 곳에서나 못 줍고 왕십리 구역에서만 주워야 해. 내가 왕십리 구역에서 새벽에 노래방 주변에서 깡통을 줍는데 청소부들이 할머니 왜 줍느냐고 물었어. 새벽 2시에 이것을 줍는 이유가 장애자나 형편이 어려운 사람을 돕기 위해 줍는다고 하니까 청소하는 아저씨들이 그럼 우리가 도울게요 하더라구.

청소 아저씨들이 책이 어디 있는지 박스가 어디 있는지를 알려주고 돕기 시작했어. 그러니까 청소 아저씨들이 있으니까, 배경이 든든해. 청소 아저씨들 빽이 있어서 밤새 주워다가 산더미만큼 모아 놓고 왕십리성당 새벽 미사를 들어가. 미사가 끝나고 나와서는 리어커를 가지고 고물을 고물상으로 날라 놓고, 점심을 먹으려고 집에 와. 그렇게 활동을 하면 한 달에 40만 원을 법니다.

한 달에 40만 원. 그런데 어떤 날은 배고파서 죽겠어. 그런데 하느님 돈이라서 한 푼도 안 썼어. 우유 하나 안 사 먹었어. 하느님 돈이라서 무서워서.

그렇게 활동을 하는데 평화방송에서 어떻게 알고 왔는지 모르겠어. KBS는 누가 신청했는지 알아. 그래서 왜 신청을 했는가 물었더니 자기가 했다 하더라고요. 여하간 방송국에서 연신 촬영하자고 연락이 오는데 엄청 괴로웠어. 줍고 팔기 바쁜데 방송에서 이렇게 해라. 저렇게 하라고 하여서 내가 막 싸웠어.

오른손이 하는 일을 왼손이 모르게 하라고 그러는데 왜 나를 이렇게 방송국에서 쫓아다니면 나는 못 살겠다고 그러니까 평화방송에서 신자들이 도와주어야 촬영을 하지, 안 도와주면 우리가 어디 가서 촬영할 수 있느냐고, 그래서 할 말이 없어. 그래서 그러면 할 수 없다면서 평화방송에서 촬영을 했지.

그런데 참는 데도 한계가 있지 한 장면을 찍는데 세 번씩 이렇게 저렇게 해라. 마이크를 목 밑에 대놓으니까 힘들단 말도 못 했어. 그런데 그렇게 촬영하고 스무날 지나면 다른 방송국에서 또 찾아와. 프로가 많아. 다큐에서도 오고 뭐도 오고 뭐도 오고 자꾸 오니까 무척 힘들었어. 나중에 너무 힘들어서 신부님하고 말했어요. 신부님 나는 도저히 못 살겠어요. 저 사람들 며칠 지나면 다른 프로에서 찾아와서 내가 어떻게 살겠어요?

그러자 신부님이 평화방송에서 요청하여 취재를 허락하였으나 자매님이 알아서 하라고 그래. 방법이 없어 방송국하고 싸워도 안 돼요.

그러면서 6년에 3천만 원을 벌었어요. 6년간 고물을 주웠어. 일요일도 했어. 맑은 날은 주울 게 없어. 비 오는 날은 그래도 줍는 게 많았어. 비를 맞으면서 우비를 입고 했어. 그래서 번 돈은 주로 복지시설인 꽃동네, 암 환자 집, 맹인촌 등에 돌렸어. 내가 직접 가서 주었고, 그것으로 우유 하나 안 사 먹었어.

그렇게 6년을 봉사하다가 행당동 집이 철거됐어요. 그래서 포천에 갔어요. 그동안 상도 많이 받았어. 그러다가 자꾸 소문이 나니까 엄청 성가셨어. 나를 볶아대서 견디기가 힘들어.

☞ 행당동을 떠난 이후 어떻게 봉사하셨는지요?

그런데 포천으로 이사를 하고 나니까 전혀 그런 일이 없어. 그래서 무엇을 할까, 생각하는데 자매님들이 의정부 성모병원을 가라고 했어.

그래서 의정부 성모병원을 찾아가서 원목실에 가서 수녀님을 만나서 봉사하러 왔어요. 하고 말하자 수녀님이 수술실에 빨래 개는 것을 하라고 해. 그래서 2시간씩 하는데 고물할 때 비하면 일 같지 않아 싫었어. 그래서 더 힘든 거 주세요. 그러니까 수녀님이 레지오 단원은 일주일에 2시간을 봉사하게 되어있는데 무엇을 더 달라고 하느냐고 수녀님이 뭐라고 하네.

그래서 할 수 없이 동네 오니까 화초 강사가 와서 화분을 팔고 있어서 도와주기 시작했어. 하루는 의정부 성모병원에 총책임자를 찾아가서 병원에 화초를 갖다 놓아도 되냐고 물었더니 그렇게 하라고 해서 화초 봉사를 시작했어. 그렇게 봉사하는데 화초를 이쁘게 가꾸니까 교수님들 나와서 간섭을 하기 시작하네. 그러니까 또 못 살아요. 교수님! 교수님은 사람 살리고 나는 화초를 살릴 테니 나오지 마세요. 성가시니까 하고 말을 했어. 교수들이 알지도 못하면서 잔소리를 하니까. 오히려 내가 더 잘하는데 알지도 못하면서 잔소리를 하니까.

사람들이 나보고 희한하다고 해요. 그 많은 화분을 어느 방에서 왔는지를 다 알고 있다고 대단하다고 해. 안과에 갈 거와 치과에 갈 거 등을 알아서 내가 다 하니까. 각 방에서 분갈이할 화분을 내놓으면 분갈이해서 다 가져다주니까 사람들이 이쁘다고 좋아했어.

그다음에는 내가 화분을 가져가서 복도에 놓기 시작했어. 복도에다 놓기 시작하고 하여튼 그래도 만 10년을 개근했어요. 10년 봉사상을 타고 심장박동기를 넣었더니 성모병원에서 위험하다고 오지 말라고 해요. 그때 정말 속상하더라고. 그래서 자매님에게 왜 오지 말라고 하는지 알아봐달라고 했어. 수녀님이 위험하다고 그런대요. 그래서 이런 대형 병원에서 위험하다고 오지 말라고 하면 나는 어떡하냐고 물었더니 심장박동기와 인공관절 등을 넣어서 무서워서 안 된다고 오지 말라고 그랬어요. 그래서 그날부터 못 갔어.

그렇게 지내다가 포천에 있는 모현의료센터를 다니기 시작했어요. 그런데 봉사하다가 한 번 쓰러졌어요. 그날은 누가 나를 속상하게 하지 않았는데도 쓰러졌어요. 바깥에서 쓰러졌는데 거기서 쓰러지면 그 집 식구도 모르잖아. 얼른 집으로 기어가서 부엌에서 쓰러졌어. 그러자 모현에서 청심환을 입에 넣었어. 한참 후 깨어났더니 무섭다고 오지 말래요. 그때는 모현에서 암 병원은 없고 양로원만 운영할 때였어.

그래서 엘리야 수녀님을 쫓아다녔어. 모현에 가지 않으면 심심해요. 레지오 하는데 봉사 활동을 해야 한다고 사정했어요. 그렇게 하루 종일 쫓아다녔더니 결국 오라고 허락이 떨어졌어.

☞ **모현의료센터에 1억 원을 기부하신 이유는?**

내가 모현에 1억 원을 내놓은 목적은 나는 북한 실향민이에요. 문재인의 엄마랑 같아요. 내가 열여덟 살에 이남으로 나올 때 이남 사람들이 말하길 석 달 만에 수복한다고 하였고, 그때 서울 오장동에 있는 우리 오빠로부터 편지가 왔어. 그래서 오빠를 데리고 오려고 주소를 가슴에다 꽁꽁 넣고 와서 오빠를 데리고 석 달 만에 집으로 갈 줄 알았지. 그런데 집에 못 간다는 생각을 전혀 하지 못하고 오빠를 만나면 집에 갈 줄로만 믿었어.

그런데 흥남에서 배를 타고 보니까 집에 가기 힘들다는 생각이 들기 시작했어. 배를 타고 바다로 나왔더니 저 멀리 흥남 부두가 보이는 거야. 그때는 다시 못 올 것 같다는 생각이 들었어. 그때부터 울기 시작했어. 그때 결심한 것이 내가 의식주가 해결되면 반드시 양로원에 가서 부모한테 못 한 효도를 하리라고 다짐했어,

그래서 마리아의 작은 자매의 수녀회에서 양로원을 한다는 말을 듣고 신났어. 우리 성당 반장들이 모여서 그런 말을 하기에 나도 봉사하고 싶다고 하자 와도 된대요. 그래 갔어. 그래서 혼자 찾아갔어. 찾아갔더니 원장 수녀님이 일을 어떤 식으로 하겠는가 묻길레 일주일에 하루, 내가 차비 들이고 왔으니까 하루 종일 하겠다고 했어. 하루 종일 했는데 그렇게 며칠 일을 했어. 하루는 일을 하는데 양로원 할머니들이 무엇이라고 말하는 줄 알아요? 봉사자 때문에 못 살겠대 꼭 때가 되면 얻어먹고 간데. 자기

네도 배고프다고 그래. 그 소리를 듣고 깜짝 놀라서 오전만 일하고 왔어.

그러니까 수녀님이 내가 나가는 것을 기다리고 있다가 나에게 말하길 마리아가 하루 종일 일한다고 하고서 점심 전에 왜 가느냐고 따졌어. 이유를 말하면 할머니들한테 혼나서 말을 못 한다고 하니까 그래도 내가 알아야 한다고 하길래 그럼 할머니를 혼내지 않으면 말하겠다고 말했어요.

그래서 할머니들이 그렇게 말하더라고 봉사자 때문에 못 살겠다고 꼭 밥을 먹고 가서 배고프데. 그랬더니 수녀님이 고마리아도 답답하다면서 치매 할머니가 말했다고 곧이곧대로 들으면 되냐고. 그 소리를 듣고 내가 먹으면 할머니들이 배고파할까 봐 깜짝 놀랐다고 말하자 수녀님이 그러면서 이렇게 말해요. 수녀님이 내가 일을 잘한다고 우리가 월급을 줄 테니까 여기서 직원으로 일을 해달라고 그래요,

그래서 깜짝 놀라 수녀님에게 왜 그렇게 말씀하세요? 대한민국에 돈 벌 때 천지에요. 난 양로원에 돈 벌려고 안 왔어요. 싫어요. 양로원 돈 나는 싫어요. 그러면 차비를 주면 어떻겠는가? 버스비를. 그것을 마다할 수 없어서

버스비는 받았어요.

　그렇게 처음에는 가서 허드렛일만 바깥에서 했어. 나는 꼭 그래요. 나는 여럿이 하는 일은 안 해. 그 집이 안 필요하니까 안 하는 일을 골라 하니까 수녀님이 내가 마음에 드는 거야. 근데 차비는 받았어. 그러다가 혼자 차비 받고 다니면서 꽃을 갖다 놓았더니 할머니들도 좋아해. 그때는 간병인이 없었고 조금 성한 할머니들이 더 힘들어하는 할머니와 한방에 재우면서 보살피게 했어. 어느날 가니까 한 할머니가 같이 있는 할머니 때문에 밤에 화장실에 데리고 다니는 등 못 살겠다고 해. 할머니 데리고 화장실에 갔는데 그 할머니가 시끄럽다면서 욕하면서 때린대요.

　그런데 그 할머니가 강릉에서 왔고, 수녀님의 이모라고 해. 나는 딸만 셋이 있는데 딸에게 신세 안 지려고 여기 왔는데 여기서는 때려서 못 살겠다고 해. 지금은 간병인들이 많아요, 내가 수술하고 여기 있겠다고 하니까 안 된다고 그래. 보건복지부에 운영하고 정원이 29명이라고

　그다음에 이제 병원 생긴 지도 10년이 넘었어. 암 병원에 가니까 이번에 13명이 있더라고요. 암 환자가 그곳에서 오래 없어. 오래 두질 않아요. 그전에 6개월도 있었는

데 지금 3개월이야. 그런데 어떤 때는 많이 돌아가셨어. 그러니까 내 생각에는 내가 부모한테 못해서 양로원에 계속 지금까지도 다니는 거예요.

그리고 1억 원을 내놓았는데 처음엔 아들들이 머리가 커서 내 말을 안 들을까 봐 내가 머리를 썼어요. 우리 동네 아파트 32평짜리가 한 1억 됐어. 그래서 명절에 아들들이 왔기에 내가 그랬지. 내가 양로원에 이 집을 가지고 가겠다. 그러니까 다른 말을 할 아들이 없지. 내가 밥을 못 할 때는 이 집을 팔아서 양로원에 가겠다. 그러니까 아들들이 그러라고 대답했어. 그래도 못 믿겠더라고. 그래서 법원에 가서 공증했어, 내가 사망하면 기증하겠다고.

그러면 모현에서 내가 사망하면 집을 받아 간다고 그랬는데 그 공증비를 내가 내고 생각하니까 내가 막상 죽으면 저 아들들이 그렇게 생각할 것 같았어. 집을 드렸는데 공증비까지 우리가 내냐고. 그래서 수녀님! 공증비 주세요. 내가 냈지만, 나중에 수녀원에 말을 들을 것 같아서 공증비를 받았어요. 그랬는데 또 할아버지 돌아가시니까 그 집이 크고 싫은 거야. 안방에 들어가기 무서워 못 살겠어.

그래서 수녀님을 찾아가서 수녀님 어떠하겠어요? 나는

그 집 팔아야겠는데 수녀원의 집이라서 못 팔고 내가 현찰 1억 원을 갖다줄게요, 공증 풀어주세요. 풀어야 집을 팔지 못 팔아요. 그래서 원장 수녀님이 하는 말이 당연히 우리는 도움받는 입장에서 안 된다고 하겠는가? 권 관장님하고 수녀님과 회의를 해야한다고 그래. 그래서 된다 하면 연락한다 그랬어. 그다음에 된다고는 했어.

그리고 신협에서 1억 원을 다 준비해서 놓았다고 연락이 왔어. 그런데 모현에서 우리 집에 오겠다고 연락이 왔어. 이상하다. 내일 만나는데 오늘 일이 없는데 이상하다고 생각했어. 수녀님이 올 일이 없는데 우리 집 왜 오세요? 그러니까 고마리아 자매님이 해로울 일은 없대.

그러면서 원장 수녀님과 작은 수녀님이 봉투를 들고 왔어요. 그러면서 봉투를 내밀면서 고마리아 집도 안 받고, 1억 원도 안 받겠대요. 나를 안 받고 1억도 안 받겠다고 해서 나는 엄청 충격을 받았어. 평화방송 등 줄줄이 오기로 했는데 이거 큰일 났네. 그것뿐이 아니라 나는 약속을 했기 때문에 안 주면 안 돼요. 나는 약속하면 꼭 줘야 돼요.

나중에 알아보니까 심장박동기 때문에 그렇대요. 이 기계를 찬 사람들은 거저 봐서 일반 사람 같아요. 아니에요. 어느날 성당에서 화초 분갈이를 하고 있는데 형제님에게 도와달라고 했거든.

그런데 그 형제가 막 성질내는 거야. 성당에 내가 일하러 왔냐고, 미사 온 사람 보고 일해달라고 그런다고. 그날 큰일 날 뻔했네. 조금 있으면 미사 시간인데 몸이 딱 굳어버려서 기계 찾단 말도 안 나와서 이미 다 갔어. 내가 절반은 갔어. 그래서 억지로 참았고 깬 다음에 말했어. 수녀님 못하겠어요. 도와달라고 이야기했더니 내가 미사 왔지, 일하러 오지 않았다면서 욕하고 그래서 내가 이 기계를 차고 성당 일을 못 하겠어요. 그랬더니 수녀님이 말해서 이젠 괴롭히는 사람이 없어. 기계를 넣은 사람은 누가 속상하게 하거나 한마디에 쓰러져 두 마디도 필요 없어. 그러니까 양로원에서 안 받는 거야 기계 때문에 말이에요.

그리고 간호사가 그러는데 죽을 때 양로원이 아니고 요양병원에 가래. 포천 요양병원은 70만 원 수준이래. 서울에는 비싸서 엄두도 못 내고….

☞ **현재 봉사하시는 일은 어떤 것이 있으신지요?**

성모병원 그만두고 모현의료센터에서 봉사를 하고 있

어. 지금은 또 뭘 하는가 하면 현재는 화초 봉사를 다섯 곳에 하고 있어. 화초 봉사만 다섯 군데 하고 있는데 지금은 내가 기술자라고, 22년 동안 송우리에서 화초 봉사를 했으니까 기술자지. 그런데 내가 한 번도 생각 못 한 일이 있어. 내 일을 인계해 줄 사람을 생각하지 못한 거야. 인수받을 사람이 없어. 그래서 내가 87살인데 아직도 이러고 있어요.

떡국 세 그릇만 먹으면 아홉 개가 차는데 아직 못 먹었어. 그런데 인수할 사람이 없어. 성당 일도 마찬가지예요. 우리 총회장하고 말해도 소용없고 꾸리아 단장에게 말해도 끝이지. 수녀님에게 사람 한 명만 구해달라 그랬어. 도와달라고 아무리 얘기해도 안 도와주지. 수녀님에게 안 도와주면 어떻게 일하겠어요. 할 수가 없어서 그랬는데 65살 먹은 자매님이 자원해서 왔어. 와서 어머니를 도울 테니 이다음에 죽을 때 도와달라면서 붙었어. 그래서 그나마 운용이 되고 있어.

그리고 또 모현의료센터 암 병원에는 화초가 엄청 많아요. 거기도 맡을 사람이 없어. 만약 내가 안 나가든가 사망하고 안 나가면 감당할 수 없어 봉사자들에게 나누어 줄 거야. 그게 지금 와서 내가 늙어서 못할 경우에 인수할 사람이 없다는 생각을 전혀 못 했어.

☞ 또 다른 기부도 하셨다는데 구체적인 내용은?

그래도 내가 이 나이에 가만히 하는 것을 보면 하느님이 날 도와줘. 그래서 오늘 현재까지 하고 있어. 작년 설에 아들이 왔다 갔지만 가만히 생각하니 우리 동네 아파트가 13평인데 1억 천에서 2천 나가요. 집값 내렸어요. 시골은 집값이 내렸어요. 왜냐면 아가씨들이 시집을 안 가고, 남자들이 장가를 못 가서 인구가 줄었어요. 포천시가 15만 명에서 14만 명으로 줄었어요. 서울에 사는 사람도 줄고 있어요.

그래서 앞으로 묵은 집은 폐가가 되겠어. 내가 보기는 새 아파트에만 들어가요. 우리집도 22년 되는 집이라서 늙었죠. 옛날 같으면 20년이면 재건축하는데 그래서 우리 영감이 피난 나올 때 동생과 조카하고 나왔는데 동생이 59살에 행방불명이 되었어요. 우리 동서는 45세 혈압으로 쓰러져 죽었어. 그들은 3남매를 남겼는데 내가 낳은 새끼랑 같아요.

그래서 내가 조카에게 1억 원짜리 아파트를 주어서 옆에 와서 회사 다니면서 잘살고 있어. 조카들이 삭흘세를 살고 있어서, 찢어지게 가난하게 살고 있더라고 안타까워서 남들도 주는데 조카들에게 못 주겠어.

☞ 남에게 기부할 재산은 어떻게 모으셨는지?

나는 엄청 야무지게 살아서 돈을 모았어요. 그러면 왜 이렇게 고생하는지 이유를 말씀드리면 성당에 우리 신부님이 한 분이라서 하루는 저녁 미사, 하루는 10시 미사를 갔다 오면서 쓰레기를 주워요.

내가 쓰레기를 왜 줍느냐면 길이 깨끗하잖아. 맞지요. 다른 것이 없고 무슨 그게 다른 뜻이 포함되겠어. 경비 아저씨가 어떨 때 내가 주워 온다고 야단치지 말라고 하면 어떤 사람은 괜찮다 그러고 또 어떤 사람들은 주워 오지 말라 그런다고. 그럼 안 볼 때 거기다가 야무지게 넣어요.

나는 그렇게 특별하게 살아요. 내가 볼 때는 그것뿐이 아니에요. 아파트 한 바퀴를 돌면서 화분을 주어요. 그래서 바자회에 팔고, 필요한 데서 실어 가고, 한 번은 철원 성당에서 실어 가고 지금 또 성당에 한 차 있어. 성당이 잘 돼요. 근데 빈첸시오회에서 안 팔겠다 그래서 혼자 연구를 하고 만약에 안 팔겠다 하면 교우들에게 가져가라고 하면 잘 가져가요. 빈첸시오에서 안 팔면 성당 마당에 내놓고 교우들에게 그냥 가져가라고 하면 잘 가져가요.

☞ 하루 일상을 소개해 주세요

내 하루 생활이 복잡해요. 하루에 동네를 한 바퀴 돌면서 화분을 주워 오고, 또 봉사 나가야지 눈을 뜨면 바쁘고 성당 가서도 일해야 해. 화초에 물 주어야지, 다듬어야지, 분갈이 해주어야지 내가 올 때 직원한테 일렀어. 물에서 크는 화초는 자주 물을 갈아야 한다고. 한번은 모현에 가서 웃었어. 의사 선생님에게 나도 나를 돕는 직원이 생겼다고 하니까 같이 웃었어.

열심히 하고 있는데 내 생각엔 그래요. 행당동에 있을 때 내과 의사가 내게 요즘도 고물 주어서 봉사하고 있냐고 물었지. 그래서 하고 있다고 하니까 명심보감에 있듯이 할머니가 고생고생하다 베풀고 가면 이다음에 손자들이 잘된다고 하더라고. 그렇죠. 그거 무슨 꼭 천당 간다기보다도 선행에서 나쁠 게 없잖아요. 나는 천당에 안 가봐서 모르겠어. 천당 간다고 해서 하는 것이 아니라 선행을 하는 것이 나쁠 게 없잖아요.

눈을 뜨면 이 집에서 분갈이 해달라 저 집에서 화초 다듬어 달라고 요청이 와요. 나는 이제 화초 기술자가 되었어. 그러다 보니 엄청 바빠요.

☞ 성당을 다니는 사람으로서 해야 할 일은?

여러분들 형제 모임에 왔는데 내가 너무 오래 이야기 해서 미안합니다. 내 생활이 그렇게 바쁘게 산다고 형제 님들도 그렇게 살라는 건 아니지만 그래도 내가 볼 때는 그래요. 성당만 왔다 갔다 하고 열심히 하는 사람도 많아요. 하지만 선행도 해야 해요. 성당을 다닌다는 것이 그저 왔다 갔다 다니는 게 아니에요. 맞죠? 봉사도 하고 선행도 해야 해요. 근데 그런 사람이 이제는 많지 않아요.

이번에 송우리 성당에 교우가 5~600명 되는데, 화초 도와달라고 하면 아무도 안 도와줘요. 야속합니다. 화초에 물 주는 건 누구나 할 수 있다고. 화초를 가꾸는 것은 기술이 있어야 하지만 나무를 성당 밖으로 내놓는 일은 할 수 있는데 여름에 밖으로 옮겨달라고 하면 절대 안 하잖아. 사람들이 엄청나게 몸을 아껴. 지금 사람들이 그래. 우리는 시대에는 그런 것을 모르거든요. 요즘 사람들은 일하면 죽는 줄 알아요. 그렇게 시대가 변했다 생각되고요. 양로원에는 도울 사람이 없더라도 성당은 도와야 하잖아요.

내가 레지오 단원으로서 봉사를 하니까 꾸리아단장이 봉사자를 한 명 붙여 주어야 되는데 안 그러니까 대단히

야속하더라는 소리예요. 그러니까 내가 세례받은지 30년이 넘었는데 그때 처음에 다닐 때는 선행하는 사람도 내 눈이 보이고, 참 종교 중에 성당이 제일 낫습디다. 나는 지금 개신교라면 안 댕겨요. 나도 힘들어요. 힘들어 안 댕겨요. 내가 선하게 살면 되지. 근데 그때 내가 영세 받고 우리 신부님이 레지오 훈화 들어오셨을 때 물어봤어.

신부님! 성당 다니는 사람은 천당 다 가고, 안 댕기는 사람 어디로 가요? 물어봤어. 그랬더니 성당 댕기고 안 댕기고 자기가 어떻게 생활하느냐에 달렸다고 했어. 그 말이 맞지요? 성당 다닌다고 다 천당 가는 것이 아니고, 그 사람의 행실에 달렸는데 많이는 못 가고, 가는 사람이 적다고 봐야 해.

☞ **봉사하시면서 어려운 점이 있다면?**

내가 87살 먹었는데 작년에 더워서 물을 주고 나면 온몸에 땀이 범벅이에요. 죽었어요. 올여름엔 살았어요. 신부님 그 모습을 보시고 이거 큰일났구나! 큰일났구나! 이러다 할머니 쓰러지면 아들네 골치 아플 텐데 하면서 더운데 하지 말고 새벽에 하라고 해. 근데 나도 새벽에 못 가요. 나도 기도해야지. 하는 일이 천지인데 어떻게 새벽에 가겠어. 근데 올여름에 그나마 한 사람이 붙었고 덜

더워서 올여름엔 수월했어.

내가 많이 생각해 봤어. 다른 사람은 노인정 앉아서 화투치기하면서 하하 웃는데 나는 왜 노인정에 발도 안 들여놓고, 이렇게 무지하게 고생하잖아요. 어떤 때는 큰 화분을 분갈이할 때 엄청 힘들어요. 조그만 화분은 재밌어요. 모현에 잔뜩 해놓고 내가 보면 내 손이 가야 이렇게 이쁘구나. 그때는 행복해. 그런데 큰 거 할 때는 어떤 거는 오랫동안 뿌리가 자라서 나도 안 돼. 뿌리를 화분에서 뺄 수 없어 화분을 깨야 해.

☞ **심장박동기를 이식하고 어려운 점이 있다면?**

내 가만히 생각하면 왜 다른 사람 앉아 노는데 나만 일하는지 내 생각에는 그래요. 내가 이 기계를 넣은 뒤 맨 처음에 7년을 살았어요. 심장이 멎는 것을, 그리고 심장박동기 넣고 10년 더 살았어. 저는 현재 만 10년 살고, 10년이면 빼서 버리고 새것을 넣지. 그러니까 17년 살고 또 교체하러 들어갈 때 내가 요양병원에 가서 국가에 좀 먹는 사람이 되기 싫더라고,

그래서 신부님 면담합시다. 그래 면담을 들어갔어요. 신부님! 기계가 수명이 다 됐습니다. 그런데 내가 안 갈

려고 하는데 안 갈고 죽으면 죄가 되나요? 그게 걱정되는 거야. 내 생각에는 그런데 내가 국가 좀 먹기 싫어요. 현재는 그래도 일을 하지만 만약 일을 못 하고 요양병원에 들어가 국가 좀을 먹기 싫어서 안 갈아 넣고 죽으면 죄가 되는지 그게 걱정입니다.

그러자 우리 배광하 신부님이 우리나라가 엄청 가난했는데 어머니들이 아들을 훌륭히 키워서 이렇게 부자가 됐는데 국가의 혜택 받을 자격이 있다고 해. 그래서 생각하니까 막 웃음이 나왔어. 그럼, 신부님 갈지 말라고 그러겠어. 신부님이 어떻게 갈지 말라고 이야기하겠어. 배광하 신부님이 그랬어.

여기 심장박동기가 세 번 들어갔어. 세 번에 지금 20년을 살았어. 어떤 날은 정말 힘들어서 가만히 생각했어. 나는 이 나이에 왜 고생할까? 너는 명이 없는 걸로 명을 자꾸 길게 하고 있는데 기계 넣고도 죽은 사람이 있어요. 근데 난 죽어도 살아요. 절대 안 죽어요. 아무 탈 없이 그냥 기계 갈아 넣으면 사흘이면 집에 와요. 수술하고 나면 간병도 필요없고 돈도 안 비싸요. 포천 사람은 또 할인이 돼요. 포천하고 고대병원하고 자매 형제가 됐다고 주민등록 가져오니까 할인해 주어서 남는 돈으로 보행기 사서 갖고 왔지.

☞ **봉사를 하시면서 하느님의 은총을 느끼시는지?**

그런데 내가 죽지 않고 절대 사는 것을 보면 내 생각엔 하느님께서 이 세상에 명이 없는 것을 내가 너를 살려주었으니 봉사하라고 그러는 것 같아요. 하느님 생각을 잘 몰라요. 순전히 내 생각이지.

내가 뭐가 남들과 다른가 하면 허리가 완전히 꼬부라졌거든요. 근데 영성체 받으러 나갈 때마다 허리가 빳빳이 펴져요. 근데 신부님으로부터 영성체를 받으면 다시 허리가 구부러져요. 영성체 모시러 나갈 때는 신기하게 하나도 힘이 안 들어

그리고 또 한 번에는 성당에 들어가면 감실이 있지요. 그 안에 불이 환해. 미사포를 쓰고 희한하다고 생각하고 있었어. 감실에 십자가가 있고, 불이 보였어. 그래서 다른 사람도 그렇게 보이는지 물었더니 내 눈에서 감실에 십자가가 불이 타는 모습이야. 나만 그렇게 보였어.

그리고 또 심장병이 악화했을 때 일을 못 나갈 때 심장병이 심하면 말도 못 해요. 말도 못 하고 목숨도 없었는데 행당동성당은 10월이면 저녁에 올라가면 성모상 앞에서 묵주신공을 해요. 그렇게 저녁마다 성당에 갔는데

말하기 싫어서 아는 사람을 피해서 다니는데 보름을 다 녔는데 웃음보가 터졌어요.

여하튼 영성체 모실 때마다 허리가 펴지는 체험을 하고 하느님께서 나를 무지하게 도와주신다고 생각하고 열심히 하고 있어. 그런데 힘들어 나이가 있으니까. 지금도 무사하게 봉사하며 살고 있어요.

☞ 끝으로 저희에게 당부하실 말씀이 있다면?

내가 보기에 여러분도 마찬가지예요. 두드리면 열리는 것처럼 꾸준히 죽을 때까지 봉사 활동을 해야 해요. 예수님께서 우리에게 명령하신 것을 실천해야지요. 이웃사랑은 말로 하는 것이 아니라 직접 몸으로 해야 해요.

형제 여러분들은 나보다 훨씬 젊으니까 얼마든지 할 수 있을 거예요. 이것저것 재다 보면 결국 주저앉게 되는데 밖으로 나가면 봉사할 꺼리가 많아요.

여하튼 두서없는 늙은이의 말을 끝까지 들어주셔서 감사합니다.

 **필요한 사람과 노년의 애환 (2023년)**

☞ 요즘 어떻게 지내셨는지요?

어제는 성당 일 다하고 또 모현에 갔어. 찬바람이 불고 있어 화분들을 실내로 들여놓았지. 모현에 바오로 형제가 할머니 없으면 많은 화초를 키울 수 없으므로 가져가라고 해서 두 개를 가져와서 분갈이했지. 그날도 욕봤단 말이야.

그다음에 치매약 타고, 또 복지관에 가서 모현에서 가져간 화분을 주고, 간 김에 물을 다 주고 왔지. 그렇게 한 바퀴를 돌고 집에 오니 5시가 넘었어. 세 집에서 일을 했으니까 늦을 수밖에. 그날에는 11시 반에 떠났다가 오후 5시 왔어.

☞ 건강은 어떠신지요?

요즘 저녁에는 자꾸 으슬으슬 몸이 아파 힘들어서. 오늘은 또 왜 이렇게 힘든가 하면 성당에 가면서 성당 앞에 송추갈비라는 식당이 있어. 그 집 청소하는 아저씨하고 나하고 친해서 다니면서 화초를 몇 개씩 가져다주었지. 그런데 오늘은 청소 아저씨가 엄마 엄마 하면서 수국이 많다고 가져가라고 해.

그래서 한 판에 6개인데 성당에 갖다 놓으니까 오늘따라 무슨 일이 있는지 젊은 사람이 하나도 없어. 작은 수녀님이 쌀쌀맞아서 무서워 도와달라고 말을 못 하고 있는데 할 수 없이 작은 수녀님이 성모상 앞에 있어서 수녀님께 수국을 심어야 한다고 말했더니 수녀님이 수국 한 판을 더 얻어오면 그동안에 사람을 시켜 수국을 화단에 심는다고 했어. 그래서 수국 12개를 얻어왔어. 얻어와서 가만히 있을 수 없으니까 분갈이 해주었지. 분갈이하는데 등골이 다 젖었어.

동네 사람이 91살인 독거노인 할머니 하나 계시는데 불쌍하다면서 좀 도와주려고 나라에서 타는 것을 알아봐 준다고 해서 만나서 근사한 옷을 얻어왔어.

여하간 일도 엄청나게 해서 지금 어깨가 으슬으슬 아파. 내일은 또 뭘 해야 되는가 하면, 저 앞에 있는 거 미처 해결을 못했어요. 바쁘고 힘이 들어서 그래서 춘란이를 오라고 했어. 그래 가지고 더러 나눠주고 짐을 줄여야 해. 모레는 복지관에 가야 되고 오다 신협에 가서 세금을 내야하고 일이 줄줄이 있어요.

그러다 보니까 저녁때는 질리고 막 까무러치더라고. 그래서 지난번 막둥이가(막내 아들) 사 온 거 있어요. 공진단을 먹었고. 나는 늙어서 웬만한 약은 안 듣더라. 공진단을 세어보니 50알이야. 언제 선물을 받은 것인지 기억에 없어. 내가 별일이 없으면 안 먹고, 가을에는 자꾸 힘들어서 한 18개 먹었는데 아직은 모르겠어. 저녁에는 으슬으슬해서 화이투벤(감기약) 하나 먹고 또 내일 아침에 또 일 나가고 그러고 해. 견디기는 견디지만 갈수록 힘이 들어.

☞ 그 외의 애로사항은 없는지요?

왜 없겠어. 너무 속상해서 아들한테 하소연하는 거야. 나는 애가 타는 일이 너무 많아요. 못 살겠어요. 그런데 하소연할 곳이 없어요. 그런데 찬열 애미는 똑똑해요. 괜찮아요. 싹싹해요. 찬열 애미 덕분에 이렇게 버티고 있고, 찬열이도 똑똑해. 그 집 덕분에 버틸 수 있지.

일전에 변기가 고장났는데 내가 모르는 게 있었어요. 소장님! (아파트 관리소장을 부르는 말) 변기가 고장났는데 어떡하면 좋아요. 그러니까 소장이 전화번호 알려주면 될 텐데 내가 아파트 관리 사무실에서 화초도 관리하고 분갈이하고 게다가 교우예요. 그런데 소장이 쌀쌀맞게 모른다고 해요. 그래서 어떻게 해야 되는지 고민만 했어. 알면 내가 해결하지요. 그런데 내가 모르니까. 방법이 없어서 변기 물은 넘치는데.

그래서 막둥이한테 전화했다고요 막둥이한테 전화해서 변기 고장나서 물이 조금 새더니 철철 새. 그래 이번에 수도세가 많이 나왔어. 그러면 어떻게 하면 되냐고 물었더니 감감무소식이야. 막둥이 바쁘다고 모른 척하고 그래, 그러면 나는 어떻게 해요 그렇게 일주일을 흘렀어요. 속상했어요.

기열 애비가 기열 애미 보내고 맘 편치 않아서 이 말을 처음 하는데 요양사(어머니가 치매 등급을 받아서 오전에 요양사가 방문함) 요양사야! 이거 어떡해, 저렇게 물이 점점 철철 흐르는데 알아봐달라고 하니까 핸드폰으로 한참 알아보더니 변기 파는 곳에서 와서 달아주는 것을 몰랐어. 그것을 알려주면 내가 변기 파는 곳에 전화해서 달아달라 해야 하는데 몰랐어요. 그러니까 요양사가 하는 말이 어머니 저기 변기 파는 데서 변기 달아주면은 27만 원 달래요. 그래.

그래서 당장 해야지요. 몰라서 그랬어요. 그다음 찬열 애미한테 전화했어요. 변기 파는데 네가 좀 전화해 봐라. 만약 변기를 버린다면 내가 들어내 가지도 못하잖아. 고장난 변기가 무거워서 들지도 못하는데 나는 큰일 났네. 저거 변기를 놓고 가버리면 어떡하니. 그래서 찬열 애미가 전화해서 주문했는데 그것도 계약금을 줍대. 3만 9천 원을 계약금 줬대요. 그래서 변기 파는 곳에서 와서 새것을 달고 헌것을 들고 가더라고. 그렇게 해결했는데 우리는 들지도 못하고 노년에는 혼자 산다는 것은 어려움이 많아. 살기 힘들어.

그리고 우리 본당 문제를 들어봐요. 참 속상한 일이 많아요. 내가 그래도 기열 애비 속상할까 봐 말을 못 했어요. 어느날 화초를 못 올라가게 합디다. 화초가 너무 많아서 할머니가 다 실어 가라고 해, 그 말을 듣자, 숨이 탁 막혀서, 심장박동기 단 사람은 말 한마디에 죽는데, 내가 죽어가니까 신부님이 급해서 화분을 올려다 놓으래. 내가 쓰러지니까 쓰러지기 직전이야. 올려다 놓으라고 해서 내가 말했지요. 신부님! 그러지 마세요. 내가 이제 양로원에 가든지 요양병원에 가든지 나이 아흔하나라서 조카딸이 돌보지 않으면 나는 떠나려고 그래요. 도저히 못 살겠어요. 막둥이도 안 보살펴주고, 기열 애비는 애미 먼저 보내고 사경을 헤매고 있고, 맏아들은 저렇게 됐지,

나는 어떻게 혼자 여기서 한없이 못 살아요. 그랬어요. 어떻게 이렇게 살겠어!

☞ 그러면 모든 봉사를 그만두고 편한 곳에 계시면 어떨까요?

나는 떠날 연구를 많이 해요. 오늘이라도 양로원에 가면 호강하는데, 주는 밥 먹고 세상 편하지요. 그러기는 하는데 이제 모현에 들어가면 자유가 절대로 없어요. 절대로 모현에 들어가면 자유가 끝나요. 집으로 못 와요. 모현에서 외출하려면 서울에서 돈이 왔다 하면은 신협을 데리고 가요. 통장을 맡겨야 돼요. 개인 소지가 없어요. 개인은 가위 하나 못 가져요. 가위로 할머니들이 자살할까 봐. 여하튼 개인 소지가 전부 없어요. 빨래도 합동으로 빨아서 이름 써서 골라 입고 그래요. 그리고 내가 들어가면 자유가 없잖아요. 나는 지금까지 자유롭게 봉사하면 살았는데 이 나이에 양로원에 들어가서 창살 없는 감옥살이할 수 없어. 그렇게는 못 살아.

☞ 그러면 앞으로 어떻게 하실 생각인지요?

그래도 대한민국에서 내가 91살이라도 사회에 필요한 사람이 되고자 여기가 일하고 저기서 일하고 해. 나라고 안 힘들겠나 아흔하난데 얼마나 힘들겠어. 정말 힘들지만 첫째, 하느님이 나를 돕고, 두 번째는 일에 단련됐다고 봐야 돼요. 평생 그렇게 고생하니까 몸에 배서 그렇지요. 저녁때는 지금도 으슬으슬 아파요. 그렇긴 하지만은 자고 나면 또 살아나 또 나가요.

그리고 견디는데 견뎌. 올해는 감기 한 번 안 걸리고 무사히 여름을 나고, 하루 세탁기 두 번 돌려 시원한 거 입어야 하루해를 보내요. 그렇게 사는데 내가 양로원에 안 들어가는 이유는 내가 이 세상에서 필요한 사람으로 살고. 그런 사람이 되는데 아흔하나에 필요한 사람이 되기가 힘들다는 소리예요. 그렇다고 양로원에 들어가서 멍청히 살 수 없잖아. 아무도 나를 돌보지 않아도 필요한 사람이 되기 위해 무지 노력해.

나는 북한 할머니라 악착같이 노력하고, 그래도 사회에 필요한 사람이 되어야 하고, 또 내가 자유가 있어. 그래서 움직일 수 있을 때까지 댕길라고 해. 춘란이가 봐주면 여기서 화장실에 못 갈 때까지는 살고, 지금 요양사도 집 안일을 전혀 도와주지 않아. 요양사가 와서 아침에 공부 가르치고 내가 바깥에 나가 일하면 텔레비 보다 가요.

그러긴 하는데 이렇게 돌보아 주는 사람 없는데 어떻게 한없이 살겠어요. 집안에 무언가 고장날 때 가장 안타까워요. 소장님도 그러면 변기 파는데, 한번 가보라 그러면 얼마나 좋겠어. 그런데 변기 하나 고쳐주는 사람이 없어. 요양사가 인터넷 알아봐서 고치기는 고쳤어요. 그러니까 나이가 들어 백 살이 다가오는 할머니가 한없이 혼자 산다는 거 보통 문제 아니에요. 그렇지만 해결할 방법이 없어서 마냥 세월만 보내고 있어.

☞ 그러면 앞으로 자식들이 어떻게 하면 좋겠는지요?

나는 절대로 남에게 피해를 안 주고 주위 사람들을 도와주고 사는데, 이제 조금이라도 아들들이 신경 써주면 좋겠어. 그동안 경환(조카)이가 들여다봤는데 이사 가고 나서는 돌봐주는 사람이 없어. 지금 전기장판을, 소켓을 못 찾아 못 켜요. 이 정도로 힘이 들어요. TV가 안 나오면 제일 답답해. 전에는 무엇이 고장나면 경환이가 와서 고쳐주었는데 이사 간 다음부터 절대로 고칠 수 없어서 답답한 세월을 보내고 있어.

나를 들여다보는 사람이 없으니까 이렇게 해갖고 어떻게 살라고, 절대 살 수가 없어요. 그래서 떠날까 하는데 모르지, 춘란이가 요양사급을 따서 나를 돌본다면 또 모르겠어.

91세 할머니가 심장박동기를 차고 봉사하고, 내가 하는 일은 하나에서 열까지 잘못한 일이 없어요. 어떤 집에서 혹시 먹을 거 준다 해서 가면 나올 때 그 집 쓰레기를 들고 나와요. 성당 왔다 갔다 하면서 쓰레기 줍는 사람은 나뿐이에요. 이렇게 사는 사람을 자식들이 나 몰라라 하면은 나는 어찌 이 우정 아파트도 더 버티겠는가?

 자식들도 저마다 사연이 있겠지만 늙은 어미를 생각해 주고 들여다볼 수 없으면 전화라도 해서 안부를 물어주어야 하는데 너를 제외하곤 그러는 자식이 없어. 물론 찬열 애미가 전화하고 한 달에 한두 번 찾아오곤 하는데 내가 살면 얼마나 더 살겠어. 내가 간 다음에 울지 말고 내가 살아있을 때 돌봐주면 좋겠어. 효도하라고는 안 해. 그렇지만 늙은 애미를 생각해서 가끔 전화하고 들여다봐 주면 좋겠어.

 남들이 독거노인이라고 동네 사람들이 보살펴 주지만 이렇게 혼자 살아가는 것이 너무 답답하고 힘들어. 그래도 레지오를 하면서 봉사한다고 성모님께서 도와주시니까 여기까지 살 수 있었지. 나 몰라라 하는 자식들 믿곤 절대 못살아요.

춘석아!

내 말을 새겨듣고, 너도 힘들겠지만, 주위를 돌아보면 엄마뿐만 아니라 너보다 힘들어하는 이웃들이 많을 것이다. 그들을 도와주어라, 그러다 보면 너의 아픔도 가실 날이 있겠지. 세월이 약이다. 약이야. 너만 생각하면 가슴이 미어져.

그러나 내가 할 수 있는 게 없어서, 그저 주님과 성모님께 우리 아들 도와달라고 기도만 하고 있어, 그래도 네가 전화해 주고 내 하소연을 들어주어서 고맙다. 지금껏 그래왔듯이 성모님께 의지하면서 이 세상에 필요한 사람이 되도록 노력하자. 그래, 고맙다.

안녕.

 **성소 후원금 기부 전후 (2023년 말)**

"어머니 오늘 뭐 변동 없는 거죠. 그러면 이따 춘원이랑 해서 1시 반에 엄마 집 앞으로 가서 엄마 모시고 신협에 가서 돈 찾아서 성당에 가면 되는지요?"

"아니야 나 태우고 성당에 먼저 가야 해"

"2시에 성당에서 만나기로 했는데 돈을 찾아서 성당에 가서 성당 차로 춘천에 가면 됩니다. 우리가 어머니 모시고 신협에 가서 돈을 찾고, 성당에 가면 되니까 집 앞으로 나와 계세요."

"그래 그렇게 하자. 나는 그렇게 생각했지. 솔모루성당에 가서 차를 놓고 성당 차로 신협으로 갔다가 신협에서 춘천으로 가려고 했지."

"그러면 그렇게 해도 되죠. 뭐"

"그리고 오늘 평화신문에서 오는지 그전처럼 평화방송에서 안 오고?"

"평화신문에서만 연락왔어요."

"그러면 신문에서 오겠네."

"평화신문에서 기자가 온다고 연락이 왔고, KBS에서는 연락이 전혀 없어요. 전에는 모현의료센터 기부한다고 하니까 왔었는데 이번에는 교구청에 신학생 장학금으로 기부한다고 하니까 관심도가 떨어졌어요. 그럴 줄 알았어요. 기부행위가 종교적이므로 KBS에서 방송하기 어렵지 않을까 생각했어요."

"그래서 안 오면 그만이지만 할 수 없지. 우리 평화신문이라도 나오면 된다. 한 군데만 나와도 됐어, 그렇게 하면 됐어."

"오늘 수고했다. 저녁 미사와 레지오 주회합은 했는지?"

"저녁 미사는 늦었고, 레지오 주회합은 하고 왔어요. 오늘 레지오 주회합에서 어머니 기부하신 것을 말씀드렸더니 단원들이 어머니께서 훌륭한 일을 하셨다고 손뼉을

쳤어요, 그래서 주회합 후에 저녁을 제가 단원 8명에게 대접했어요. 올 2월에 저희 '로사리오의 모후 쁘레시디움' 1,500차 주회합 기념행사를 하는데 단원들이 어머니를 모시자고 얘기를 하네요."

"그렇게 하자. 알았다. 내가 가마."

"단원들이 어머님의 선행이 이번이 처음이 아니고 오랜 세월 서너 번씩 하신 일이라고 해요. 단원들이 다 좋아하고 어머님이 보시면 다 알 수 있는 단원들이고 어머니 오늘 훌륭한 일 하셨고요. 참 존경할 만한 일을 하셨어요. 참 잘하셨어요. 오늘 어머니를 수행하고 이것저것 다 했지만, 주교님은 교회에서 최고 높은 사람이잖아요. 그런데 어머님은 주교님에게 기부하게 된 동기 등 하실 말씀을 다 하셨어요, 근데 제가 고마워서 솔모루성당 신부님한테 아들이 밥을 대접하겠다고 여쭤봐 주세요."

" 러니까 오늘 그냥 해어져서 너무 서운해."

"그러니까요, 오늘 성당 봉고차로 사무장이 운전해서 우리를 태우고 춘천교구에 다녀왔고, 신부님은 피켓 만들어서 들고 있는 등 수고하신 분들에게 식사 대접하는 것이 좋을 것 같아요."

"우리는 교구청에 가서 커피 한 잔 못 먹었어. 그렇게 하자. 수녀님과 신부님, 사무장 그리고 동행했던 신학생 아빠랑 하자고."

"그렇게 말씀하세요. 그러면 제가 식사 대접할 테니까요. 그때 어머니가 봉사하는데 애로사항이 있으면 그 자리에서 신부님과 수녀님에게 말씀하시면 됩니다."

"그러면 성탄 전에 해, 성탄 후에 하는지?"

"성탄절에 너무 바빠요. 22일 평화 방송에서 나온다고 그러고요. 2024년 1월 7일 자 평화신문에 어머니 기사 나온다고 하니까 그거 지나고 하시죠."

"그러니까 내가 방송에 나오고 신문에도 나온 후에 하자는 얘기지. 급한 거 하나도 없고 그리고 평화방송에 언제 나와?"

"이번 금요일 저녁 7시 뉴스 그리고 신문은 1월 7일 자이니까 보름 후입니다, 일단 TV부터 보시고 그다음에 얘기하죠."

"급한 거 없어. 그래 알았어. 성당에서 운전하고 수행

한 사람을 커피 한 잔 대접하지 못해 편치 않았는데."

"제가 갈 때부터 말씀드렸지만 신부님이 레지오 꾸리아 단장, 구역장들과 함께 춘천교구청에 가셨고, 우리는 별도로 갔어요. 오늘 어머니가 주교님에게 난 아프리카에 성당이나 학교를 짓는데 기부하려고 했는데 솔모루성당 주임신부님이 신학생을 위하여 기부하라고 해서 교구청에 기부하는 것이므로 우리 신부님께 고맙다는 말씀을 해주실 것을 부탁하셨는데, 신부님이 좋아하셨어요. 신부님 입장도 세워주셨는데 잘하셨습니다."

"근데 오고 생각하니까 교구장님에게 커피 달라고 할 걸 그냥 왔어."

"교구장님께서 앉아서 말씀하시자고 했는데 엄마가 서서 계속 얘기를 하니까 서서 이야기를 듣고 차 한잔 먹을 시간적 여유가 없어요. 여하튼 교구장님께서 어머님 얘기 다 들었으니까요. 그것으로 충분했어요."

"여하튼 교구장님이랑 커피 한잔도 못하고 아쉽게 헤어졌어. 그게 집에 와서 생각하니 서운해. 내가 춘천교구에 가서 냉수 한 잔 못 먹고 우리 아들들이 뱃속을 굶겨 데리고 왔다고 생각했어."

"어쨌든 방송하고 신문하고 나오면 제가 보여드리고, 내년에 우리가 레지오 행사 때 또 모실게요."

"어머니 쉬세요."

"고마워. 둘째 아들 덕분에 다 잘되었어."

"TV 방송 보셨어요?"

"TV가 고장나서 다른 집에 가서 보고 왔어."

"제가 보니까 뉴스가 잘 편집되어 방송되었어요."

"TV가 말은 나오는데 까매. 그리고 춘란이도 못 고치고 나도 못 고치는데 내일 유선 방송에서 온대. 그래서 말만 들으니 답답해 죽겠어. 방송을 보니까 모현 것도 나오더구나. 다 나오는구면."

"제가 과거 어머니 봉사했던 자료들을 모두 방송국에 보냈거든요."

"모현도 나오고 그다음에 행당동에서 한 것도 나왔는

데 방송국에는 그런 자료들이 없는가?"

"제가 갖고 있던 자료를 방송국에 다 보냈으니까 나오는 거지요."

"그래서 모현의료센터와 행당동에서 고물 줍는 것이 다 나오는구나!"

"제가 어머님 마지막 기부라고 생각해서 모든 자료를 보내줬더니 방송국에서 깔끔하게 잘 편집됐어요."

"그래서 다 나왔어."

"이번에 KBS에서 안 왔어도 어머니 봉사의 삶이 다 정리가 된 것 같아서 시원하고 후련합니다."

"그래, 다 나왔어. 예전 것이 다 나왔어! 줄줄이. 나는 이번에 것만 나오는 것으로 알았는데 모현에 기증한 것도 나오더만. 기열 애비 핸드폰에 있는 거 보냈구나."

"그럼요. KBS 뉴스까지 다 보내줬는데 KBS 뉴스를 쓰면 문제가 되니까 제가 그 당시에 찍은 사진과 모현 사진들을 가지고 만들어서 다 나왔어요. 의정부 성모병원에서 10년 개근상 받은 거 그것도 나왔어요."

"기열 애비가 수고했다. 교구청에서 가서 기부하는 것 외에는 찍은 것이 별로 없어 볼 것도 없다고 생각했는데, 옛날 사진들로 그렇게 만드니까 보기가 좋았어…."

"맞아요. 찍은 게 별로 없어 제가 생각을 많이 한 거죠. 그래서 뉴스가 3분씩이나 이어져서 그게 후손들한테 영원히 남는 거죠."

"그러는 바람에 몰랐던 거 많이 알았다고 사람들이 그렇겠네. 지난 기부 이야기는 우리 본당 신부님부터 모르는 일이야."

"그렇죠. 우리 본당 김응태 요셉 신부님은 물론 정의덕 바오로 신부님에게 뉴스 영상 보내주었어요."

"그건 생각도 못 하고 어째서 옛날 일이 줄줄이 나오나 생각했지."

"저한테 시키시면 제가 다 알아서 하니까요."

"(뜬금없이) 내가 죽으면 교구청에서 조화가 올까?

"신경 쓸 것도 없어요. 내년에 평화신문에 또 크게 기사가 난다고요. 신문에."

"신문에 또 난다구?"

"예. 평화신문에서 여러 번 기사를 냈고, 이번에 왔을 때, 박 기자한테 아흔두 살 어머니의 마지막 기부가 될 수 있으니 잘 보도해달라고 제가 간곡히 얘기했더니 잘 편집이 된 것 같아요."

"그리고 또 하나는 성탄을 맞이해서 참 좋아. 성탄 시기도 딱 맞는 것 같아."

"평화방송에서 성탄절 앞두고 내겠다가 저한테 그러더라고요."

"하느님께서 도와주셔서 기부 날짜까지 생각 못 했는데 우연히 성탄절이 되었어. 우리도 웃을 날이 있네. 웃는 날도 있어. 하느님 고맙고 성모님 고맙습니다. 테레비 보니까 하나 빠지지 않고 싹 나왔어. 아주 깔끔하게 됐어."

"근데 방송에서 제가 인터뷰하는 게 나왔잖아요."

"그거는 생각 하지도 못하는데 그게 나왔어."

"기자가 어머니 옆자리에 앉으라고 할 때 그럴 줄 알았어요. 제가 인터뷰하는 게 나왔기 때문에 레지오 단원들과 지인들에게 뉴스 영상을 보냈어요. 하계동성당에서 많이들 알고 있었지만, 뉴스에 나오니까 카톡으로, 문자로 축하한다는 글이 넘쳐나요."

"칭찬이 대단하지. 요새는 기뻐."

"우리 구역에 사시는 박순자 안젤라 어머니는 제게 어머니 같은 어른을 보다 보다 처음 봤다고 그래요. 어머니 칭찬이 자자합니다. 만약에 내 새끼들한테 1억 원을 주었다면 그런 소리를 듣겠어요. 그러니까 어머니가 하시는 일은 제가 볼 때는 다 맞아요. 틀림이 없어요, 참 잘 하신 거예요. 다른 말이 필요 없어요."

"내 생각에는 내가 하는 일이 90%가 맞아. 사고 안 쳐요. 근데 잔소리하는 사람은 몹시 껄끄러워요. 남을 헐 뜯거나 비난하는 사람들은 이번에 뉴스 보고 정신 좀 차렸으면 좋겠어."

"맞아요. 맞습니다."

"내가 그래서 테레비에 나오려고 했어. 나를 괴롭히는 사람들이 일부 있어. 뉴스 본 사람들은 나를 덜 괴롭힐 거 아닌가?"

"네 잘하셨습니다."

"그래서 그랬어. 테레비 나오는 거 여러 가지로 유리하다고, 늙었다고 나를 막 천대해요. 사실 천대받고 생각하면 나는 천대받을 이유가 없는 사람이요. 근데 일부 사람들이 나이 들었다고 그런다는데 참 웃기는 거지요. 지들은 나이를 안 먹나. 몹시 속상해요. 내가 누구한테 천대받을 이유가 없는데 들볶일 때는 몹시 역겨워. 그럴 때 하느님한테 기도했어. 하느님! 거룩한 날인데 이렇게 속상해도 됩니까? 나 잊게 해주세요. 이번에 나를 괴롭히는 사람들이 테레비를 보면 정신 좀 차렸으면 좋겠어요. 나를 덜 괴롭힐걸. 그치. 내가 하나하나 못한 게 뭐 있어? 30여 년을 몸 바쳐 산 사람을 갖고, 정말 난 순전히 몸 바쳐서 희생했어. 나 죽으면 춘천교구청에 조화 보내달라 그래. 알았지."

"어머니 이제 말씀하실 때 세례받은 지 30년이라고 하시는데 제가 84년에 결혼하고 아내(유영란 엘리사)와 행당동 엄마 집에 있을 때 엄마가 뭐라고 말씀하셨냐면 우리를 앉혀놓고 나는 너까지 결혼시켰으니까 피난 내려와 우리 김씨 집안에서 할 만큼 했으므로 이제 이웃과 사회를 위해서 봉사하고 싶다고 하셨지요. 어머니가 저보다 24살 많으시니까 제 생각에 쉰세 살에 시작하셨어요, 제가 28살 장가 갔으니까. 그러면 어머니 세례받은 지가 40년이 됐으니까."

"벌써 40년 됐어. 한 35년 된 줄 알았어."

"우리가 기열이 업고 어머니 세례 받을 때 행당동성당에 갔었는데 1985년도 거든요. 그러니까 TV에서 30년 봉사했다고 하셨는데 39년간 봉사하신 거예요."

"딱딱 맞아떨어지는구나. 재밌다. 나 기열이한테 이 소식을 전해야지."

"제가 그간 어머니가 하신 봉사 활동을 기록하고 있어서 이번에 어머니를 돋보이게 하여서 보람됩니다."

"그러니까 다른 사람은 소용없어요."

"마리아 엄마하고 요셉 아버지가 하신 일을 제가 기록하고 증언한다고 생각하시면 돼요. 요셉이 있어 마리아가 예수님을 낳고 키우고 이집트로 피난도 갔다 오는 등 예수님께서 공생활할 때까지 뒷받침하셨듯이 우리 아버지도 일정 역할을 하셨기 때문에 어머니께서 봉사 활동을 하셨다고 봐요."

"그래 맞는 말이다. 네 아버지 살아계실 때 속을 썩였는데 오늘같이 좋은 날에는 생각이 나는구나. 잘했다. 기열 아빠 고맙네. 옛날 것이 싹 다 나왔어."

"어쨌든 제가 글로서 정리하는 것보다 방송으로 나와서 총정리가 되면 깔끔하잖아요."

"잘 됐다. 게다가 신문까지 나오니까."

"그리고 내년 초에 신문도 나오면, 또 한 번 어머니의 선행이 세상에 알려지니까요."

"우리도 이런 날이 있네. 참 고마워 고마워 고마워. 기열 아빠 아니면 이거 다 처리를 못해요."

"어머니가 선행을 베풀고 제가 곁다리로 열매를 챙기는 것 같아서 죄송하고요."

"니가 신경을 써서 보도자료도 뿌리고 말도 잘해줬으니까 그만큼 깔끔하게 됐지. 그래서 내가 봉사했던 90년대 일부터 오늘날까지 모두 나왔지. 내 혼자서 어떡하겠어! 그래서 엄청 고마워. 그래도 사람이 다 살게 마련이야. 그런 고마운 아들도 있고, 저런 아들도 있으니까, 나 혼자 살기 어렵고 고단했는데 오늘 텔레비전을 보면서 시름이 싹 가시는 것 같고, 성모님께서도 마리아야 고생했고 잘했다고 하시는 것 같아. 오늘 무척 행복했고, 살아가는 보람을 느꼈어. 고마워. 아들아!"

 ## '행당동 고물 할머니' 집필 (2024년)

"어머니! 제가 다다음 주 정도에 어머니한테 올라가려고 해요. 어머님 책이 거의 마무리되고 있어요."

"벌써 마무리되고 있어?"

"그럼요. 제가 30여 년간 모아 놓은 자료가 있고, 13년 전에 모현의료센터에 기부하신 후 어머니 책을 집필하려고 이미 써 놓은 것이 있었어요."

"언제부터 어떻게 쓰려고 하는데?"

"제가 제 이야기를 쓰는 것이 아니고 언론에서 고복자 마리아 행당동 고물 할머니라고 나온 것만 쓰고 있거든요. 이미 정리가 다되어 있어서 빠른 것입니다. 그럼에도 책을 연말에 내려고 그래요. 뭐 급한 거 아니니까요. 이제 사진을 정리하고 있어요. 어머니 팔순 잔치 때 하계동에서 잔치했잖아요. 그때 80년간 사진 정리를 했고, 그리고 이제 12년 지났으므로 정리할 사진이 많지는 않아요. 제가 가만히 보니까 90년대에 받은 상장 등이 없어서 어머니 집에 가서 사진 찍으려고 합니다. 이미 KBS, 평화방송에서 계속 보도되어서 별 어려움이 없습니다. 마지막으로 어머니가 40년간을 봉사하시면서 어머니가 남기고 싶은 말씀을 제가 질문하려고 질문지를 만들고 있어요."

"그래야지, 참 잘한다."

"어머니가 얘기하시도록 질문을 드리려고 해요. 이제 그것만 하면 이 책을 종결할 예정입니다. 책을 시작하기가 어렵지, 시작하면 또 재밌어요. 지난 6월, 신부님 책(암 투병을 위한 성경 묵상 365일)이 출간되어서 어제 신부님하고 책거리했는데 홀가분합니다. 신부님이 엄청나게 고마워하시는데 그것도 신부님을 위해 봉사한 것이니까요. 남을 위해서도 책을 내는데 어머니를 위해서 뭘 못하겠어요. 어쨌든 어머니의 세례 40주년에 맞추어 연말에 책을 출간하려고 해요. 어머니 살아계실 때 책을 출간해서 자식, 조카들을 불러놓고 출판기념회를 하려고 그래요. 그렇게 마무리해야죠. 삶이 시작이 있으면 끝이 있어야 하니까요. 이 책에 제 이야기는 거의 없어요. 언론에서 나온 이야기와 전화로 하신 말씀이나 다른 이에게 하신 말씀 등을 추려서 가장 객관적인 이야기만 수록하는 것이지요. 어머니 생전에 마무리할 생각입니다."

"책 분량이 레지오 교본만 하니?"

"그 책과 비슷하게 만들려고 그래요. 유영란 엘리사 책의 반쯤 만들려고 그래요. 지금 분량이 400페이지가 넘어갔거든요. 제가 400쪽 언저리에서 마무리하려고 해요."

"하여간 아들에게 엄청 고마워."

"이미 준비가 되어있으니까, 책이 되는 거지요. 누가 그런 얘기를 쓰겠어요. 제가 개인적인 얘기를 쓴 게 아니라 어머니 얘기를 쓴 것이고, 언론에서 나왔던 것을 모은 것입니다. 근데 어머니 얘기를 계속 쓰면서 보니까 어머니 인터뷰하고 말씀하시는 것을 글로 정리하니 말씀이 반복적입니다."

"어머님은 열여덟 살에 피난 내려와서 아버지 김치호 요셉을 만나 삼 형제 키우고 살면서 그럴 수밖에 없겠구나! 이렇게 생각하면서도 어머니 얘기가 틀린 말씀 아니고, 객관적인 말씀을 하시니까 거기에 해답이 있더라고요. 그래서 책 제목을 '기부 천사, 고복자 마리아'로 하려고 그래요. 표지에 그렇게 써넣으려고요. 표지 타이틀 그림으로는 1996년도 경향잡지에 나왔던 사진을 올리려고요."

"모현의료센터 것도 넣었지?"

"그건 다 이미 썼고, 어머니 말씀도 낱낱이 다 썼어요. 우리끼리 한 얘기까지 다요. 그러니까 어머니가 살아오신 발자취는 이미 어머니 말씀으로 객관적으로 다 드러났으니까 굳이 따로 제가 취재를 해서 쓸 필요는 없을 것 같아요. 그리고 제목 자체가 기부 천사 고복자 마리아인데 어머니 삶의 힘든 부분을 굳이 써 본들 독자들에게 그게 무슨 도움이 되겠어요. 그럼에도 제가 쓴 건 6·25 때 피난 내려와서 살았던 그 과정을 썼어요. 그다음에 건너뛰고 '이산가족 찾기'를 썼는데 그 일이 해외신문에 나왔으니까."

"그럼 중요한 것은 다 들어갔네."

"중간에 아버지하고 어쩌고 어쩌고 그건 다 필요 없는 소리고요. 그리고 어머니가 어째서 봉사자의 길로 들어섰느냐 그것은 제 얘기가 아니고 언론에서 나온 것과 발표된 것을 토대로 집필되었으니까요."

"나는 어려운 이웃을 도와주려고 하는데 돈이 없으니까, 고물을 주었어요, 간단해요."

"그런 어머니의 취지가 다 들어가 있어요. 앞으로 후손들이 읽었을 때 있는 그대로 판단하도록 해야지 제가 미사여구를 가미해서 이랬네. 저랬다는 것은 의미가 없더라고요. 제가 이 책에 대해 신부님에게 얘기했더니 독특한 책이라고 해요. 책이라는 게 독자 입장에서 생각하고 써야 하는 거니까요."

"그러면, 내 책도 좀 팔 수 있는가?"

"엄마 책, 제가 볼 때는 나갈 거예요. 제가 연말에 김춘원 대표(막내 아들)를 불러서 동생에게 일단 천부를 인쇄해라 그러려고 해요. 김 사장이 엄마 덕을 많이 보았고, 고객들한테 증정하면 500권 정도 소모될 것이에요."

"그러면 막둥이가 해결하겠네."

"어쨌든 김사장 고객들이 어머니 봉사하시는 것을 단편적으로 많이 알고 있잖아요. 그런데 책이 나왔으니, 그들에게 주기도 좋잖아요,"

"그렇겠지. 막둥이가 주로 해결하겠다."

"동생이 해결하면 좋은 일이지요. 근데 어쨌든 어머니 얘기를 아들의 입장이 아닌 객관적인 입장에서 나온 책이니까 사람들이 관심을 가질 거예요. 제가 출판 목적은 책을 팔려고 하는 것은 아니고 어머니의 숭고한 봉사 정신을 알리기 위함이니까 판매 여부는 신경을 쓰시지 않아도 됩니다. 종교적인 관점에서 볼 때 성숙한 신앙인으로서 평생 봉사를 실천하신 분이므로 관심을 가질 것 같아요."

"책값은 얼마나 할까?"

"사진이 들어가므로 올 칼러로 인쇄할 예정인데 2만 원쯤 받으려고 그래요."

"그래 그래. 너무 많이 받지 마라."

"여하튼 책을 팔려고 하면 알리는 것이 중요한데 어떻게 홍보할 수 있을지 생각 중입니다. 어머니는 평생 고물 주워 팔고 봉사하는 데 전력을 다해서 세상에 이름을 알렸지만, 저는 그 정도 역할은 못 할 것 같고, 주님께서 제게 부여해 주신 달란트인 글 쓰는 재주로 의미 있는 책을 써서 사람들에게 알리려고 해요."

"사실 92살에 봉사하는 사람이 없어."

"예, 엄마밖에 없어요. 지금도 어머니를 얘기해 보면 다들 존경한다고 그러는데 어쨌든 저는 어머니처럼 할 수 없고, 제가 할 수 있는 역할도 아니고, 저는 글 쓰는 사람으로서 살려고 하는 것이지요. 근데 중요한 건 어머니가 다 뿌린 씨앗이거든요. 오늘도 사진 정리를 하다 보니 우리가 1975년도에 어린이대공원 갔을 때 김춘원하고 나하고 구분이 잘 안 가요. 우린 너무 비슷해요.

그러니까 아들 덕분에 내가 세상에 나와서 보람 있게 떠난다고. 내 책을 남겨놓고 떠났잖아. 아들이 하는 바람에 책도 쓰지 누가 책 쓰겠어. 딱딱 맞아떨어져

어머니가 사셨던 그 삶의 길을 1933년부터 2024년까지 92년을 살아오셨는데 화보를 계속 올리고 있어요. 어쨌든 어머니의 삶을 완벽하게는 못하겠지만 책을 통해서 재현시키려고 하는 것뿐이죠.

둘째 아들 어릴 때 살려놨더니 이제 책 써줘서 고맙다. 나는 떠날 사람인데 책이라도 남겨놓고 떠나니 얼마나 좋으냐!

이제 후손들한테 다 남겨질 것이고, 어머니의 정신과 말씀과 뜻대로 한 행동들을 객관적인 시선에서 책이 출판되므로 소기의 목적을 이룰 것입니다. 그리고 제가 볼 때 책 제목으로서 정확한 게 뭐냐면 행당동 고물 할머니가 언론에서 가장 많이 언급되었는데 너무 길어서 '기부 천사 고복자 마리아'라고 제목을 정하려고 생각했는데 기부 천사라는 말은 사실은 쓰기 쉬운 말이 아니잖아요. 그럼에도 언론에서 여러 번 반복됐으니까 쓰려고 하는데, 그러면 사람들이 이거 뭔 소리야 하고 쳐다보게 되고 고복자 마리아라는 이름이 구체적으로 인쇄가 돼서 나오니까 어머니 92년간 사신 삶이 훌륭하셨고, 마지막 결실을 김춘석 마르코를 통해서 뭔가 남겨진다고 이렇게 생각하시면 될 것 같아요."

"그래 내 책을 남겨놓고 간다고 생각하니 신난다. 둘째 아들 덕분에."

"어머니가 저희 어릴 적 하신 말씀 중에서 외할아버지 하신 말씀이 사람은 이름을 남기고, 호랑이는 가죽을 남긴다고 하셨다는데 저는 어머님의 숭고하신 삶을 책으로 만드는 것이에요."

"그래 그랬지. 우리 아버지가 어릴 때 그 말씀을 자주 하셨어. 나는 살아서 책을 남겨놓고 갈 수 있어 신난다."

"제가 작년에 '유영란 엘리사' 책을 출판하니까 김웅태 요셉 신부님과 김소피아바라 수녀님은 물론 형제자매, 이웃들이 아내가 선종했다고 죽은 사람을 기리는 책을 쓴 사람은 저밖에 없다고 해요."

"그럼 그럼 맞는 말이지. 고향에서 우리 아버지가 늘 그러셨어. 사람은 이름을 남긴다고."

"저는 엄마 책을 쓰는 것이 의미 있다고 생각해요. 저는 작년부터 준비해서 신부님의 은퇴 기념 책을 지난달에 출판했고, 아내 책도 썼고, 이미 글 쓰는 훈련이 되어 있어서 어머니 책은 더 쉬웠어요."

"신난다고 이렇게 신나는 날도 있네."

"하여튼 가족들이 모여서 연말에 출판기념회를 하려고 생각하고 있어요. 연말에 잔치 한 번 하시죠."

"춘원이가 이 책을 많이 팔면 되겠어."

"어머니! 팔기는요. 어머니 이야기를 세상에 알리는 것인데 춘원이 고객들에게 무료로 증정하는 것이지요. 어쨌든 재밌는 일, 흥미 있는 일 그런 얘기를 자꾸 만들어 내서 생활해야지요. 맨날 구질구질한 이야기나 하나 마나 한 이야기가 삶에 무슨 도움이 되겠어요."

"다 되니까 신난다."

"저는 요사이 유영란 엘리사 보내고 사람들의 평가가 많이 달라졌어요. 전에는 짠돌이요 곰팡이였는데 이제는 포용력이 있고, 돈도 엄청나게 잘 쓰고 그다음에 옷도 잘 입고 잘산다고 합니다."

"잘했어. 잘했어."

"근데 우리 집사람하고 살 때는 신경 쓸 게 전혀 없었어요. 주는 대로 입고 먹고, 하자는 대로 했는데 이제 혼자 사니까 그렇게 살 수 없으니 어쨌든 살려고 몸부림 친 결과이죠. 지금은 남들이 홀아비 티가 전혀 없고, 뭐 어쩌고저쩌고 많이 달라졌다고 해요. 불과 2년도 되지 않았는데. 저는 그렇게 살아야 하는 것이 맞다고 보고 행동하고 매사에 조심하고 있어요."

"그러고도 남자는 돈을 너무 안 쓰면 저기 그거 왕따를 당해서 안 돼. 왕따는 소외되는 것인데 그러면 노년에 값어치가 없어."

"선배들과 형님들이 돈 그만 쓰라고 자꾸 그러는데 저는 써야 한다고 생각해요."

"맞아. 어떤 이는 안 쓰고 자식들에게 물려주라고 하는데 남한테 왕따를 당하지 말고 써야 돼요."

"사실 성당 형들이 돈 그만 쓰라고 하는 데 아무리 써도 한 달에 100만 원밖에 안 돼요. 그럼에도 제가 돈을 쓰니까 너무 좋아해요. 집사람하고 살 때는 그냥 그런가 보다 하고 생활해서 짠돌이니, 별소리 다 들었는데 지금은 너무 평가가 좋아요. 성당에서 그래요."

"그럼, 한 달에 100만 원만 더 써도 돼요. 왜 집에서 먹는 것도 안 먹을 필요도 없고 안 쓸 필요도 없어. 앞으로 건강해야 뭘 하니까. 나는 길에 다니면서 쓰레기를 주울 때 김춘석 마르코 건강하게 해달라고 기도해."

"감사합니다. 어머님께 주님의 은총으로 건강하시고 평화를 주소서."

"그래, 건강한 것밖에 없어. 어제도 쓰레기를 이 보따리 저 보따리 주워서 성모님! 춘석이 마르코 살려준 거 고맙고 또 고맙고 또 고맙습니다. 앞으로 건강하게 은총 많이 받고 씩씩하게 살게 해주세요. 그래 요샌 그 기도밖에는 없어. 이젠 재열이 기도는 안 하는데 재열이 공황장애는 괜찮지? 그럼 됐어."

"요즘은 책에 넣으려고 아버지 엄마 사진을 계속 보니까 아버지 생각이 참 많이 나더라고요. 어렸을 때부터 아버지 사진을 보고, 75년도 어린이대공원에 갔을 때 아버지 바바리코트 입고 엄마랑 찍은 사진들을 보고 있는데, 그래도 우리 아버지가 맞아. 아버지랑 다섯 식구가 장충단공원에서 찍은 사진에 내가 아버지 품에 안겨서 찍은 사진이 하나 있더라고요. 그래서 내가 어렸을 때 기억이 김치호 아버지가 춘석이를 사랑했다고 저는 계속 주장을 하거든요. 그런 주장을 그 사진이 증명하는 것이지요",

"춘원에게 물어보니, 너 아버지한테 맞아봤냐고 물었더니 안 맞았다고 해. 아버지는 아들은 한 개도 안 때려요. 나만 잡지. 할아버지 간 지 한 15년 되었어. 나는 편안하고 잃어버렸어요."

"저도 생각을 안 하는데 책을 만들다 보니까 계속 사진 선별하는 작업을 하면서 아버지와 오래된 기억이 떠오르는 거죠."

"여하튼 그렇게 저렇게 살고. 그저 나는 이렇게 생각해. 그냥 이 나이에 건강하게 봉사하면서 성모님의 군사로서 성모님이 도와준다고 생각해. 이 나이에 이 더운데 어디를 봉사 다니니, 놀기도 힘든데 땀이 꼬질꼬질 흘리면서 돌아다니면서 봉사한다고 그러니까 그 대신 도와줘. 내 눈에 안 보이는 성모님이 도와주니까 하지 이 나이에 하겠어요. 건강하잖아요. 다 무사한 게 이유가 있어요. 다 그냥 무사한 게 아니고 성모님이 도와줘서 무사하게 움직이는 거예요. 몸이 하도 움직여서 기계가 말을 잘 들어. 다른 할머니랑 달라. 화분도 들고 다 하는 거 보면 다른 할머니는 만지지도 못하는데 여기 노인정 할머니도 나보다 훨씬 아래인데 치매 와서 빌빌 해요. 난 그런 거 보면 답답해요. 우선 똑똑하지 못하면 사람 대우를 못 받아 그러니까 이제 정신도 안 가고, 지금 일상생활에 크게 지장 없잖아요. 92살에 정신이 똑똑한 이는 드물어요."

"드물지요. 드물어요."

"똑똑지 못하면 쫓겨난다고. 봉사 못하게 한단 말이

야. 복지관에서도 다 하고 이거하고 저거하고. 복지관에서도 뭐라고 하냐면 복지관이 화원이 됐다고 좋아해. 내가 화초를 많이 갖다 놨는데 엄청나게 좋아해. 내가 가는 데에는 나를 미워하는 사람이 없어. 내가 해놓으면 엄청 잘해 놓으니까 엄청 좋아해. 그러니까 세상에 필요 없는 사람, 필요한 사람, 있으나 마나 한 사람이 있는데 필요한 사람 되고자 노력하는 거예요. 세상에 필요한 사람이 되려고 노력하지. 그리고 복지관에서 일하고 오면서 "하느님 나 밥값 했어요" 하면서 온다구. 잘하면 누가 커피나 한 잔 주면 먹지만 얻어먹는 것도 절대 없어요. 집에서 우유를 가져가 먹고 오고 괜찮아요. 여기서 저기서 저 먹을 것을 주어서 아쉬운 게 하나도 없어. 사는 데 아무 지장 없어. 날이 더워서 좀 더운데 힘들지. 더운데 일하니까 힘들지. 성당에서도 일하다 꼬질꼬질하니까 젊은 사람들을 시키라고 하는데 요즘 젊은 사람들이 몸 아끼면서 절대 안 해요. 안 해. 옛날과 달라요. 성당도 봉사를 안 해요. 옛날 우리 시대에는 봉사는 댕기면서 찾아서 했는데 요즘은 안 해요. 그러니까 봉사 후계자를 구하기는 구하지만 쉽게 나서겠어요. 이 더운데 누가 하겠어요? 날이 안 더워도 할까 말까 하는데 그래도 조금 도와주면 좋겠어. 그래도 견딜 만해요. 책을 써서 엄청 고마워요. 이 세상에 나와 피난 내려온 보람이 있다. 아들이 그거 안 하면 누가 쓰겠어! 나온 보람이 있어요. 고맙다.

제9부 제41회 가톨릭대상

시노드 정신을 살아가는 교회와 복음 증거의 해

 한국천주교 평신도사도직단체협의회
Catholic Lay Apostolate Council of Korea

(04537) 서울 중구 명동길 80 가톨릭회관 510호 ☎ 02-777-2013 / 757-7851 / FAX 02-778-7427
(04537) Catholic Center 510, MyeongDong-Gil 80, Jung-Gu, Seoul, Korea ☎ +82-2-777-2013 / FAX +82-2-778-7427
Homepage : http://www.clak.or.kr   E-mail : clak0723@naver.com

한 평 : 제2024-42호 2024. 9. 30.
수 신 : 각 교구평협 회장, 회원단체장
참 조 : 교구평협 사무국, 회원단체 사무국
제 목 : 제41회 가톨릭대상 후보자 추천 요청

✝ 찬미 예수님

　　주님의 은총이 늘 함께 하시기를 기원합니다.

　　한국천주교 평신도사도직단체협의회가 1982년 제정한 가톨릭대상은 하느님의 사랑을 이웃에게 전하며 가톨릭교회의 공동선을 실천하여 세상 안에서 빛과 소금의 역할로 살아가는 개인 또는 단체를 격려하기 위한 가톨릭을 대표하는 권위 있는 상입니다.

　　올해 제41회 시상식부터 한국천주교 평신도사도직단체협의회와 가톨릭평화방송·평화신문이 공동 주최하여 가톨릭교회의 가치를 실천하는 모습을 세상에 널리 알리고자 하오니 각 교구평협과 회원단체에서도 아래 내용을 참고하시어 적극 추천해주시길 부탁드립니다. 감사합니다.

「추천부문」
■ **사랑·생명** : 애덕을 실천하고 생명의 존엄성을 드높인 개인 또는 단체
■ **정의·평화** : 정의와 평화 실현을 위해 애쓴 개인 또는 단체
■ **선교·문화** : 선교와 문화를 통해 복음화에 기여한 개인 또는 단체

「추천대상」
■ 인종, 국적, 종교를 초월하여 선한 영향력을 펼치는 개인 또는 단체
■ 가톨릭 정신을 구현하는 활동을 국내에서 지속한 개인 또는 단체
■ 복음 선교 및 신자들의 신앙생활에 공헌한 개인 또는 단체

「시상식」
■ 2024년 12월 4일(수) 오후 4시 명동대성당 꼬스트홀

「시상내역」
■ 대상 1,000만원 / 본상 500만원 / 특별상 300만원

1. 접수 마감: <u>2024년 10월 25일(금) 24시까지</u>
2. 보내실 곳: 홈페이지(www.clak.or.kr)에서 신청서 양식을 다운받아 이메일 접수
   메일(clak0723@naver.com)로 접수하시기 바랍니다.
3. 문의접수: 가톨릭대상 운영본부 02-777-2013/clak0723@naver.com

붙임 1. 제41회 가톨릭대상 후보자추천서 양식. 1부.
      2. 제41회 가톨릭대상 후보자추천 광고 시안. 1부. 끝.

한국천주교 평신도사도직단체협의회
회   장   안   재   웅
담당사제   김   연   범

제41회 가톨릭대상 후보자추천서

부문:	√ 사랑·생명부문	□ 정의·평화부문	□ 선교·문화부문		
이름	고복자		세례명	마리아	
생년월일 (나이)	1933. 4.16(91세)		성별	□ 남	√ 여
주소	(※확실하지 않을 경우 동(리)까지 기재) 경기도 포천시 소흘읍 송우리 392-13 우정아파트				
전화번호 (휴대폰)			(자택)		
직업(직위)	봉사자				

주요 경력 및 포상:

- 1993. 12. 30 : 행당1동장 감사장(쓰레기 줍기 및 재활용)
- 1995. 1. 2 : 성모자애원장 감사패(기부금)
- 1995. 2. 7 : 민주자유성동구지구당 표창장(구 발전과 봉사)
- 1995. 4. 29 : 성동구청장 표창장(불우이웃돕기)
- 1996. 10. 26 : 성동구청장 선행대상
- 1996. 12. 17 : 행당동 새마을장학회장 감사패(장학금 기부)
- 1990~1996 : 6년간 3천만원 기부(성가복지병원, 프란치스꼬의 집, 작은예수회, 성가맹아원 등)
- 2008. 4. 30 : 의정부 성모병원장 감사패(10년 봉사)
- 2010. 1. 29 : 모현의료센터 1억 원 기부
- 2012. 9. 20 : 포천시장 감사패(봉사) 수상
- 2016. 6. 18 : 마리아의 작은 자매회 감사패(봉사) 수상
- 2016. 8. 15 : 솔모루성당 은경축 감사장(봉사) 수상
- 2023. 12. 19. : 춘천교구청에 사제 양성비 1억 원 기부

추천 사유(후보자가 상을 받아야하는 이유를 간단히 적어주세요.)

고복자(마리아)는 1985년 12월 22일, 행당동성당에서 세례를 받고, 레지오 활동을 하시면서 길거리에서 폐지, 공병, 깡통 등을 모아서 1990년부터 1996년까지 6년간 3,000만 원을 가난하고 어려운 이웃을 위해 모두 기부하셨다.

아울러, 2010년 1월 모현의료센터에 1억 원을, 2023년 12월, 춘천교구청에 사제 양성을 위해 1억 원 기부하셨다. 세례를 받고 40년 동안 행당동 고물 할머니로 사셨고,

> 지금도 고령이지만 레지오 활동단원이시며, 포천시 6개 기관에서 화초관리를 하고 계신다. 어머니께서 언제까지 봉사하실 수 있을지 장담할 수 없지만 40년간의 외길 봉사 내용을 정리하였다.

위 사람(단체)을 제41회 가톨릭대상 수상후보자로 추천합니다.

2024년 10월   일

추천인(추천기관명): 솔모루성당 최일호(라우렌시오) 주임신부 (인)

담당자	이 름	김춘석(마르코)	직 위	하계동성당 거룩하신 어머니꾸리아 단장
	연락처		(휴대폰)	

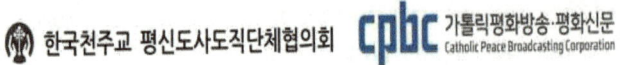

세부업적

〈 보도 내용 〉

- 1993년 KBS 보도본부 24시
- 평화신문(1996. 7. 7, 폐품 주워 이웃 돕는 "고물 할머니")
- 평화방송(1996. 8.26, 온누리에 평화를, 행당동 고물 할머니)
- 경향잡지(1996.11월호, '버려진 사랑을 줍는 고복자 할머니')
- 성동구소식지(1996.10월, 「제5호」성동구민대상,선행상')
- 평화신문(1996.12.22, 송년특집 '다시보고 싶은 1996년 뉴스의 인물)
- 시민일보(2004. 4.26, 아낌없이 주는 손수레 할머니)
- 가톨릭신문(2007. 4.22, 전 재산 1억 아파트 모현의료센터 기탁)
- KBS 1TV, 2TV(2010. 1.29) 마지막 기부, 1억 원 모현의료센터 기부)
- 평화방송 뉴스(2010. 1.29) 거룩한 나눔(행당동 고물할머니 생애 마지막 기부)
- 평화신문(2010. 2. 7) 모현의료센터에 1억 원 기부한 고복자 할머니
- CPBC 뉴스(2024.12.23.) 90세 고복자 마리아 할머니 30년 넘게 기부와 선행 신학생 양성을 위해 춘천교구청에 1억 원 기부

※ 실제 보도 내용

(KBS 뉴스, 2010) (평화신문, 2010) (CPBC 뉴스, 2023)

 **추천 경위와 기도**

한국천주교 평신도사도직단체협의회는 1982년 가톨릭 대상을 제정하고, 하느님의 사랑을 이웃에게 전하며, 가톨릭교회의 공동선을 실천하여 세상 안에서 빛과 소금의 역할로 살아가는 사람이나 단체를 격려하고 있었다.

매년 세나뚜스에서 '가톨릭대상 후보자 추천 요청' 문서를 받았지만, 레지오 단원 중에서 해당하는 분들이 없다고 생각하였다. 실제 대상을 받으신 분들의 면면을 보면 사회를 위하여 많은 일을 하신 분들이었다.

2024년 10월 초 어머님의 책을 마무리하고 있는데 꼬미씨움으로부터 추천 문서가 왔고, 내용을 찬찬히 살펴보는데 문득, 어머니를 추천하면 어떨지 하는 생각이 들었다. 그래서 추천서를 한자 한자 적었더니, 어머니께서 1985년 세례를 받으신 후 40년간 이웃사랑을 실천하신 내용들이 일목요연하게 정리되었다.

그리고 어머니에게 가톨릭대상의 취지 등을 설명하고 어머니를 추천하였으면 좋겠다고 말씀드리자 허락하셨고,

솔모루성당 최일호 라우렌시오 신부님의 결재를 받아서
추천서를 발송하였다. 그리고 하느님께 기도를 드렸다.

"전능하신 하느님 아버지!
어머님께 베풀어 주신 모든 은혜에 감사드립니다.
92세 고령임에도 불구하고 교회와 사회를 위해
봉사할 수 있도록 허락해 주셔서 감사합니다.
40여 년 전에 어머니께서 심장질환으로 생사고비를
넘나들던 위중한 때에도
주님께서는 어머니를 일으켜 세우시고,
성모님께서는 다독거리시면서
40년간 봉사자로 활동하도록 이끌어 주셨나이다.
그녀의 십자가를 짊어진 삶이 마무리되고 있는 이때,
주님께 간구하는 청이 하나 있습니다.
우리 교회가 어머님 봉사의 삶을 기억하고,
고단했던 삶을 격려하는 의미에서
가톨릭대상을 수상할 수 있도록 배려해 주소서.
하느님께 모든 영광을 돌립니다.
어머니께서 열여덟 살에 홀로 피난 내려와
한평생, 주님 사랑과 이웃사랑을 실천하며 살았나이다.
어여삐 여기시어 수고하고, 무거운 짐 진 그녀에게
자비를 베푸소서.
아 멘."

 ## 가톨릭대상 수상

초·대·합·니·다

제41회
가톨릭대상 시상식

- *Invitation* -

올해로 41번째 맞이하게 된 「가톨릭대상」이
가톨릭교회의 가치를 실천하는 모습을
세상에 널리 알리고자
가톨릭평화방송과 공동주최하여
시상식을 진행하고자 합니다.

이 자리에 함께 참석하셔서
「가톨릭대상」 수상자들을 격려해주시고
기쁨을 함께 나눠주시기 바랍니다.

문의 : 한국평단협 사무국 02-777-2013

2024년 12월 4일 (수)

오후 4시: 미사(명동대성당 꼬스트홀)
오후 5시: 가톨릭대상 시상식(명동대성당 꼬스트홀)
오후 6시: 축하연(문화관 1층 만남의 방)

제41회 가톨릭대상

일시. 2024년 12월 4일(수) 오후 5시
장소. 명동대성당 문화관 2층 꼬스트홀

주최 한국천주교 평신도사도직단체협의회 Catholic Lay Apostolate Council of Korea
cpbc 가톨릭평화방송·평화신문 Catholic Peace Broadcasting Corporation

특 별 상

◆ 고복자 마리아

고복자(마리아)는 1985년 12월 22일, 행당동성당에서 세례를 받고, 레지오 활동을 하면서 길거리에서 폐지, 공병, 깡통 등을 모아서 1990년부터 1996년까지 6년간 3,000만 원을 가난하고 어려운 이웃을 위해 모두 기부하였다.
아울러, 2010년 1월 모현의료센터에 1억 원을, 2023년 12월, 춘천교구청에 사제 양성을 위해 1억 원을 기부하였다. 세례를 받고 40년 동안 행당동 고물 할머니로 살았고, 지금도 고령이지만 레지오 활동단원이며, 포천시 6개 기관에서 화초 관리를 하고 있다.

주요 경력 및 포상:
o 1993.12.30. : 행당1동장 감사장(쓰레기 줍기 및 재활용)
o 1995.1.2. : 성모자애원장 감사패(기부금)
o 1995.2.7. : 민주자유성동구지구당 표창장(구 발전과 봉사)
o 1995.4.29. : 성동구청장 표창장(불우이웃돕기)
o 1996.10.26. : 성동구청장 선행대상
o 1996.12.17. : 행당동 새마을장학회장 감사패(장학금 기부)
o 1990~1996. : 6년간 3천만원 기부(성가복지병원, 프란치스꼬의 집, 작은예수회, 성가맹아원 등)
o 2008.4.30. : 의정부 성모병원장 감사패(10년 봉사)
o 2010.1.29. : 모현의료센터 1억 원 기부
o 2012.9.20. : 포천시장 감사패(봉사) 수장
o 2016.6.18. : 마리아의 작은 자매회 감사패(봉사) 수상
o 2016.8.15. : 솔모루성당 은경축 감사장(봉사) 수상
o 2023.12.19. : 춘천교구청에 사제 양성비 1억 원 기부

제9부 가톨릭대상

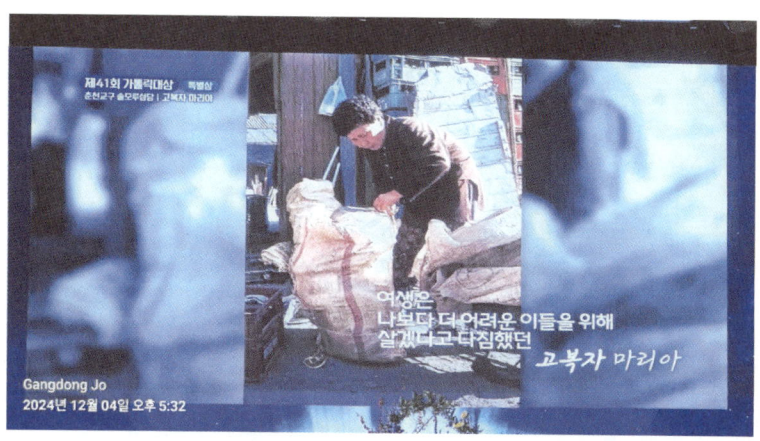

No. 2024 - 205

가톨릭대상

특별상

춘천교구 솔모루성당
고 복 자 마리아

위 사람은 지난 40여 년간 길거리에서 재활용품을 모아 가난하고 어려운 이웃을 위해 모두 기부하며 이웃 사랑을 실천하였고 특히 말기암 호스피스 환자와 어르신 요양시설 모현의료센터에 1억 원, 춘천교구에 사제양성기금 1억 원을 기부하는 등, 평생 나눔의 삶을 살아오셨기에 이 상을 드립니다.

2024년 12월 4일

한국천주교 평신도사도직단체협의회 회 장 안 재 홍 베다
가톨릭평화방송·평화신문 사장 신 부 조 정 래 지몬
한국천주교 주교회의 평신도사도직위원회 위원장 주 교 손 삼 석 요셉

제9부 가톨릭대상

제9부 가톨릭대상

- 구요비 주교님께서 어머님의 수상을 축하하면서 -

- 김기열, 김도윤, 배상경, 김재열 (손자) -

- 가족·축하객과 함께 -

세계일보

심장 박동기 달고도 고물 수집해 억대 기부한 '고물 할머니' 가톨릭 특별상 받아

이강은 입력 2024. 11. 27. 15:10 수정 2024. 11. 28. 15:41

'고물 할머니'로 불린 91세 고복자 씨, 1980년대 중반부터 폐지와 빈병 등 고물 수집해 어려운 이웃 도와
노숙인 쉼터 마련과 외국인 근로자 무료진료 등 소외계층 도운 의사 김만달 씨 가톨릭 대상 수상
12월 4일 천주교 서울대교구 명동대성당 꼬스트홀에서 시상식

"제 이름으로 상을 받게 됐지만 엠마우스 회원들이 사랑을 실천한 결과 상을 주는 것이라고 생각합니다. 저는 의료 분야에서만 역할을 했는데 제가 상을 받게 된 것이 미안하기도 하고 부끄럽기도 합니다."

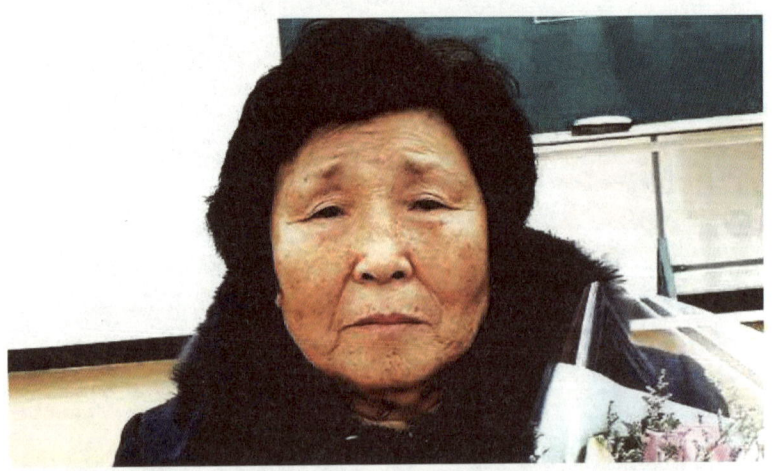

고복자 할머니. 가족 제공

노숙인을 비롯한 소외계층을 30여년간 돌보는 등 나눔과 봉사를 실천해 한국천주교 평신도사도직단체협의회(이하 평신도협의회)와 CPBC 가톨릭평화방송·평화신문이 수여하는 제41회 가톨릭대상(사랑·생명 부문) 수상자로 선정된 김만달(76·세례명 골롬비노) 씨가 언론 인터뷰에서 밝힌 소감이다.

27일 평신도협의회 등에 따르면 전남 여수에서 내과 의사로 활동하는 김씨는 사회복지시설이 부족했던 1986년 우연히 행려 환자와 만난 것을 계기로 노숙인 시설 '엠마우스'를 결성하고 주택을 매입해 노숙인들의 생활 공간 토대를 마련했다. 김씨는 "빈첸시오회라는 천주교 봉사단체가 어느 날 혼자 어렵게 살고 지병이 있는 분을 모셔 왔다"며 "나중에 그분이 '나보다 어려운 분을 위해 써달라'는 유언과 함께 650만원 정도를 남기고 세상을 떠났다. 이를 종잣돈으로 삼아 몇 명이 거주할 수 있는 허름한 집을 구한 것이 엠마우스의 시작이었다"고 말했다. '따뜻한 우물'이란 뜻의 엠마우스(엠마오)는 성경에 나오는 이스라엘 지명으로 부활한 예수가 찾았던 마을이다.

김씨는 입소자들이 퇴소할 때까지 30여년간 돌봤고 나중에는 이 시설을 작은형제회에 기부했다. 또 지역 사회 소외 계층이나 외국인 근로자를 위한 무료 진료 봉사를 하고 독거노인을 위해 복지시설을 익명으로 지원했다. 10명이 넘는 무연고 선종자를 위해 장례를 치르고 천주교 공원묘지에 안장하는 등 나눔과 봉사를 실천해온 게 인정받았다.

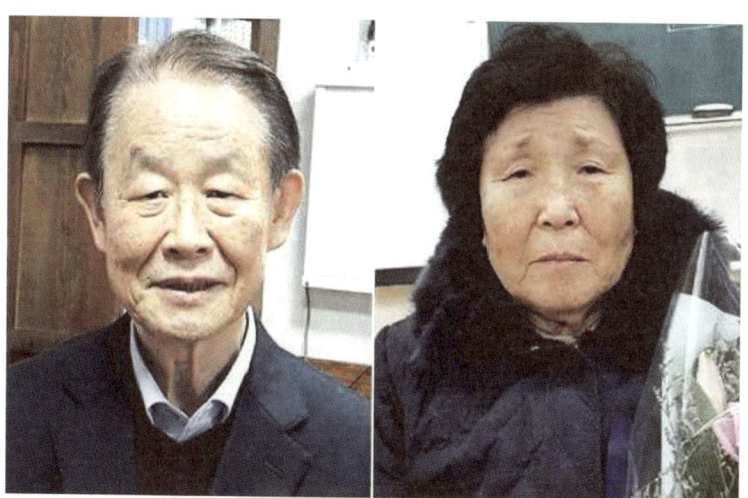

소외 계층 등 어려운 이웃을 돕는 일에 헌신한 공로가 인정돼 가톨릭 대상과 특별상 수상자로 선정된 김만달씨(왼쪽)와 고복지 할머니. 본인·가족 제공

길거리에서 폐지, 빈 병, 깡통 등을 수집해 모은 돈으로 나눔을 실천한 고복자(91·세례명 마리아) 씨는 특별상(사랑·생명 부문)을 받게 됐다. 북한 함경남도가 고향인 고씨는 한국전쟁 당시 홀로 월남해 갖은 고생을 했다. 1985년 세례를 받은 그는 넉넉하지 않은 형편에도 "여생은 나보다 더 어려운 이들을 위해 봉사하며 살겠다"고 자식들에게 선언한 후 행동으로 옮겼다. 서울 행당동에서 고물을 주우며 '행당동 고물 할머니'로 불린 고씨가 1996년까지 수레를 끌고 병원, 양로원, 환경미화원 등에 기부한 돈은 3000만원에 달했다. 이후 심장질환 때문에 인공 심장 박동기를 단 그는 1998년 다시 재활용품에 수집에 나서는 등 어렵게 1억원을 모아 2010년 경기 포천의 호스피스 병원인 모현의료센터에 전달했고, 2023년 춘천교구청에 "고향 함경남도 복음

화를 위한 사제 양성에 써달라"며 1억원을 기부했다. 아들 김춘석씨는 이날 통화에서 "어머니가 수상 소식에 '대단한 일을 한 것도 아닌데 상을 줘서 감사하다. 우리 후손들이나 사회가 어려울 때 도와주는 사람이 많이 나타나 따뜻한 세상이 됐으면 좋겠다'고 말씀하셨다"고 전했다. 포천에 거주하는 고씨는 90세가 넘은 지금도 화초를 정성스레 가꿔 의료원 등 주변에 기부하는 등 봉사 활동을 이어가고 있다.

선교·문화 부문 본상 수상자로는 암으로 고통받는 이들과 투병 중인 이들에게 희망과 용기를 주는 전문 시설인 충북 청주시 소재 성모꽃마을이, 선교·문화 부문 특별상 수상자로는 청년들로 구성된 복음 단체인 '찬양크루 열일곱이다'가 각각 뽑혔다.

시상식은 다음 달 4일 오후 5시 천주교 서울대교구 명동대성당 꼬스트홀에서 열린다. 가톨릭대상은 가톨릭정신을 구현하며 빛과 소금의 역할을 한 개인과 단체를 기리기 위해 1982년 제정됐다.

이강은 선임기자 kelee@segye.com
세계일보. 무단전재 및 재배포 금지.

"어머니는 상금 2,860,000원(세액 공제한 금액)을

솔모루성당에

감사헌금으로 모두 기부하셨다." (2024.12. 6)

책을 마치면서

이 책을 쓰기 시작한 것은 2010년, 어머니가 모현의료센터에 1억 원을 기부하면서 시작하여, 14년이 지나서 책을 탈고하였으며, 어머니가 세례받은 지 40주년에 맞추어 출판하기에 이르렀다.

어느날, 어머니는 2년 후에 1억 원을 만드는데 이번에는 어디에 기부할 것인지를 내게 물었다. 우리나라보다 형편이 어려운 나라를 돕는 것이 어떠시냐고 제안하자 구체적으로 어느 나라와 어떻게 어려운지를 물어보셨다.

당시 이태석 신부님께서 선종하시고 국내에서는 아프리카의 수단, 코모로, 탄자니아 등에서 물 부족 등 열악한 환경에 대해 안타깝게 생각하는 사람들이 많았고, 가톨릭 등 종교 단체에서 우물 파주기와 학교, 성당 건설 등 다방면으로 지원하고 있었다.

어머님께 아프리카 사정을 말씀드리자 작은 돈이지만 보탬이 되면 좋겠다고 말씀하셨다. 정의덕 바오로 신부님에게 여쭈어보니 아프리카에서 고생하며 봉사하는 수녀님들이 계시는데, 그곳에 맡기면 좋겠다고 하셨다.

세월이 흘러 어머님은 솔모루성당 교우들과 신부님에게 이야기하니 그것도 좋지만, 현재 한국 교회의 어려운 점이 사제가 되려는 신학생들이 현격히 줄었고, 성소 후원금도 없다면서 춘천교구에 성소 후원금으로 내는 것을 생각해 보라는 말씀을 들었다고 하셨다.

　그것도 의미 있는 일이므로 어머니께서 결정하시라고 말씀드렸다. 얼마 후, 어머니는 춘천교구청에 기탁하기로 결정하셨다며 언론에 알려달라고 말씀하셨다.

　결국, 가톨릭평화방송에서 전파를 탔고, 가톨릭평화신문 1면에 기사가 났다. 방송에서 보듯이 30년 넘게 선행을 베푸신 92살 어머니는 오늘도 봉사 현장에서 비지땀을 흘리면서 분갈이하고 계신다.

　제가 어머님의 삶을 온전히 책에 옮겼는지 잘 모르겠으나 나름대로 최선을 다했으며, 혹시 빠지거나 잘못된 부분이 있다면 우리의 머리카락까지 다 세어 두셨다는 예수님께서 헤아리실 것입니다. 아멘.

2024년 12월 성탄을 앞두고
김춘석 마르코

- 김춘원 자필 축하의 글 -

1. 꿈꾸는 현실주의자가 되라.
2. 준결과를 생각하며 최선을 다하라.
3. 끊임없이 공부하라. (?)이라는 말을 습관처럼 하자.
4. 인연을 소중히 여겨라.
5. 배울게 있는 사람과 만나라.
6. 경청하라.
7. 안되는 이유보다 되는 이유를 찾아라.
8. 남한테 상처받지 말고 상처주지도 말자.
9. 말을 조심하자. 남에게 상처-아픔
10. 돈보다 사람에 집중.

1. 남의 말을 잘 들어주는 사람이 되자.
2. 어떠한 일이 있어도 가족을 먼저 생각하라.
3. 매사에 감사하라!
4. 내가 베푸는 모든 것은 다시 나에게로 돌아온다.
5. 혼자있는 시간을 즐겨라. 그속에서 많은 것을 얻을 수 있다. 책읽기, 글쓰기, 명상 등을 생활 화하라. 인생이

행당동 고물 할머니 (KBS 보도본부 24, 1993)

폐품 주워 이웃돕는 고물 할머니 (평화신문. 1996. 7)

행당동 고물 할머니 (평화방송, 1996. 8)

생의 마지막 기부 (KBS 뉴스, 2010. 1)

기부 천사 고복자 할머니 (KBS 인터뷰 다큐, 2010. 3)

90세 고복자 마리아 할머니, 30년 넘게 기부와 선행 (평화방송, 2023.12)